Elisabeth Lukas

LEHRBUCH DER LOGOTHERAPIE
Menschenbild und Methoden

ロゴセラピー
人間への限りない畏敬に基づく心理療法

エリーザベト・ルーカス ▶ 著

草野智洋・徳永繁子 ▶ 訳
［赤坂桃子 ▶ 翻訳協力］

新 教 出 版 社

Elisabeth Lukas

LEHRBUCH DER LOGOTHERAPIE

Menschenbild und Methoden

4., aktualisierte und durchgesehene Auflage

© 2014 Profil Verlag GmbH München Wien

Japanische Übersetzung von

Tomohiro Kusano und Shigeko Tokunaga

auf dem Rat von Momoko Akasaka

Shinkyo Shuppansha, Tokio

2024

日本の読者の皆様へ

　私の著書 "Lehrbuch der Logotherapie" が日本でも出版されたことは、私にとって大変な光栄であり、喜びです。この本の誕生には長い歴史があります。1968 年、心理学を学ぶ若い学生だった私は、ウィーン大学の講義でヴィクトール・E・フランクル教授に出会い、その理論にすっかり魅了されました。1973 年に心理療法家としてのキャリアをスタートさせた私は、この理論が実践においていかに有効であるかに驚きました。私から学びたいという多くの仲間の勧めもあり、私は1986 年に学術的な研究所でロゴセラピーのトレーニングコースを開始しました。受講生に教材を提供するため、私は本書の初期の基礎となる基本概念を開発しました。その後 20 年にわたり、この本は絶えず新たな知見を加えて充実され、何カ国語にも翻訳されました。デジタル化された現代社会においても、その有効性はまったく失われていません。

　その間に、素晴らしい新世代のロゴセラピーの専門家が育ちました。あなたの国でもそうです。人々にとって慰めと助けとなるフランクルの考えを理解し広めるために、私が以前から使っていたテキストが今も役立っているということに、私は感動し、嬉しく思っています。私たちは、同時代の人々があらゆる慰めと助けを必要としている時代に生きています。私の著書が日本で出版されたことは、古代ローマ人が "non frustra vixi" という美しい言葉で表現したことを私に気づかせてくれます。それは「私は無駄に生きたのではない」ということです。

　以上、草野智洋氏に心より感謝申し上げるとともに、読者の皆様の人生が意味に満ちたものでありますよう、お祈り申し上げます。

エリーザベト・ルーカス

目　次

日本の読者の皆様へ ……………………………………………………………… 3

第1部　ロゴセラピーの人間像 ……………………………………… 10

1. ロゴセラピーの位置づけ ………………………………………………… 10

「柱」その1 ……………………………………………………………… 12

「柱」その2 ……………………………………………………………… 13

「柱」その3 ……………………………………………………………… 14

2. 次元的存在論という概念 ……………………………………………… 16

3. 運命と自由の弁証法 ……………………………………………………… 22

4. 「意味器官」良心 ………………………………………………………… 28

5. 脆弱性と健全性の弁証法 ……………………………………………… 31

6. 快楽志向性と意味志向性の弁証法 ……………………………… 36

7. 事例研究 ……………………………………………………………………… 43

1) 不安傾向について ………………………………………………… 43

2) 思考への「執着」について ……………………………………… 44

8. 事例研究の二次元的および三次元的解説 ……………………… 47

9. 性格と人格の弁証法 ………………………………………… 52

10. 自己認識と自己対処 ……………………………………… 58
　　「自己距離化」の極 ………………………………………… 60
　　「自己超越」の極 …………………………………………… 60

第2部　ロゴセラピーの会話形態 ……………………… 62

11. 鍵となる言葉（価値を押し付けないことを保証するもの）………… 62

12. アンビバレンス：こちらとあちらに引き裂かれている人 ……… 66

13. 非受容の問題：頑固に抗議する人 …………………………… 71

14. 無知の問題：無関心の壁に閉ざされた人 …………………… 75

15.「愛のレトリック」という考え方 ………………………… 80
　　会話スタイルの要素1：人格の価値を高く評価する ……………… 84
　　会話スタイルの要素2：明確さに寄与する ……………………… 87
　　会話スタイルの要素3：オルタナティブで遊ぶ ………………… 91
　　会話スタイルの要素4：意味を探求する ………………………… 94

第3部　ロゴセラピーの技法 …………………………… 98

16. ヴィクトール・E・フランクルによる神経症の分類 ……………… 98

17. 不安神経症の発症 …………………………………………… 106

18. 不安神経症の治療 ……………………………………………… 111

19. 強迫神経症的な性格を封じる ……………………………… 120

20. ヒステリー：思いやりの欠如 …………………………… 129

21. 諦めることによる救い …………………………………… 137

22. 依存症への多次元的アプローチ ………………………… 143

 1. 身体次元 ……………………………………………… 144

 2. 心理次元 ……………………………………………… 145

 3. 精神次元 ……………………………………………… 146

23. 摂食障害：2つの根をもつ複合的問題 ………………… 149

24. 医原性の障害を避けるために …………………………… 152

 各項目の例 ……………………………………………… 153

25. 身体因性・内因性疾患の患者に寄り添う ……………… 160

 重篤な身体の障害に対して …………………………… 161

 精神病性障害に対して ………………………………… 164

 内因性うつ病 …………………………………………… 165

 統合失調症 ……………………………………………… 166

26. 運命からの打撃を克服するために ……………………… 170

27. 精神因性の神経症とうつ病 ……………………………… 178

28. 実存的空虚から抜け出す道 ……………………………… 184

29. 睡眠障害と性的障害はどのようにして生じるか ⋯⋯⋯ 192

　1. 心因性の睡眠障害 ⋯⋯⋯⋯⋯⋯⋯⋯⋯⋯⋯⋯⋯⋯⋯⋯ 193

　2. 心因性の性的障害 ⋯⋯⋯⋯⋯⋯⋯⋯⋯⋯⋯⋯⋯⋯⋯⋯ 193

　3. 人生に対する問題のある基本的態度——引き金あり ⋯⋯⋯⋯ 195

　4. 人生に対する問題のある基本的態度——引き金なし ⋯⋯⋯⋯ 196

30. 自己中心主義に対する処方箋 ⋯⋯⋯⋯⋯⋯⋯⋯⋯⋯ 198

　1. 心因性の睡眠障害 ⋯⋯⋯⋯⋯⋯⋯⋯⋯⋯⋯⋯⋯⋯⋯⋯ 199

　2. 心因性の性的障害 ⋯⋯⋯⋯⋯⋯⋯⋯⋯⋯⋯⋯⋯⋯⋯⋯ 201

　3. 人生に対する問題のある基本的態度——引き金あり ⋯⋯⋯⋯ 202

　4. 人生に対する問題のある基本的態度——引き金なし ⋯⋯⋯⋯ 202

31. 予防とアフターケア ⋯⋯⋯⋯⋯⋯⋯⋯⋯⋯⋯⋯⋯⋯⋯ 205

32. 人生の価値について ⋯⋯⋯⋯⋯⋯⋯⋯⋯⋯⋯⋯⋯⋯ 210

　苦悩の意味への問い ⋯⋯⋯⋯⋯⋯⋯⋯⋯⋯⋯⋯⋯⋯⋯⋯ 210

　個人の価値体系 ⋯⋯⋯⋯⋯⋯⋯⋯⋯⋯⋯⋯⋯⋯⋯⋯⋯⋯ 211

　優先順位 ⋯⋯⋯⋯⋯⋯⋯⋯⋯⋯⋯⋯⋯⋯⋯⋯⋯⋯⋯⋯⋯ 212

　人生のはかなさ ⋯⋯⋯⋯⋯⋯⋯⋯⋯⋯⋯⋯⋯⋯⋯⋯⋯⋯ 215

第4部　ロゴセラピーの応用 ⋯⋯⋯⋯⋯⋯⋯⋯⋯⋯⋯ 218

33. 良い決断ができることについて：10の命題と実践例 ⋯⋯⋯⋯ 218

　ヌース（Nous）とロゴス（Logos） ⋯⋯⋯⋯⋯⋯⋯⋯⋯⋯ 218

　人間と現実 ⋯⋯⋯⋯⋯⋯⋯⋯⋯⋯⋯⋯⋯⋯⋯⋯⋯⋯⋯⋯ 223

　無意識と自動性 ⋯⋯⋯⋯⋯⋯⋯⋯⋯⋯⋯⋯⋯⋯⋯⋯⋯⋯ 225

　人間の決断能力に関する10の命題 ⋯⋯⋯⋯⋯⋯⋯⋯⋯⋯ 228

10 の命題とその図解の説明 ……………………………………… 229

実践例 ……………………………………………………………… 233

良い決断ができないという問題 ………………………………… 233

良い決断ができるようになるまでのプロセスにおける
ポジティブな姿勢の役割 ………………………………………… 236

34. 平和と意味：意味中心家族療法の基本的特徴 ……………… 243

1. 最初の個別面接 ……………………………………………… 244

2. 積極的傾聴の訓練 …………………………………………… 246

3. 重荷を降ろす手助け ………………………………………… 248

35. 黄金の足跡を残す：まったく違う方法による自己認識 ………… 254

指示に基づく自分史 ……………………………………………… 255

対照試験のデータ ………………………………………………… 258

36. ICD-10「臨床記述と診断ガイドライン」と
ロゴセラピーの専門用語との対応 …………………………… 263

診断上の分類 ……………………………………………………… 266

フランクルの著作に見られる心理的問題の領域と
それが該当する ICD-10 のコード番号 ………………………… 272

37. 結　び ……………………………………………………………… 280

あとがき　第 4 版によせて ……………………………………… 281

引用出典一覧 …………………………………………………………… 286

訳者あとがき …………………………………………………………… 293

第1部 ロゴセラピーの人間像

1. ロゴセラピーの位置づけ

　ロゴセラピーはウィーンの精神科医および神経科医であるヴィクトール・E・フランクル（1905-1997）によって創始された。それぞれの治療概念に基づいた現代の多様な心理療法の中で、ロゴセラピーは主に2つの観点から以下のように位置づけることができる。

　1．W.ソウセックは、ロゴセラピーを「心理療法の第三ウィーン学派」と表現している。ジークムント・フロイトの精神分析が「心理療法の第一ウィーン学派」、アルフレッド・アドラーの個人心理学が「心理療法の第二ウィーン学派」である。三者の基本的な考え方の違いは、簡単な法則によって明確に表現することができる。それは、ジークムント・フロイトの「快楽への意志」、アルフレッド・アドラーの「権力への意志」、そしてヴィクトール・フランクルの「意味への意志」である。もちろん、これらは単純化されたキャッチフレーズにすぎず、それぞれの心理療法のことを完全に正しく表すものではない。あくまでも三者の典型的な研究の力点の特徴を述べているにすぎない。フロイトの包括的な理論は、人間の衝動、特に性的衝動を快楽とともに満足させることに焦点を当てており、もしそれが抑圧されれば精神障害のもとになるとしている。アドラーは個人と社会的環境との関係について研究し、人間に深く根ざした劣等感が原因となってそれを補償する権力を得るための努力が引き起こされる、という理論を導き出した。フランクルは、人間は人生を意味あるものにすることを求める存在であり、「意味への意志」

の欲求不満は心の病気の原因になりうると考えた。

2．アメリカの教科書では、ロゴセラピーは心理療法の「第三勢力」とみなされている。どちらも第三の方向性ではあるが、その意味はソウセックによる分類とは異なっている。アメリカでは、（単に歴史的な意味において）精神分析が「第一勢力」であり、行動療法が「第二勢力」であり、いわゆる実存精神医学が「第三勢力」である。実存精神医学とは、ヨーロッパではシャーロッテ・ビューラーによる「人間性心理学」という名で広く知られているものである。ロゴセラピーは「第三勢力」の１つとみなされてはいるが、フランクルの考えは人間性心理学の考えと重要な点で異なっている。様々な立場の人間性心理学と異なり、ロゴセラピーでは、自己実現を人間存在の最高の目的だとは考えない。ロゴセラピーでは、人間の「自己超越」は、言うなれば自己実現を「超越」している。このことが意味するところについては後に詳しく論じていくが、ここでは次のことを指摘しておきたい。すなわち、アメリカ圏ではロゴセラピーは心理療法の「第三勢力」に分類されてはいるが、ロゴセラピーが意味する内容は心理療法の「第三勢力」を超えているのである。

　しかし、自己実現を目標としている人は、以下のことを見落とし、忘れている。それは、突き詰めれば、人間は自分自身の内側ではなく、自分自身の外側の世界の中で意味を満たす程度に応じてのみ、自己を実現することが可能になるということである。言い換えれば、自己実現は私が人間的実存の「自己超越」と呼んでいるものの副次効果という形で生じている限りは、目標とはならないのである。(Frankl, 1)

さらに、私たちはアメリカの分類による３つの心理療法グループの特徴を、簡単な法則によって区別できることに気がついた。精神分析は人間を「（抑圧された感情を）解除する（abreagierend）存在」だとみなす。行動療法は人間を「反応する（reagierend）存在」だとみなす。ロゴセラピーは人間を「行動する（agierend）存在」だとみなす。これらもまた単純化されたキャッチフレーズではあるが、１つずつ接頭辞が消えていくという覚えやすい言

第１部　ロゴセラピーの人間像　　11

葉遊びになっている。解除（Ab-re-agieren）とは、精神分析の「お気に入り」の欲動の考え方である。反応（Re-agieren）とは、行動療法が重視する条件づけと学習のプロセスを意味する。自由に行動（Agieren）する能力はロゴセラピーにおいて重要視されており、意志の自由という言葉で知られている。

　かつて、ジャンバティスタ・トレーロは、ロゴセラピーは心理療法の歴史における最終的で完全な体系だと述べた。「完全な」という言葉で彼が意味していたことは、ロゴセラピーは治療技法としてこの上なく洗練された世界像と人間像に基づいている、ということであった。彼の言うことはその通りであり、ロゴセラピーは３本の「柱」によって支えられる思想的建造物に例えられる。ヴィクトール・フランクルは、その３本の柱を以下のように表現した。

意志の自由 ― 意味への意志 ― 人生の意味

　外側の２本の「柱」は、フランクル以前の多くの思想家や哲学者によって確立された事実上の公理であり、科学的に証明できるようなものではない。中央の柱の「意味への意志」は、人間の最も根源的な動機として、適切な実験心理学的研究によって証明可能であり、そして実際に証明されている。それでは、これら三本の柱について個別に見ていこう。

「柱」その１

　人間は実際のところどれだけ自由なのかそれとも不自由なのかという問いは、歴史上常に提起され続けてきた。ロゴセラピーの考えでは、全ての人間は少なくとも潜在的には意志の自由を持っている。この潜在的な意志の自由は、ときには病気や未熟さや老いによって制限されたり無効化されてしまう場合もあるが、それが本質的に存在しているということは変わらない。ロゴセラピーは「決定論的でない（non-deterministisch）」心理学である。

　ロゴセラピーの人間に対する考えは、意志の自由、意味への意志、人生の意味という３本の柱に基づいている。１つ目の意志の自由は、人間に

対するアプローチとして最も受け入れられている原理、すなわち決定論（determinism）と対立する。しかし、意志の自由は、実際には私が「汎決定論（pan-determinism）」と呼んでいるものと対立しているだけであり、ア・プリオリな非決定論（indeterminism）を暗に意味しているわけではない。結局のところ、意志の自由とは人間の意志の自由のことであり、そして、人間の意志とは有限な存在の意志である。人間の自由とは状況からの自由ではなく、むしろ、いかなる状況に直面しようともその状況に対して何らかの態度をとり、その状況に向き合う自由のことである。(Frankl, 2)

「柱」その2

「意味への意志」という動機づけ概念は、全ての人間には意味を求める努力や意味への憧れが宿っている、ということを表している。意味は2つの補完的な要素が出会うことによって実現される。2つの要素とは、意味を求め意味を待ちこがれる人間の「内的な」要素と、状況から提供される意味という「外的な」要素である。病気や未熟さや老いによって人間の「意味の意欲」が制限されることはありうるが、それは「内的な部分」が萎縮しているのではなく、「外的な部分」を知覚する機能が制限されているのである。たとえ重い障害があったとしても、「内的な部分」は人間であることの証明として、依然として残っている。ロゴセラピーは意味を中心とする心理療法である。

意味とは客観的なものである。これは単なる私自身の個人的な世界観の表明というだけでなく、心理学的研究の結果でもある。ゲシュタルト心理学の創始者の1人であるマックス・ヴェルトハイマーは、あらゆる個々の状況は要請的性格、すなわちその状況に直面しているその人が実現しなければならない意味が内在している、と明確に指摘している。そしてこの「状況からの要請」は「客観的な性質」と見なされなければならない。私が意味への意志と名づけたものは、このゲシュタルト概念と関連がありそうである。ジェームズ・クランボウとレオナルド・T・マホーリックは、意味への意志について、現実の中だけでなく可能性の中にも存在する意味ゲシュタルトを発見するた

第1部　ロゴセラピーの人間像　13

めに本来人間に備わっている能力、と説明している。(Frankl, 3)

「柱」その3

「人生の有意味性」という基本的前提は、人生には無条件に意味があり、それはいかなる状況においても決して消えることはない、というロゴセラピーの確信を表すものである。しかし、こうした意味に人間が気がつかない、ということはありうる。意味が人間に行き渡るだけの量であるならば、意味はその都度新たに知覚され、感じ取られるに違いない。上記のことから、ロゴセラピーは肯定的な世界観を持っている、と言える。

　本当に意味がないと思われるような人生の状況は存在しない。これは、人間的実存の一見否定的な面に関しても言えることである。特に、苦悩と罪と死の組み合わさった悲劇の三つ組は、適切な姿勢と態度で向き合うことさえできれば、何かしら肯定的なものや業績となりうる。(Frankl, 4)

それぞれの学問領域としてのロゴセラピー

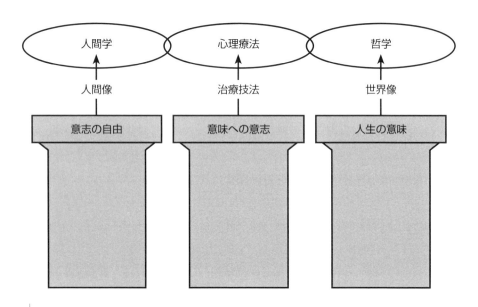

1. ロゴセラピーの位置づけ

左の図は、ロゴセラピーを形成する学問領域が、それぞれどの柱と対応しているかを示している。「意志の自由」はロゴセラピーの人間像の根本であり、それがロゴセラピーの人間学における理論的基盤になる。「意味への意志」はロゴセラピーの治療技法としての極めて重要な出発点であり、それがロゴセラピーの心理療法全体を貫いている。「人生の意味」、すなわち人生はいかなる状況においても無条件に意味があるという信念は、ロゴセラピーの世界像であり、ロゴセラピーの哲学である。

　本書の主たるテーマは治療技法としてのロゴセラピーである。ロゴセラピーの治療技法をうまく扱うためにも、少なくともロゴセラピーの人間像の概要を理解しておかなければならない。また、予防やアフターケアを行ううえではロゴセラピーの世界像は必須である。これらの理由により、ロゴセラピーが心理的問題をどのように扱うかの説明として、まずはロゴセラピーの人間学的基盤を紹介し、最終的にはロゴセラピーの哲学的体系にまで視野を広げていく。

　話を進める前に、私たちがたびたび問われる疑問について答えておいた方が良いだろう。それは、1本目と3本目の「柱」には実証的なエビデンスが認められなかったが、そのような2本の「柱」の上に築かれた理論がどれだけ科学的でありうるのか、という疑問である。ところで、あらゆる心理療法はそれぞれ独自の公理的な〔訳注：実証的にそれ以上証明することが不可能な〕土台に基づいている。そもそも、医療という分野が存在することの正当性として、少なくとも1つはこのような「柱」が必要である。それは、人間の生命には価値があり人間の生命は維持される価値がある、という信念である。この公理がなければ、病気の人を治療したり手術したりする理由はなく、人はただ死にゆくままに放っておかれることにもなりうる。特に、地球の人口過剰という問題に直面すると、生命を長らえさせることにどのような利益があるかを科学的には証明できない。しかしだからといって、私たちの内側から響いてくる、人間の生命には根本的な重要性と価値があるという観念が揺らぐことがあってはならない。むしろ、その観念はロゴセラピーにおける有意味性という概念によって、より強化される。

　意志の自由というテーマは、さらに議論の余地があるだろう。それでもなお、あらゆる心理療法は、患者は変わることができるという大前提を少なく

とも受け入れなければならない。こうした前提に立たなければ、どのような治療的な努力も、そもそも意味がなくなってしまう。しかし、患者が変わることができるかどうかを証明することは不可能であり、できるとすれば後から振り返ることしかできない。

　確かに、ロゴセラピーと実存分析は臨床実践から生まれたものであるが、あらゆる心理療法の暗黙の根底には臨床を超えた理論があるように、ロゴセラピーと実存分析も臨床を超えた理論に至ることは避けられない。理論とは、示すもの、その人間像を示すものである。臨床実践と臨床を超えた理論との円環は、以下の事実によって閉じられる。臨床実践は、たとえそれほど制御も意識もされていないにせよ、医師が患者にもたらす人間像によって常に大幅に規定され、影響を受けている。実際にはあらゆる心理療法がア・プリオリな地平の下で行われている。心理療法がそのことをほとんど意識していないとしても、心理療法は常に人間学的な概念に基づいているのである。(Frankl, 5)

2. 次元的存在論という概念

　ヴィクトール・フランクルは、「次元的存在論」という概念を用いてロゴセラピーの人間像を説明した。フランクルは人間を身体・心理・精神という3つの次元からなる存在として説明している。これは、3つの層からなるという理論ではない。図示するならば、三次元の空間として描かなければならない。人間の存在の次元は相互に完全に交わっている。このことは、三次元空間のあらゆる点において長さ、幅、高さが交わっていることとまったく同じである。例えば、空間が「長さ」から始まって「高さ」で終わるということはありえない。人間も同様である。人間存在のどの「点」においても、3つの次元全てが交わっている。フランクルはそのことを「多様であるにもかかわらず統一されている」と表現している。

　人間の身体次元の定義は単純である。あらゆる身体的な現象がここに分類される。細胞の有機的活動と生物学的・生理学的な身体機能、およびその化

学的・物理的プロセスまで含んだ全てが、この次元に含まれる。

　人間の心理次元とは心理状態の領域のことであり、気分、衝動、本能、欲望、情熱が含まれる。さらに、知的な能力、獲得された行動パターン、社会的な印象といった心理的現象もこれらに関連している。端的に言えば、認知と感情が心理次元の「本丸」である。

　では、精神次元には何が残っているのだろうか。無限にある！　それは「根源的な人間らしさ」、すなわち、自分の身体状態と心理状態に対して何らかの態度をとる自由である。意志による主体的な決断（「志向性」）、真実や芸術への関心、創造的な行為、宗教性、倫理的な感受性（「良心」）、価値の理解、そして愛、これらが人間の精神次元に含まれるとされている。

　地球上の生物をそれらに備わっている存在次元に従って分類すると、おおむね以下のようにまとめられるかもしれない。ごくわずかではあるが、過渡的な段階が存在する可能性もある。

　　植物　動物　人間　　→　　身体

　　　　　動物　人間　　→　　身体　心理

　　　　　　　　人間　　→　　身体　心理　精神

　それでは、人間の精神的な次元、（知性や理性とは無関係な）「人間に固有の」次元について見ていこう。精神次元というロゴセラピーの用語は、ギリシャ語の精神（nous）という単語に由来している。他の２つの次元、身体的な次元と心理社会的な次元は、動物とも共通である（動物にもある程度の感情と認知が備わっている）。ロゴセラピーでは、これらをまとめて「心身態」という。「精神より下の次元」ということである。

　ロゴセラピーは主として人間の精神次元から出発するため、フランクルは「ロゴセラピーは精神的なるものから出て精神的なるものへと向かう心理療法である」という言い回しを好んで使っていた。この点において、ロゴセラピーと、心理次元のみに焦点を当てる他の心理療法学派との間には際立った違いがある。そうした学派は、むしろ人間の無意識の衝動や学習と発達の過程を解明することに関心を向けている。これらの学派が導きだした結論、特に実験によって検証されたものに対して、ロゴセラピーの立場から疑義を呈

第１部　ロゴセラピーの人間像　　17

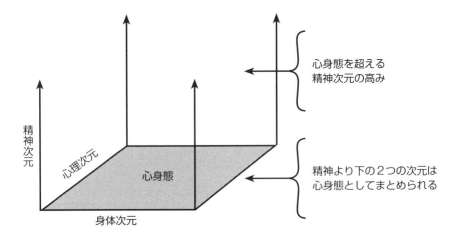

するわけでは決してない。しかし、それらはあくまでも二次元のレベルに基づき、その水準に限定されたものである。フランクルの功績は、人間存在における人間固有の視点を従来の心理療法に統合したことである。それまでの心理療法（Psychotherapie）は、文字通り「精神のない（geistlose）」心理療法だったのである。〔日本ではPsychotherapieという語が心理療法とも精神療法とも訳されるが、ロゴセラピーでは精神と心理を異なる概念として厳密に区別しており、Psycheの概念は精神ではなく心理に相当する。〕

　人間の三次元性というこの次元モデルによって、本来の人間らしさは、人間の精神の次元に私たちがあえて入っていくことによってのみ現れてくるということがわかる。私たちがこの「3つ目」の次元を含めて考えることによってのみ、人間が人間であることが明らかになり、そうして初めて私たちは人間をそのような存在として理解できるようになる。人間の植物性神経（自律神経）系の生命活動自体は、身体次元の範囲内で簡単に説明することができる。人間の動物的な生命活動は、必要に応じて心理次元を含めれば、まだその範囲の中で説明できる。だが、人間の現存在のようなもの、人間の精神の人格的実存は、その二次元の中では立ち上がってこない。それは単なる心身態の「平面」の範囲内には収まらない。この二次元の平面には、せいぜい人間（Homo humanus）を投影することができるだけである。実際に、1つ

の次元を犠牲にしてそれより一段低い次元に何かを映し出すことを、私たちは投影と呼んでいる。

　このような投影によって（1）多義性、（2）矛盾、という2つが生じる。1つ目の多義性の理由は、実際には異なるものでも同一の投影像になってしまうおそれがあるからである。2つ目の矛盾の理由は、同じものでも異なる投影の仕方によって異なる投影像になってしまうおそれがあるからである。

（Frankl, 6）

　数多く存在する様々なオリエンテーションの心理療法においても、多義性と矛盾が少ないわけではない。しかし、フランクルの言葉のように、私たちは今なお不適切な投影の結果に悩まされているとも考えられる。最も人間的な人間らしさ、すなわち人間の価値構造や人間にもともと備わっている意味への憧れが、心理学的な解釈の混迷の中で失われてはならない。ロゴセラピーは、人間の精神を、固有で本質的な（唯一のというわけではないが）次元として認識し、精神の力が他の2つの次元に及ぼす影響を治療のために使うことができるかどうかを研究することによって、上記のような間違いを犯さないように努めている。そのため、ロゴセラピーは心理・社会的なものや身体的なものを無視しているわけではなく、下記の目的のために人間の精神の力をどこまで結集できるかを調べることを、その研究目標として設定している。

a）精神的な欲求不満の除去
b）心理的な問題の矯正
c）身体的（または心身症的）な苦痛の軽減

　それに加えて、ロゴセラピーは70年以上前の非常に意義深い研究結果を思い起こさせる。伝統的な心理学は本質的に「心理的な依存性（Abhängigkeit）」を曝きたてるが、ロゴセラピーは「精神的な自立性（Unabhängigkeit）」を明らかにする。従来の心理療法は「神経症的な配置（Arrangement）」を分析するが、ロゴセラピーでは「実存的な関与（Engagement）」に着目する。これは過去になかった補完であり、セラピーへの新しいアプローチであ

第1部　ロゴセラピーの人間像　　19

る。こうしたことは通常はパストラルケア〔聖職者によって行われる信徒の心のケア〕でのみ行われており、そのため、信仰心の篤い人や特定宗派に属している人に対してしか届かなかった。

　言うまでもなく、どのような患者であろうと問題が起こっている次元での援助を受けなければならない。そのため、ロゴセラピーでは身体次元に対しては薬物治療を（精神薬治療も）行うし、必要ならば電気けいれん療法も行う。心理次元に対しては、カタルシス療法や行動療法的な課題や認知的な問題解決戦略なども用いる。また、心理と身体が関連する領域に対しては、リラクセーションの技法（自律訓練法やヨガ）や暗示といった「中間的な方法」も用いる。しかし、全人的な治療への準備として、精神次元に到達し精神次元に働きかける治療法も必要となる。この空白部分を埋めてくれるのがロゴセラピーである。ロゴセラピーは、精神より下の次元に対して用いられる治療法とも非常にうまく組み合わせることができる。パストラルケアやあらゆる形式の芸術（療法）と教育（の促進）のような、ロゴセラピーと「同一の」次元での連携の可能性は言うまでもない。

　これまでの説明から、人間の心理次元と精神次元を区別でき、それらを混同しないことの重要性は明らかである（身体次元と混同するおそれはあまりないだろう）。ロゴセラピーについて深く学びたい人は、「精神と心理の対立関係」という思考の流れに馴染まなければならない。ロゴセラピーの考え方によれば、それはまさに人間存在の特徴である。それによって、人間の中の「心理」と「精神」が実りある対決を行う機会が得られることが、非常に重要である。

　人間とは身体、心理、精神という 3 つの存在次元の交点、交差点である。これらの存在次元は、どれだけ明確に区別してもしすぎることはない。しかし、人間は身体と心理と精神が「合わさった」ものだという言い方は誤っているかもしれない。そうではなく、人間は統一体であり、全体である。しかし、この統一体と全体の中で、人間の精神は身体や心理と「対決」する。これが、私がかつて精神と心理の対立関係と呼んだことである。心理と身体の並行関係は必然的なものだが、精神と心理の対立関係は任意のものである。この対立関係は、常に単なる可能性、（影響）力にすぎない。ただし、この

力に対して人間は絶えず訴えかけることができ、医師の側からも直接的にその力に訴えかけなければならない。見かけだけ影響力が大きいように見えるにすぎない心身態に対して、私が「精神の反抗力」と名づけた力を何度も何度も呼び覚ますこと、これが最も重要なことである。(Frankl, 7)

前述した精神と心理の対立関係とは、人間の心理次元と精神次元は単に並列しているのではなく、互いに関係を持ちながら、ときに対立しながら存在しているという意味である。この2つの次元を区別する基準については、以下でより詳細に検討する。それによって、この「対立関係がもたらす力」が心理療法において極めて大きな可能性を持っていることが明らかになるだろう。以下では「運命と自由」、「脆弱性と健全性」、「快楽志向性と意味志向性」、「性格と人格」という四つの基準について述べる。それらを考慮に入れず、全ての精神的現象を心理的なものに帰することは、まさにフランクルが警告したように第三の次元を第二の次元に投影することと同じであり、人間を致命的に歪めることになる。歪みの4つの具体例を以下に示す。

汎決定論
人間の精神の自由を否定する者は、当然の帰結として人間を運命の犠牲者として定義せざるをえない。

心理学主義
精神的実存の健全性を見落とす者は、人間を脆弱な心理装置にすぎないものとみなすことになる。

還元主義
人間の意味志向性を認めない者は、あらゆる動機は（無意識の）衝動の現れとして解釈するという誘惑に陥る。

集団主義
一人ひとりの人格を無視する者は、人間を性格類型に基づいて拙速に評価することになる。

ロゴセラピーの人間学においては、このような誤りを防がなければならない。なぜならこうした誤りは、何も良いものを生み出さない「精神に対する

第1部　ロゴセラピーの人間像　　21

冒瀆」も同然だからである。

	人間の第二の次元「心理」	人間の第三の次元「精神」	第三の次元を第二の次元に誤って帰することで生じる歪み
A	運命	自由	汎決定論
B	脆弱性	健全性	心理学主義
C	快楽志向性	意味志向性	還元主義
D	性格	人格	集団主義

3. 運命と自由の弁証法

　心理療法は、20 世紀初頭に生まれた若い学問分野である。当時の考えは、子ども時代の生活の質がその人の人生全体の決定に関与し、人生全体を運命づけるというものであった。こうした決定論的な見解の理由は 19 世紀末の自然主義にある。当時、（特にヨーロッパ文化圏では）一般的な傾向として無力感が蔓延していた。その頃、多くの科学的発見が起こり、人間は何かに依存した「ちっぽけな存在」であるという感覚が生まれてきた。天文学の進歩は、宇宙は無限であり地球は取るに足らない砂粒のようなものだ、ということを人間に気づかせた。社会秩序と社会経済的構造との関係が明らかになったことにより、個人は止めることのできない機械装置の中のごく小さな歯車にすぎないという見方が生まれた。さらに、急速な技術の発展が無力感を加速させた。人間をロボットと同一視するようなロボット工学の仮説が現れ、人間は「プログラミングされている」、すなわち、自動的に記憶された影響力によって制御されている存在として理解されるようになった。

　こうした考え方への反動として現れたのが実存哲学である。実存哲学は、人生に対するより肯定的なアプローチとより懐疑的なアプローチという 2 つの立場に分かれる。実存哲学では、人間は「人生の中に投げ出された存在」であり、自分の本質を自分自身で見つけなければならないと考える。そうすることで人間は行動原理とでも呼べるものを取り戻すことができる。ロゴセ

ラピーは、その中でも特に「人生に対する肯定的なアプローチ」を理論的な
ルーツとしている。

　心理療法のパイオニア達の中で、人間の精神の自由という問題を再検討し
たのがフランクルである。もちろん、精神の自由とは、何か「からの」自由
ではなく、何かに「向かう」自由のことである。この自由があるがゆえに、
人間は自分が及ぼされるあらゆる影響に向かって、それを肯定するか否定す
るか、それに従うか抵抗するか、という態度を選択することができる。

　　私たちは衝動生活（Triebleben）、すなわち人間の中にある衝動世界
　（Trieb-welt）を決して否定するものではない。同様に私たちは外的な世界
　も否定しないし、内的な世界も否定しない。〔中略〕私たちが強調したいの
　は、以下のような事実である。精神的存在としての人間は、世界（環境世界
　と内的世界）と向かい合っているだけでなく、世界に対して何らかの態度を
　とる。人間は常に世界に対して何らかの「立場に立ち」、何らかの「態度を
　とる」ことができる。この自ら態度をとることはまったくの自由である。自
　然環境や社会環境という外的な環境に対しても、生命の心理身体的な内的世
　界に対しても、人間はその現存在の一瞬一瞬において、態度をとるのである。
　(Frankl, 8)

　それでは、ロゴセラピーにおける自由の概念について、3つの例を用いて
考えてみよう。

例1：不安
　不安とは、誰かを愛するがゆえの心配や、世界における何か価値あるもの
をめぐる心配を除けば、自分が脅かされているという不快な心理的感情のこ
とである。不安が「居座っている」のは心理次元だが、動悸がしたり、顔が
青白くなったり、震えたりといった、身体次元における自律神経系の症状と
不安は密接に関連している。不安が「居座っている」場所（心理次元）で不
安が現れるタイミングを人間が選択することはできない。すなわち、それは
「運命」によって決定される。不安の原因を阻止することはできるかもしれ
ないし、できないかもしれないが、不安の感覚がいったん現れたならば、簡

第1部　ロゴセラピーの人間像　　23

単に不安に対して消え去るように命じるというわけにはいかない。

それに対して、第三の精神次元においては、不安に対して自分がどのように反応するかを決定することができる。深刻に受け止めるのか無視するのか、不安のために逃げ出すのか、それとも不安にもかかわらずその状況に留まるのか。ここにおいて決定が可能になる。ここに一片の自由が存在する。私たちは不安「から」自由なのではない。不安「にもかかわらず」自由なのである。

例2：劣悪な子ども時代

不幸な子ども時代を耐えてきた人は、その後の影響から自由なわけではない。しかし、その後の影響に対してどのような態度をとるかは自由である。少なからぬ親がこのように言う。「私は殴られて育ちました。だから殴ることは私の一部です。ものすごく腹が立ったときには私も殴ります！」そうでない親はこのように言う。「私は子ども時代に殴られてきたので、自分の子どもにはもっと良くしたいと思います。だから私は殴ったりせずにわが子を育てます！」

教育が重大な影響要因であることは疑いようがないが、それが無限の力を持っているわけではない。ある程度大人になれば、人はみな自分で自分を教育する自由を手に入れる。自己教育行動に対する「親の意志（Wollen）」の影響はどんどん小さくなり、「自分自身の経験から生まれる当為（Sollen）」の影響が大きくなってくる。

例3：本能的行動

動物は自分自身の本能に逆らって行動することはできない。空腹のときに食べ物が視界に入れば、それに襲いかかり、むさぼるように食べず「にはいられない」。それに対して、人間は空腹状態でいることができる（＝その人の「運命」）。そして、最後の1枚のパンであっても、それを自分よりもっと必要としているかもしれない仲間に分け与えることができる（＝その人の「自由」）。第一の身体次元では、お腹が鳴って血糖値が下がるのは苦痛かもしれない。第二の心理次元では、パンへの欲望や食べ物への空想によって苦しむかもしれない。これがフランクルが指摘した「心身の並行関係」である。

24　　　3. 運命と自由の弁証法

この2つの次元は、同時に相互に絡み合っている。しかし第三の精神次元においては、人間は何らかの意味ある理由によってそう望むならば、空腹という事象を自分から切り離し、自分自身の心理・身体的な圧力を超えて決定を下すことができる。

　これによって、人間は運命的な状況に対してどのように応答するかを決断する自由を持つ存在であることが明らかになる。そして、人間は自分の応答の責任を負わなければならない。このように決定論的でないロゴセラピーの視点は、その結果として、心理療法の人間像における責任の再受容と罪の可能性をもたらす。

　特定の時点において決断の可能性が存在しないときには罪も存在しえない。例えば、私たちは過去に対してはこれを変えるという選択肢を持っていないため、過去に対して罪を負うことはありえない。（これは、私たちが過去において罪を犯したか否かという問題ではない。過去の時点では、私たちはまだ選択の可能性を持っていたからである。）一方、決断の可能性が存在するのであれば、私たちはその決断の責任を引き受けなければならない。好ましくない、間違った決断がくだされることもありうる。「良いか悪いか」や「正しいか間違っているか」という対概念を定義するのは困難であるため、ロゴセラピーでは、こうした対概念は「より意味があるか、より意味がないか」という考え方に置き換えられる。より意味があるか、より意味がないかは、人生の具体的な場面における具体的な意味として測られる。このように考えると、罪とは「意味に反する決定」ということになる。

　　人類は最大限の意識（知および学問）と最大限の責任を手にした。しかしそれと同時に、責任意識は最小限になってしまった。今日の人間は、これまで以上に多くのことを知り、これまで以上に多くのことに対して責任を負ってもいる。しかし、自らが責任存在であるということは、これまで以上に知らない。 (Frankl, 9)

　ロゴセラピーの観点から言うと、運命が人間の行動を完全に説明することは決してない。なぜなら、人間は運命の犠牲者ではなく、共同創造者だからである。心理学で流布されている「犠牲者イデオロギー」、すなわち、人間

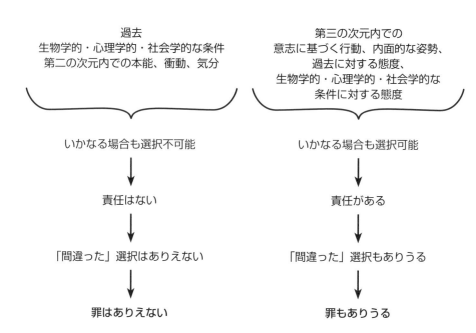

　の依存性を理由に心理学的な言い訳を提供する傾向は、ロゴセラピーの立場からすれば嘆かわしいことだ。悲惨な子ども時代や長期間抑圧された憎悪の感情やその他の理論を理由として、殺人者は殺人を犯さざるをえなかったのだということが、あまりにも軽率に主張されている。もちろんロゴセラピーが批判しているのは、精神病のために罪を負う能力がないような事例のことではない。以下のようなものが、まさに批判に当たる事例である。41歳のスウェーデン人の男が妻を絞め殺し2人の子どもを刺し殺したが、重度のマザーコンプレックスを理由に無罪の判決を下された。裁判所は男を精神医療施設に送り、数ヶ月後に完治したとして退所させた。男は妻の生命保険金を受け取り、もはや妻と子という邪魔がなくなったため、新しい恋人と楽しい生活を始めた。

　人間は、子ども時代の状況や憎しみの感情やマザーコンプレックスといったものに対して、常に何らかの精神的な態度をとることができ、そしてそれ

に対して自分がどうするかを決断することができる、というのがロゴセラピーの見解である。もしも人間がこの最後の自由の余地を否定し、自分を精神的に決断する権利を剥奪された意志のない操り人形として、「自動機械である人間（Homo-Automaten）」として、遺伝と環境の産物として、条件に不可避に従属するしかない存在として見なすならば、実はそのような見方こそが最もひどい「有罪判決」を意味している。このような考え方はまさに汎決定論の特徴であり、決定論的な解釈に何も修正を加えないことは誤りである。実際には、個人が作り上げることのできる決定されていない余地は常に残されており、わずかではあっても予測できない部分が人生には残っている。

　人間の感情や行動は何によって決められるのかという古い決定論的な問いは、ロゴセラピーでは「病気や逆境においてもなお存在し、決して消え去ることのない、この不確定性の余地はどこから来ているのか？」という問いへと反転される。ロゴセラピーの答は「それは精神次元から来ている」というものである。これによって、人間は運命に逆らったり、自分自身の内的状況から距離をとったり、外的環境に抵抗したり、制約を勇敢に受け入れたりすることができる。心理次元にはこのような自由は存在しない。自分の心理状態を自分で選択することは誰にもできない。不安や怒りや本能的感情をなくすことも、条件付けを破棄することも、あらかじめ形成された社会的な印象を振り払うことも、才能の限界を取り去ることも、不可能である。汎決定論のように精神次元を心理次元に還元することは、（少なくとも理論的には）人間の自己責任性を奪い、人間を運命に翻弄されるだけの存在にすることになる。

　このことは実際の心理療法においてどのような意味を持つだろうか。極めて単純である。たとえ心理的な障害のある人であっても、私たちは人間の精神の自由を受け入れ、尊重しなければならない。これは、患者の精神次元が完全に「開いている」限り、患者には治療の共同責任があり、自分の人生を破壊する自由もあることを意味している。結局のところ、治療を「行う」ことは不可能である。治療は、身体と心理の自己治癒力と回復に向かう精神のレディネスに拠っており、私たちにできることはそれを助けることだけである。そのため、ロゴセラピーの基本原則の1つとして、次のようなものがある。

第1部　ロゴセラピーの人間像　　27

援助は提供すべきだが、責任を取り去ってはならない！

　残念ながら、心理療法ではしばしば逆のことが起こる。セラピストが非指示的な原則に厳密にこだわったり、通り抜けられない固い壁の向こうに引っ込んで何も言わないことによって、援助はほとんど提供されなくなる。同時に、患者の全ての困難は他者によって引き起こされる内的および外的な葛藤によるものであり、患者は無力な犠牲者であるというラベルが貼られることによって、患者の責任の多くが取り去られる。それとは対照的に、ロゴセラピーは具体的な援助を提供するが、責任は患者のもとに残される。

4.「意味器官」良心

　運命と自由の弁証法によって、精神と心理の対立が明らかにされた。運命的な存在としての人間の心理次元の「制約性」と、自由な存在である人間の精神次元の「非制約性」とは対照的である。私たちは、心理次元における強制されたものと精神次元における選択されたものとを対比させた。このようにして解明された自由（何かからの自由ではなく何かへと向かう自由）から、人間の原則的な責任と罪の可能性が導き出された。しかしこれだけでは、論理の連鎖はまだ最後の結論までたどり着いていない。なぜなら、自由が選択の可能性を前提としているのと同じように、意味ある選択のためには「意味があるかないか」についての認識が、多かれ少なかれその前提とされるからである。この認識を保証するためには、人間という有機体（Organismus）の中の特別な器官（Organ）である「良心」が必要となる。

　　意味は、見出されなければならないというだけでなく、見出すことのできるものでもある。そして、意味の探求において人間は良心によって導かれる。一言で言えば、良心は意味器官である。良心は、あらゆる状況に潜んでいる一回限りで唯一無二の意味を見つけ出す能力として定義することができる。

（Frankl, 10）

良心が人間にもたらしてくれるのは、外的世界の価値の方角を測定し、その価値の保持と増大を目指す超主観的な意味であり、自分の欲求を満たすための主観的な意味ではない。良心の決断を「主観的に意味があるように見えるもの」の感知に限定することは、非常に危険だと考えられる。もしそうであれば、テロリストが爆弾を仕掛けることは自分にとっては意味がある、と主張することができてしまう。しかし、ここで問題にしているのは、このような「その人にとっての意味」ではない。その物事や状況そのものから生まれる「そのこと自体の意味」、有意味性が問題なのである。罪のない人を傷つけるために爆弾をしかけるという「こと」は、それがどれだけ「その人の」計画に合致していたとしても、意味のないことである。もちろん、状況をどのように評価するかによって多数の疑問が持ち上がるし、間違う可能性を排除することはできない。全ての人間は間違いを犯す可能性がある。それでもなお、客観的な有意味性を志向することが、私たちが良心に基づく決断をするための最善の基準である。

　良心という非常に主観的なものがどのようにして「状況の意味」という非常に客観的なものを感じ取れるのかについては、羅針盤の比喩によってより明確に理解することができる。北は、人生のある状況において客観的に最も意味のあることを表している。羅針盤は、「その人への呼びかけ」を受け取ることのできる人間の精神的器官である。そして羅針盤の針は、具体的な使命を指し示す良心の「表示器」である。このことは、もしも完全に同じ状況に2人の人間がいて、どちらも間違っていなければ、その2人の良心は同じ方向を指し示すに違いない、ということを意味している。もちろんこれは単なる架空の考察であり、1人の人間の人生の中でも、2人の別々の人の人生であっても、まったく同一の状況は存在しない。そのため、フランクルは見出されるべき意味は「一回限りで唯一無二」だと述べている。

　良心は間違うこともありうる。それは、羅針盤の針が揺れて正確に真北を指し示さないこともありうることに例えられる。また、人間には良心に反して行動する自由も残されている。例えて言えば、それは機能している羅針盤を手に持ちながら、南に向かって進むようなものである。精神次元の自由とは、良心に反して行動する自由でもある（しかし良心のメッセージの内容に関しては、自由は存在しない）。良心の誤表示よりも、「南に向かって進む」

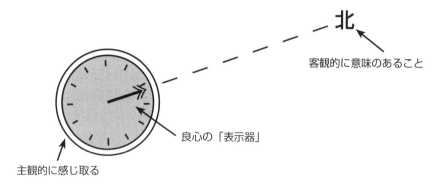

すなわち良心に反して行動することのほうが頻繁に起こることであり、それは深刻な結果をもたらす。つまり、「北」がどんどん遠ざかってしまうのである！　いかに多くの精神疾患が、自分の良心と調和しないあり方、すなわち、より良い自分に反した生き方によるものであるか。私たちは心理療法の実践からそのことを知っている。

　心理学において良心は長い間「超自我」として論じられてきたが、フランクルによればその考え方は受け入れることができない。フロイトは超自我を、個人が身につけてきた規範や伝統の集合体、すなわち、私たちが成長する過程で両親や教師や教会や国家当局によって植えつけられてきた伝統的な道徳意識、として定義している。一方、良心はあらゆる道徳に先立つ価値認識能力であり、全ての人間が本能的に持っているものである。良心は無意識的な倫理的感覚の源であり、人間の実存的な「基本装備」である。もしある犯罪者が自分の良心は十分に発達していないという言い逃れをしたくても、せいぜい自分の超自我の発達が弱いのかもしれないという反論ができるだけであり、その人の良心は他の人の良心と同じように「語っている」のである。

　一般には、人間の超自我は良心の声と一致する。例えば、盗みは社会的慣習に抵触することでもあるし、「反社会的な行為」として自分の良心からも認められないことである。しかし、例えば、子どもを飢えから救うためには盗みも「意味のある」こととして個人の良心が是認する、という状況も考えられる。別の比喩で言うならば、超自我とは内在化された運転ルールのようなものである。信号が赤のときは停まり、青で進まなければならない。し

かし、横断しようとしている道路に見渡す限り人がいなければ、たとえ信号が赤でも良心は交差点に乗り入れることに反対しないかもしれない。しかし、もし目の不自由なお年寄りが交差点を歩いていれば、仮に信号が青であっても良心はアクセルを踏むことを許さない。良心はそれぞれの状況の意味に基づいているのに対して、超自我は伝承されたり文書に残されたりしている掟に基づいていると言える。

　この点について、フランクルは以下のような興味深い命題を立てている。すなわち、人類史における伝統の崩壊は、多くの人の超自我と良心の間の亀裂が大きくなってきていることに起因していることがしばしばある、というのである。例の1つとしてフランクルが挙げるのは、奴隷制度である。何世紀もの間、奴隷制度は人間の超自我から「認められて」いた。しかし、良心に基づく後ろめたさは意識下で増大しており、ある日それが頂点に達し、奴隷制度は廃止された。これと関連して、私たちは現在、もう1つの古い超自我的規範に基づく伝統が同じように崩壊している例を見ることができる。それは、祖国防衛についてである。祖先から受け継いだ領土を守ることの重要性は、生物学的にも社会学的にも深く人間の中に根付いている。しかし、20世紀末にもはや国境では止めることのできない近代兵器が出現し、この世界的な不安は伝統的な超自我的規範と衝突した。核ミサイルの時代には、もしかしたら祖国の武装を解除するほうが、さらなる武装を続けることよりも意味があるのではないか、という疑問を多くの人が抱き、そのように行動し始めている。

　いずれにせよ、心理療法において超自我による問題点ははっきりと認められ、真の良心による配慮とは明確に区別することができる。「人々」が自分のことをどう考えているかによって苦しんでいる患者は、超自我の声を聞いている。意志決定の過程で物事の有意味性と格闘している人は、自分自身の良心と対話している。

5.　脆弱性と健全性の弁証法

ヴィクトール・フランクルは、人間は身体と心理の次元で病気になること

第1部　ロゴセラピーの人間像　　31

はあるが、精神次元では病気になることはないと考えていた。ポピュラーサイエンスでは、いわゆる精神病的な病像（psychotische Krankheitsbilder）のことを「精神病（Geisteskrankheiten）」と言うが＊、これは第一次的には心理の病気ですらなく、神経細胞の障害、すなわち身体因性のものである。いわゆる精神病、錯乱、認知症、アルツハイマーなどの患者は、心理・身体的な病気の過程で、精神次元が部分的または一時的に障害されることはあるかもしれない。しかし、そのような人であっても健全な精神次元が備わっていることは言うまでもない。

　＊訳注：日本語では Psyche に由来する概念と Geist に由来する概念の両者を区別せず「精神」という用語が用いられるため、「精神病的な病像のことを『精神病』と言う」という重複表現になってしまう。原文の主旨は、Psyche 由来の概念がポピュラーサイエンスでは Geist の語を用いて表現され、本来は病むことのない健全なものであるはずの Geist に病気を表す Krank という語がつけられてしまっていることの問題について、ロゴセラピーの立場から説明することである。

　　尊厳、すなわち一人ひとりの人格の無条件の尊厳を知っている人は、人間の人格に対して（たとえ病人でも不治の病人でも、さらには不治の精神病者であっても）無条件の畏敬の念を抱く。実を言えば、「精神」病というものは決して存在しない。なぜなら、「精神」、すなわち精神的人格それ自体が病気になることは決してありえず、たとえ精神科医の目にはほとんど「見えない」としても、精神的人格は精神病の背後に存在しているからである。(Frankl, 11)

　人間の精神次元は決して失われない。それは子どものときには潜在しており、まだ発達していない。既に存在しているがまだ発達していない新生児の言語能力と同様である。生物学的な妨害要因に覆われてしまっているだけで、老い衰えた人や脳に障害のある人の中にも精神次元は存在している。神経化学的な障害によって制限を受けてはいるが、統合失調症患者の中にも精神次元は存在している。物質の影響で麻痺してはいるが、薬物依存症者の中にも精神次元はなお存在している。人間の精神次元が潜在的には常に存在してい

32　　5. 脆弱性と健全性の弁証法

るという事実が、人間の不可侵の尊厳を保証している。

外側から見れば、精神次元の遮断が進行するにつれて、人間らしさは顕著に衰えていくように見える。幼児や泥酔者や知的障害者は、精神の自由と判断力、それに人間らしい意思決定力と責任性が劇的に低下しているため、知能の高い動物とほとんど違わないようにも見える。それにもかかわらず、そこには失われることのない潜在的な可能性として、1つの違いが存在している。それは、健康と病気（もしくは知性と知性の欠如）を超えた向こう側にある次元の存在である。一時的にか永続的にか、もはや他の次元を通して表現されることはできないかもしれないが、人間には精神次元が存在しているのである。

このことから、ロゴセラピーによる治療の適応と禁忌の判定は以下のようになる。人間の精神次元が「眠っている」とき、すなわち他の存在次元から来る意識喪失や未成熟や疾病によって完全に「錯乱している」ときには、ロゴセラピーによる治療は不可能である。それ以外の場合には、ロゴセラピ

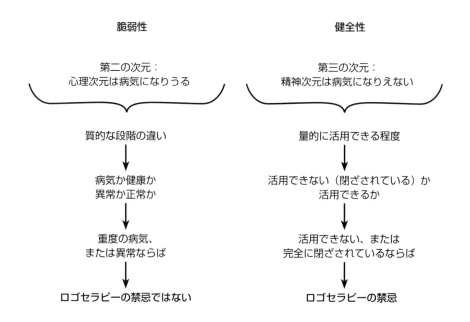

ーによる治療が適用できる。すなわち、年長の子ども、思春期の若者、老人、知的障害者、および軽度の精神病者に対しても、その人の精神の自由の余地が開かれている程度に応じて、ロゴセラピーは適用可能である。そして経験的に言うと、そうした人たちの精神の自由の余地は当初考えているよりも大きいことがしばしばある。

こうして概観すると、心理次元の中には（同じく身体次元の中にも）質的な段階の違いがあることが明らかになる。「病気」か「健康」か、「異常」か「正常」か、または今日好まれる言い方で言えば「障害されている」か「障害されていない」かの間には、多くの段階が存在している。私たちはみな、心理的状態においても身体的状態においても、常にこの連続体の両極の間のどこかに位置している。

精神次元では、むしろ「完全に開いている」と「完全に閉ざされている」の両極の間で活用できる量的な程度が問題となる。心理的領域では（それどころか身体的領域においてすら）重度の疾患や異常や障害はロゴセラピーの禁忌ではないが、精神次元がまったく活用できない場合は、ロゴセラピーを適用するにあたっての唯一の重大な禁忌となる。幼児の場合も、重度の意識障害、深刻な脳器質性障害、大規模な現実感の喪失、慢性的な人格の解体などのケースでは、これまで述べてきたロゴセラピーのあらゆる議論と主張はその人の精神次元にまで到達することはできない。

ここで、ロゴセラピーの種が実り豊かに成長することのできる分野を挙げよう。それは、精神次元にまで残響する身体的および心理的な障害と、心理次元と身体次元にまで残響する精神的なフラストレーションである。ロゴセラピーが適用されるところでは、常に心身態と精神次元の相互作用が問題となる。そこで注目されるのは人間の生命の脈動全体、すなわち、物質的なものと観念的なもの、脆弱なものと健全なもの、移ろいゆくものと永遠なるものとの間の相互作用と相互交流の全てである。

何かしら「無傷なもの」、すなわち、損傷されることなく決して損傷されえないものが人間の中に存在することが否定されてしまったらどうなるだろうか。規格外れであるにもかかわらず健全なものが存在しうるということ、病気にもかかわらず真実が、健康にもかかわらず苦悩が存在することが否定されてしまったらどうなるだろうか。もしそうなったら、私たちはまるで人

34　　5. 脆弱性と健全性の弁証法

間を修理の必要な機械であるかのように見なす人間観を獲得することになる。規格からの逸脱は単なる機能の欠陥を示しているだけであり、期待通りに機能しない人間は病気であるということになる。例えば、もし患者がセラピストにあまり心酔しなければ、その人は「セラピストへの抵抗」を持っていると解釈される。もし探究者が人生の意味について尋ねたら、その人は「自己攻撃性」を持っていると解釈される。もし芸術家が創造的なデザインをしようと格闘していたら、その人は「劣等コンプレックス」を持っていると解釈される。このような解釈をしていれば、人間のあらゆる精神的な関心と業績がすぐに貶められるようになってしまう。これは、健康と病気を超えた権威が人間の中に存在していることを認めず、人間のあらゆる表現を過剰診断するものである。人間の中で内面の対決を可能にする権威は、心理学主義やそれと関連する病理学主義が試みているように、自分自身を単なる心理学的および精神病理学的な生育歴の産物として解釈することをもはや許さない。

　　心理学主義はいつでも仮面以外は何も見ておらず、その仮面の背後には神経症的な動機以外何も認めようとしない。心理学主義にとっては、あらゆるものは真実ではなく、本質的でもない。心理学主義は、次のようなことを私たちに信じ込ませようとする。それは、芸術は「結局のところ」人生と愛からの逃避「以外のなにものでもなく」、宗教は宇宙の支配力に対する原始人の恐怖にすぎないということである。こうなると、偉大な精神を持った創造者たちも神経症者や精神病者として片付けられてしまう。このような「暴露的な」心理学主義による「仮面剥がし」がなされた後には、人々は安堵のため息をつきながら、例えばゲーテも「本当のところは」1人の神経症者に「すぎなかった」と告白することができるようになる。このような見解は、本質的なものを何も見ていない。言い換えれば、本質的には何1つ見ていないのである。(Frankl, 12)

　　心理学主義には、精神次元の現象を心理学・社会学の平面に頑なに投影するという論理的誤謬が忍び込んでいる。心理学主義は人間の個性を否定する。規格からの逸脱は病気の症状とは限らず、その人の個人的な人生設計を形作っていることもありうる。それは、人間に完全なまま残っているものの真の

表現である。規格からの逸脱が全て「症状的なもの」もの、すなわち病気とされるのは、心身態の中だけである。一方、精神的なものの中では、全ての人間の規格と異なる「特別さ」は、人間の特徴として形作られる。

　したがって、汎決定論が人間の自由と責任を否定するのと同じように、心理学主義は人間の中にある真実、すなわち人間の真の創造性と精神性から目を背けるのである。

6.　快楽志向性と意味志向性の弁証法

　ロゴセラピーは、特に動機づけ概念において他の心理療法と区別される。ロゴセラピーは最近流行している心理学の「幸福哲学」に疑問を抱いている。この考え方によれば、幸福とは欲求を満たすことである。しかし、人間の精神次元を考慮に入れれば、幸福とは内的な意味を実現することである。ロゴセラピーの立場からの研究によって、以下のことが証明されている。すなわち、人間は意味ある課題のためならばすすんで犠牲をはらい、そしてもし必要であれば、欲求が満たされないままでも、それをよしとするのである。身体面および心理面の健康は、意味の探求においては二次的な役割しか果たさない。一方、どんなに心と身体が健康であっても、それは意味の探求における欲求不満を埋めることにはならないということが、心理療法の実践の中ではしばしば見うけられる。

　幸福とは何を意味するかという見解の相違は、どのように説明できるだろうか。科学としてヨーロッパの心理学と心理療法が誕生したときから、その問題が存在していたことは間違いない。心理学が発展した20世紀前半は、極端な困窮の時代の影に覆われていた。世界大戦、経済危機、大量失業が続けざまに起こった。このような時代には、人間はただ1つのこと、日々の困窮からの解放だけを望んでいたと推察される。人々は、生存のための戦いという日々の苦しみが、それに伴う屈従、我慢、断念といったやむを得ない強制と一緒に消えてしまいさえすれば、幸福になれるだろうと考えていた。

　心理学は外的な困窮に対しては何も援助を提供することができず、それゆえに内的な困窮を取り除くことに集中した。その後の流行にならい、心理学

は「解放による幸福」というテーゼを取り上げ、それを目標に設定した。このテーゼとは、内なる衝動を妨げるものから、権威への誤った怖れという重荷から、そしてもし可能であるならば「良心の呵責」からさえも、人間を解放することであった。心理学は「あなたはいよいよ自分自身のことを考えるべきである」という主張を旗印として掲げ、助言を求める人々に対して、自分の主張のために戦い、過度の要求をきっぱりと拒絶し、自分の欲求を十分満足させる権利があるということを教えた。

　こうした考えに対する異論はなく、西洋先進国家の経済状況が急激に改善した20世紀後半になっても、今日でも、いまだにそれが幸福への正しい道だと信じられている。豊かさは広がり、それに伴って人類はほとんど全ての困窮から解放された。人々はもはや飢えることはなく、性に対する制限は消え去り、雇用は（90年代までは）十分で、厳格な権威者はほとんどいなくなり、誰でもいくらでも楽しみを得ることのできる余暇の時間が急増した。それまで心理学によって行われてきた「内的な困窮」の根絶をはるかに上回る勢いで、奇跡的な経済成長による「外的な困窮」の根絶が起こった。しかし、期待されたような幸福は実現しなかった。その代わり、自殺、薬物中毒死、刑法犯罪、悲劇的な離婚などの統計値がすさまじい高さまで急上昇した。そしてさらに、神経症者、暴力的な人、不機嫌な人、深刻な不満を抱える人が筆舌に尽くしがたいほど増加していることが示されている。幸福とは困窮からの解放であるという命題は修正されなければならない。

　これに伴って伝統的な心理学による人間理解が修正され、ロゴセラピーに向かうことは間違いない。なぜならフランクルは1930年代には既に以下のことを敏感に察知していたからである。すなわち、人間は「何によって」生きるかを知らなければならないだけでなく、「何のために」生きるかをも知りたいということ、そして、人間には生きる「手段」だけでなく生きる「目的」も必要だということである。困窮時に人々を動かしていた「生きるために私は何をするべきか？」というかつての不安な質問は、豊かな時代になり「私は生きている、何のために？」という同じく不安な質問へと突然変わった。とても安全で贅沢もできる人生が当たり前のものになった。にもかかわらず、何のために生きるのかという問いが出現し、答の不在は恐ろしいほどである。

第1部　ロゴセラピーの人間像　　37

この印象的な例として、近代的なセントラルヒーティングを導入したことによってアルコール消費量が6倍に増えたというフィンランドの報告がある。両者が関係していることは奇妙にも思えるが、論理的である。セントラルヒーティングの技術がなかった頃は、長い冬に備えて薪を蓄えるため、週末は家族で森に薪を集めに行くことがしばしばあった。この外出は気分転換や会話や運動の機会にもなり、みんなが一緒に行う意味のある活動だった。セントラルヒーティングが導入された後は、部屋を暖かくするために必要なことは暖房の小さなスイッチを回すだけになった。そうすると、週末は何をしようという疑問が生まれた。多くの人はテレビに夢中になり、退屈のため次々にビールを飲むようになった。

　上記の問題から明らかになったことは、精神と心理の対立関係における緊張の場に他ならず、理論的にはまさに「ホメオスタシスの原理」と「精神の力学」の対立である。ホメオスタシスの原理とは、人間と動物の二次元的な存在次元において、生体の内的な平衡を回復するため、膨張した衝動欲求（飢え、渇き、凍え、性的欲求、安全の欲求など）はその解除と沈静化に向かって突き進むというものである。再び衝動が解除と沈静化に向かって動き出すまでは、その生物は内的な平衡状態を保っている。このように、内的平衡状態の維持（ホメオスタシス）は、何かを始めるための最初の原動力となる。内側および外側からの不快な「とげの痛み」がなければ、行動は起こらない。

　このような自己調整原理は動物には当てはまるが、「精神的存在でもある」人間に対してはそう簡単に適用することはできない。欲求の飽和が広く行きわたった時代で、このことは繰り返し見られている。私たち人間にとっては、衝動力動のバランスと内面の平和や充足とはまったく異なるものである。それは、ただちに空虚感や無意味感や目標喪失（ほとんどの欲求が満たされたなら、いったい何を目指せばいいのだろう？）や、存在肯定感の低下をもたらす。極端な場合には、「黄金の檻の中での死」、すなわち「高揚の理由」を失ったことで心が枯れていくことにもなりうる。

　　精神衛生に関して今日まで間違った原則が多少なりとも支配してきたことは、ますます重大な問題になっている。人間にとって内的な静けさと平衡が

最優先の欲求であると信じている限りは、何をおいても緊張緩和が重要になる。しかし、私自身の考察や経験から、人間は緊張緩和よりもむしろ緊張（ある程度の、健康な、一定量の緊張）を必要としていることが示された！そのような緊張とは、例えば人生の意味や達成すべき課題からの要請によって経験する緊張である。特に、現存在の意味から要請されていることは、他の誰でもなくそれが要請され課されている当人だけにそれを成し遂げることが求められている。このような緊張は心理的な健康を損なわないだけでなく、私が「精神の力学」と名づけた全ての人間存在を構成する働きによって、心理的な健康をもたらす。なぜなら、人間存在とは存在（Sein）と当為（Sollen）との間の不可避で不可欠の緊張の中にある存在だからである。(Frankl, 13)

　ホメオスタシスの原理とは対照的に、精神の力学の原理では、健康な人間は存在と当為との間に張られた緊張の弧の中に位置していると考えられる。存在とは現在の（世界の）状況を表し、当為とは（たとえごくわずかであっても）前向きに変えることのできる状況を表している。変えるべきことは、外部からの指図ではなく、むしろ有意義で達成に値する目標は何かという自分自身の認識による。それは、他でもないその人だけを待っている具体的な課題として、意識の中に描きだされる。なぜなら、その当人と同じ時刻に同じ程度で同じ質でそれを成し遂げることは、他の誰にもできないからである。存在とは知覚される現実であり、当為とは直感的に予期される理想である、という言い方もできる。そして両者は、理想と現実の間に張られた精神の力学における弧である。
　もちろん、この緊張関係は人生のそれぞれの段階ごとに（日ごとにさえも）変化し、当為が完全に達成できることはほとんどない。しかし、その緊張は人間の行動に方向性を与えてくれる。次のような例を考えてみよう。ある若者がおり、彼は医学生である。「存在の極」には、両親からの経済的な援助、近くで専門家として活動できる場所の欠如、遠く離れた世界で病気に苦しむ多くの人々、などが含まれる。「当為の極」は、彼が目指している有能な医師、すなわち両親の援助への感謝を決して忘れず同胞の病気や早過ぎる死に対して断固として戦う医師になるという目標である。この医学生がこうした緊張関係を保っている限り、彼は最大限の熱意をもって自分の勉学に

第1部　ロゴセラピーの人間像　　39

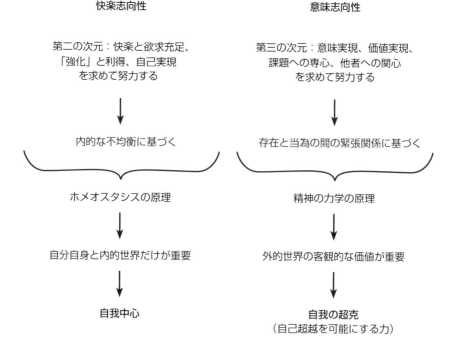

専念することができるだろう。

　この例を、もし精神の力学ではなくホメオスタシスによるものとして考えると、この若い男性は心理的な不均衡（おそらく自尊心が十分に発達していないことによる）を補償するために勉学に励んだと推論されるに違いない。そして、彼は内的な平衡状態を落ち着かせるために、いつか有能な医師として高い社会的地位につき、美しい女性に対する影響力を持ち、高い名声を得ることを望むようになるだろう。彼がこのような人間らしくない不健康な動機に基づいて勉学に専念し、やり通すことができるかどうかは非常に疑問である。単に自尊心を高めるという目的のためだけに、誰が分厚い本に埋もれて神経をすり減らすような試験の勉強に明け暮れることができるだろうか。

　精神の力学の原理では、当為が指し示している価値は、常に外界から流れ込んでくる。例えば、作品を創造すること、家庭を築くこと、家を建てること、雇用を確保すること、政治的状況を改善すること、などである。それと

対照的に、ホメオスタシスの原理はもっぱら自我についてのものである。興味深いことに、心理次元で快楽と衝動満足を求めることと精神次元で意味や価値の実現を求めることの両者は、どちらも人間の中に存在している。しかし、ロゴセラピーの観点からすれば、決定的な要因は後者である。すなわち、「意味への意志」は人間の根源的な第一義的動機であり、もしそうでなければ、人間は病んでしまう。

精神の力学における緊張の弧の中で自我を超えて行くためには、人間は自分自身を超えてその向こう側に到達する能力を持っていなければならない。フランクルはこの能力のことを「自己超越能力」と名付けた。

ロゴセラピーでは、自己超越は人間存在の最高の発達段階だと見なされている。それは人間固有の潜在能力であり、「何かや誰かのための現存在」として課題に専心し他者に関心を向けることによって、自分自身を超えて考え行動することである。自己超越を実践する際には、「その物事自体」や「自分が志向するその人」こそが重要であり、自分の欲求満足が目的になってはならない。

人間は本質的に自分の外側にある何かに向かおうとするものだと考える心理療法学派がフランクルより前には存在しなかったことは、驚くべきことである。他の心理学による動機づけの概念は、全て自分自身を中心として回っている。深層心理学は欲求を充足させることによって最大限の快楽を得ることを目指し、行動療法は報酬と「ストローク」（社会的な強化を得ること）を目指し、人間性心理学は自己実現を目指している。これらの学派はロゴセラピーから見ると完全に自我中心の人間像を展開させている。このことは振り返って見ても、何も良いことはなかった（特に今日のような自己愛的な時代においては！）。このような一面的な見方では、本質的に精神的な生き物である人間を正しく理解することはできない。

特に危険なのは還元主義の傾向である。還元主義は、古いホメオスタシスの原理を一般化することによって、意味を志向する人間の全ての行動を快楽原則によって分類しようとする。これはまさに心理学の衣をまとったニヒリズムそのものである。

意味否定という根本的な可能性は、いわゆるニヒリズムの真実に私たちを

第1部 ロゴセラピーの人間像　　41

直面させる。なぜなら、ニヒリズムの本質は存在の否定だと考えられがちであるが、そうではないからである。実際のところ、ニヒリズムは存在に対して、言い換えれば、存在が存在することに対して異議を唱えているのではなく、存在の意味に対して異議を唱えているのである。ニヒリズムは、何も現実には存在しないと主張しているわけではない。そうではなく、ニヒリズムは、現実とはアレやコレ以外の何ものでもないと主張している。その結果、ニヒリズムは現実をその時々の具体化、つまりそれがどこから生じたか、に還元するのである。(Frankl, 14)

　還元主義的モデルによれば、子どもに対する親の愛は自己愛「でしかない」、すなわち彼らは子どもに向けて自分たちの親としての衝動を満たしているということになる。同様に、同性の２人の友情は、２人の同性愛的傾向の見事な昇華「でしかない」ことになる。途上国で対外援助の仕事をしている人はその仕事によって旅行の喜びを満たしていることになり、環境保護主義者はその活動によって隠れた自己顕示欲を満たしていることになる、といった具合である。このような意味否定的な解釈モデルが示すものは、ただ快を得て不快を避けたいという動機だけである。それは必然的に、あらゆる精神的理想の価値を甚だしく引き下げることにつながる。結局のところ、そこには束の間の快楽の瞬間と苦しい嫌悪の瞬間があるだけだが、それらの重要性が極端に過大評価され、それらが人生全体を導くことになっている。
　今日の心理学にいまだ存在しているこのような矮小化、すなわち人間像の「還元」がどうして起こりうるのかと考えれば、それは精神的な現象が、精神より下の平面に投影されているから、言い換えれば人間的な現象が人間より下の平面に投影されているからであるという私たちの主張を、繰り返し訴えていかなければならない。還元主義とは投影主義、それどころかまさしく人間以下主義（Subhumanismus）である。
　精神的存在として人間は世界（さらには超世界）と関係し、意味（Logos）を志向している。もし誤って人間を一段低い次元に還元すれば、人間を心理学的な機能と反応からなる閉鎖系システムとして心理学的・社会学的な平面上に描き出すことになり、そうなると自己超越性が見えなくなってしまう。純粋に心理的な次元でいえば、快と不快、衝動と衝動満足は、生命体を

突き動かす原動力である。たとえそれが自己実現を頂点とする「マズローのピラミッド」のような非常に複雑な欲求階層の中に位置づけられるとしても。しかし、自己実現理論も考え方としては自我を超えたものではなく、ホメオスタシス概念の範囲内にとどまっている。このような理由から、ロゴセラピーは既に示唆したように人間性心理学とは一線を画し、「人間的心理療法（humane Psychotherapie）」を支持するものである。

還元主義的思考によってのみ、欲求の充足は最高のものへと引き上げられる。しかし、それによって人間は、これがまさに還元主義的な見方であるが、「裸の猿」のレベルに落とされる。意味に向かう人間の実存的な志向性を認めないことは人間の尊厳を認めないことと同じであり、人間を貶めることである。

7. 事例研究

ここで示す事例研究によって、心理療法は心の病の発症を防ぐために行われる場合もあるということと、そうした危機にある人に提示される人間像が極めて重要であるということを明らかにする。まず初めに、かつて「神経症」という概念でくくられていたいくつかの精神疾患について述べよう。

神経症は多くの要因によって引き起こされる。遺伝的素因の上に教育や環境の決定的な影響が加わり、小さな発達の欠損が重大な結果をもたらし、さらに不幸な偶然も一定の影響を及ぼす。そして何よりも、本人が自分の内面にある障害と戦おうとしないようになる。一般的には、強い不安傾向と思考への「執着」という2つの性格特徴が見受けられる。

1) 不安傾向について

神経症（今日でいう不安障害）患者の精神次元は阻害も制限もされておらず、同じく知性も制限されていない。しかし、患者は自分自身の精神を信頼していないと言えよう。それはその人に健康が欠けているからではなく、健康であるという自信が欠けているからである。彼（患者）は全てのこと、と

第1部　ロゴセラピーの人間像　43

りわけ自分自身を疑っており、自分の実存の最も深い層にまで不安を抱いている。そのため、彼は自分自身を信頼しておらず（「私にはそんなことはできない」）、さらに自分は全てにおいて駄目だと信じ込んでいる（「私は馬鹿げたことしかできない」）。彼は、自分の根拠のない否定的感情が非合理なものであることをきちんと知っているが、ついそうした感情を真に受けてしまう。彼は常に何かから逃げているが、いつもその「何か」の手中に落ちてしまう。そのことによって彼は自分自身に対して非常に苛立ち、自己嫌悪に陥り、さらにそれが自分を弱くする。彼は自信喪失とそれによって引き起こされる失敗というある種の「悪循環」の中にはまりこんでおり、もはやそこから逃れることはできない。自信のなさ、不安、低い自己肯定感、高まった過敏性が、彼の心理的な落とし穴である。

　神経症者、すなわち心理・身体的な理由によって不安になっている人は、まさに精神による支えを必要としている。(Frankl, 15)

2) 思考への「執着」について

　神経症（今日でいう不安障害）患者は、自分のくよくよとして疑い深い思考を取り除くことができない。彼がそうした思考と決別することは極めて困難である。彼が経験した、もしくはこれから経験するかもしれない小さな不快なことに対して絶え間なくこだわり続けることによって、「蚊」を「象」にしてしまう。ロゴセラピーではこれを「過剰自己観察」と呼んでおり、これが様々な人生の小さな危機を誇張し、強めてしまう。

　こうした思考への「執着」は、神経生理学的にも関連している可能性が高い。様々な人を対象にした実験で、隔離された細胞群を刺激した後の大脳皮質の誘発電位を詳細に測定したところ、それぞれの被験者によって異なる波形が示された。一部の人では、刺激後に活性化した電位の減衰が他の人よりもゆっくりであった。このような人たちは、細胞群への刺激が急激に連続して起こると、容易に「持続的緊張」の状態に陥る。そこに、なぜ不安障害の患者が他の人よりも敏感で緊張しやすく興奮しやすいかや、なぜ彼らの自律神経系が他の人よりも「過敏な」反応をすることが頻繁に起こるのかについ

ての手がかりがある。

その人の中に強い不安傾向があり、それが過剰自己観察傾向と結びついている場合には、必ず「神経症的」な障害の土壌ができあがっている。とはいえ、そこでただちに強力な心理療法を講じてはならない。不安な人間は、自分はセラピーが必要な患者だと思うやいなや、自分には人生に対処する能力がないという誤った考えに深くはまり込んでしまう。神経症の危機にある人に対しては、その人の病気のほうではなく、その人に残っている健康のほうを意識させなければならない！　いかなる心理療法の過剰摂取も、その人の不安（「私には助けが必要だ。私は１人ではうまくできない」）を強化する結果になり、自分の問題についての思考への執着を強めてしまう。「問題志向の対話」こそが、その病気の傷口を痛めつける！　このような危機的段階にある人に対しては、自分自身と世界を信頼するよう勇気づけ、非生産的な思考を思い切って手放すように促すほうが望ましい。それでは、予告していた事例研究に入ろう。

妊娠中の若い女性が、リラクセーションの方法を学ぶためにかかりつけ医から私のところに紹介されてきた。彼女が定期的に通って来ている間、彼女の夫が一度私と２人だけで話をしたいと希望した。会話を段階ごとに概説し、専門的な解説を記す。

第１段階

当初からこの男性は当惑している様子で、問題の核心に触れようとしなかった。彼は表面的な会話に終始していた。

解説：クライエントの不安はかなりのものだった。都合の悪い内容を「懺悔」しなければならないという気持ちを楽にするため、私は彼に言った。「あなたがすすんで話したいことだけを話せばいいんですよ。」この促しはしばしば逆接的な効果をもたらす。それは、プレッシャーが減り、水門が開き、気後れしていた人が心をからっぽにし始めることによって起こる。しかしここで非常に重要なポイントがある。話し合いのテーマについての責任はクライエントに残しておかなければならない、ということである。

第１部　ロゴセラピーの人間像　　45

第 2 段階

　男性は椎間板ヘルニアを患っているために背中に様々な痛みがあるということを話した。

　解説：背中の痛みは、彼が話しに来た問題と何かしら関係していると推測された。しかし、椎間板ヘルニアという「会話のとっかかり」は、心理学者に相談するにはあまり馴染まないものだった。いわばこれは何かの周りを思考が堂々巡りしていることを意味し、その時点ではこれが関心の中心にある問題ではないはずだった。クライエントが迂回路を通って核心にたどりつく機会を与えるため、私は静かに話を聞いた。

第 3 段階

　男性は背中の問題について延々と説明した。彼は既に詳細な医学情報を得ており、例えば長時間の車の運転と脊椎の湾曲の関連についての知識を持っていた。

　解説：クライエントの不安傾向のさらなる兆候、すなわち知識によって内面の不安を払拭しようとする努力が見られた。知的ではあるが心理的にうまく機能していない人が、そのようなやり方では決定的な効果は得られないにもかかわらず、人生の啓発本や学術書を熱心に読むことは珍しくない。しかし、ここで私は、自己教育への関心は全てその人の不安の表現であるという「心理学主義的な」主張がしたいわけでは決してない。いずれにせよ、クライエントが長引かせている説明を中断するため、私は彼に質問をして建設的な方向に引き戻した。「背中の痛みを和らげるために、あなたができることは何かありますか？」

第 4 段階

　男性はそれを肯定した。彼は特別なマッサージと理学療法を受けていた。その後、長い沈黙が起こった。

　解説：どうやらキーワードが出てきたようだ。その後に続く沈黙の中で、クライエントは自分の問題を明らかにすることを決める。

第5段階

彼はマッサージ中に性的に興奮するということを恥ずかしそうに報告した。そのため、彼は自分を治療してくれる女性の前に出ると緊張し、体がこわばってしまうのだった。彼の心の煩悶はついにこの枠組みを打ち破った。彼は次のように言った。「私はこんなことを望んでいません。私はそんなんじゃありません！　私はもう自分のことがわかりません。私は妻を愛しており、他の人に興味はありません。これは、私が無意識のうちに浮気を望んでいる可能性があるということでしょうか？　このことが私の気持ちを重くし、とても気まずい思いにさせるんです。」さらに彼は「逃避」を考えていることを話した。「できれば私は治療を止めてしまいたいんですが、医師や妻にどうやって説明したら良いのかわかりません。」

8. 事例研究の二次元的および三次元的解説

上記のケースを次元的存在論の観点から見ていくと、何が見えてくるだろうか。

身体次元において

身体的には、自律神経とホルモンに起因すると考えられるクライエントの性的刺激に対する閾値の低さが見られた。しかし、上記のような不適切なタイミングでの勃起は珍しいことではない。いずれにせよ、それはある種の性的刺激によって起こった。彼は服を脱がされ、女性に触れられたのだ。診断的には異常とする根拠はない。

心理次元において

心配するほどのことではないが、心理的には症状はより顕著だった。彼は驚くほど自分に自信がなく、不必要な心配が高じ、出来事を過大評価していた。過度に敏感な差恥心が強い回避欲求を引き起こしていた。

精神次元において

　精神的には明確な見解が表明されていた。彼は妻を愛しており、誠実でありたいと願っていた。彼は配偶者以外と性的関係を持つことに興味はなく、マッサージ中の勃起は彼の意図に合致するものではなかった。

　この状況におけるクライエントの「運命」と「自由」を、より明確に区別していこう。運命的なものは、心理的には不安に対して、身体的には性的刺激に対して向けられた彼の心理・身体的な過剰興奮である。その一方で、彼は自分自身に対して、妻に対して、愛に対して、そしてこの問題に対して態度をとる自由があった。彼は何に対して責任を負っていたのだろうか？　それは自分の心理的な不安に対してでも身体的な反応に対してでもなく、精神的な回答に対してである。

　クライエントに対してそれ以上何も言う必要はなかった。身体に起こることを自分でどうこうすることはできず、どのような感情が生じるかを自分で選ぶことはできない、ということを私は説明した。しかし、彼が他の女性と浮気をしたり他の女性に気に入られようとしたりする機会を持つかどうかや、彼が妻を愛しており妻を裏切ろうとしないという意識を持って身体的な現象から距離をとるかどうかは、彼がただ１人で決定したことであった。それは彼の精神的な自由であり、人格的な決断であった。彼が良心（それによって何に意味があるかがわかる）に合致した行動をとっていれば、それは最善の行動であり、不安を感じる理由はなかった。そうすれば逆に彼は自分自身に満足することができた。

　これはどのような「セラピー」だったのだろうか？　正確に言えばこれはまったくセラピーではなく、神経症の予防だった。クライエントは健康な人間として扱われた。彼が提供されたものは、彼の注意が自由の場に向けられたことによる「精神的な支え」であった。自由の場の中で彼は選択の可能性を持っており、そして選択を行った。自分が「醜悪な好色家」なのではないかと怖れ、それによって自分を苛立たせ苦しませる代わりに、彼は心理・身体的な誘惑と圧力にもかかわらず妻への愛を持ち続けたことを誇りに思うべきである。

　これらの説明はこの男性の心をただちに軽くする（「ということは、私は

異常ではない？」）という効果とともに、彼の自信（「私は自分の意図に自信
を持っている」）を大きく育てた。そしてさらに（超自我によって引き起こ
されたかもしれない）誤った罪悪感を、（良心に属する）真の責任感へと変
容させた。このことが彼の過剰自己観察傾向を抑える働きをし、彼の関心は
彼の持つ自由へと向かった。彼はこの相談への感謝を述べ、落ち着きと勇気
を得た。ロゴセラピーの要件は満たされ、彼は帰っていった。ロゴセラピー
の要件とは、以下の3点がないままクライエントを帰してはならないという
ものである。

　　a）クライエントの質問への回答
　　b）何らかの改善のチャンスへの希望
　　c）精神の力を用いた小さな挑戦

　この夫婦に子どもが生まれた後、彼らは私に誕生の知らせを送ってくれた。
それからほどなくして、この新米の父親は私からのお祝いに対する御礼の電
話をかけてきた。彼をまた不安にさせることのないよう、私は例の話題には
触れなかった。しかし、電話を切る前に彼はこのように言った。「ところで、
私があなたに打ち明けた問題はすっかり落ち着いています。今では私の体は
すっかり正常な反応をしています。」
　「非・セラピー」による治療とはどういうことだろう？　自分に強くこだ
わるメカニズムは、「身体がすることに対しては私は何もできない」という
彼の精神的な態度によって打ち消された。不安は、「私は自分が何を望むか
と何を望まないかを知っている。私は妻とともにいる。」という精神的な態
度によって取り除かれた。神経症の脅威は未然に防がれ、あらゆる面での正
常化が促進された。ここから導くことのできる教訓は、心身態は精神の力に
よって治療的な影響を受けるということである。
　同様の「非・セラピー」による治療、すなわち既に起こっている心理的問
題（身体への影響の有無は問わない）の悪化を防ぐことに私は何度も成功し
ている。例えば私はある女子学生の例を覚えている。その女子学生は、6年
間ほとんど毎食ごとに胃の内容物が逆流してくるのをなんとか飲み下さなけ
ればならないことが続いている、という理由で私に相談に来た。彼女は慢

性の歯肉炎を患っていた。医学的にはその原因も対処法も見つからなかった。私は自分が彼女の助けになれるかどうか非常に懐疑的だった。いずれにせよ、私たちは彼女の精神的な自由の場について、この問題に対する意味ある態度について、彼女にはこの障害に対して落胆しない責任があるということについて、話し合った。大学の休暇の後、彼女は私に嬉しそうに知らせてくれた。長い間食べ物が逆流していないということにある日突然気づくまで、その問題のことをすっかり「忘れていた」というのだ。症状は半年以内になくなった。

　比較対照のために、先に述べた男性の事例を二次元的な人間観の文脈で解釈してみよう。この文脈では、精神次元は存在せず、あらゆる精神的なものはホメオスタシス原理が支配する心理の次元に投影される。結果として、このクライエントは何かしら性的リビドーが抑圧されており、美しい女性の接近によってそれが目覚めたと推測されるに違いない。その一方で、彼の超自我は頑なに純粋な貞節を求めている。この葛藤を解消するために、彼は妻を愛していると自分自身を説得するが、これは還元主義的な立場からすれば防衛機制以外の「なにものでもない」。葛藤の解消のためには超自我が弱められなければならないが、同時に抑圧されたリビドーが神経症的な症状として現れ、不適切な勃起が起こる。

　なぜ彼のリビドーは抑圧されていたのか、なぜ彼は妻に「満足」できなかったのか、という疑問に対して、二次元的な人間像によっていくつかの説明が考えられる。単純なものとしては、妊娠によって性行為が困難になったというものがある。また、深層心理学的には以下のように説明される。彼はエディプスコンプレックス、すなわち母親との間に生じた愛憎に苦しんでおり、その愛憎を無意識に妻に転移していた。そのために妻との性行為に満足できなかった。これによって円環が完成する。リビドーがはけ口を求めていたために感情的な重荷を感じなくてもすむ別の女性に向かったが、それに対しては超自我が干渉してきた、ということである。

　学問上の論証だけでは、二次元的な人間像と（ロゴセラピーの）三次元的な人間像のどちらが正しいかを確定することはできない。しかし、確かなことが１つある。それは、それぞれの治療結果がまったく異なるということである。二次元的な解釈に共感するセラピストは、クライエントを寝椅子に

寝かせ、彼が妻を愛している以上に憎んでいるということを、彼が無意識のうちに知らない女性を求めているということを、そしてその全ての責任は彼の母親にあるということを、彼が知るまで「分析」するだろう。このような「知識」とともに、彼は病気のままであり続けるだろう。しかし、彼が妻と喧嘩を始めたり、母親と罵り合ったり、生まれてくる子どもがいつか父親なしで育たなければならなくなったりした場合、セラピストにも共同責任が生じるのだろうか。そのようなことはないだろう。

　統計的には、パートナーの一方が精神分析的な治療を受けている夫婦の4分の3が離婚しているということが示されている。これはロゴセラピストではなく精神分析家自身が明らかにしたことである。この精神分析家は、患者がパートナーの迫害から解放されたとして、自らの統計結果を専門誌に誇らしげに発表した。両親を失った子どもについては何も述べられていなかった。自分の良心によって、私は個人的にはこのようなことは望まない。しかし、二次元的な人間像にはそもそも良心が存在しないのだった。

　公平を期すため、私は精神分析からロゴセラピーへの同様の批判も隠さないようにしておきたい。高名な精神分析の大御所アルベルト・ゲレスは、次のように述べている。

> 　心理療法における精神の重要性は、まったく知られていないわけではない。神経症のくびきからの解放が、人間にとって隠れていた意味を新たに発見する機会となることも珍しくない、ということは既に知られている。その人は、自分の全存在を注ぎ込むことのできる価値あることは何かに気づき始める。さらには、例えばヴィクトール・フランクルによるもののように、こうした根本的な意味の経験を実際の治療に取り入れている心理療法の理論と方法も存在している。残念なことに、現存在の意味や使命や目的に関心を向けることによって、欲動とその運命の生物的心理的基盤をまったく無視することがしばしば起こる。それに加えて、この心理療法では精神の力を効果的に誘発する技法はまだ明確には記述されていない。心理学ではこの分野のことはよくわかっていない。(Görres, 16)

ロゴセラピーの方法を考察することによって、ロゴセラピーは人間の3つ

の次元の相互作用に常に注目しており、そのため、人間の生物的心理的な基盤を無視しているという批判は適切でないことがようやくわかってもらえるだろう。しかし、ロゴセラピーが精神的なものを重視しているということと、この精神的なものは伝統的な心理学にとってはまったくの未開拓領域であるということは確かである。そもそも、それは人間には評価も測定もできないものであり、実験と調査による心理学から逃れた最後の神秘なのかもしれない。

しかし、もしもある心理学派が「精神の力の効果的な誘発」に関するエビデンスを示すことができるとするならば、それはロゴセラピーである。

9. 性格と人格の弁証法

私たちは運命と自由の弁証法、脆弱性と健全性の弁証法、快楽志向性と意味志向性の弁証法という３つの基準に基づく精神と心理の対立関係を理解した。しかしまだ、ロゴセラピーの人間像として論じられた４つ目の明確な特徴、すなわち性格と人格の弁証法が残っている。ここでは精神次元の人格的な側面について論じる。２人の人がほとんど同じ性格ということはありうるかもしれないが、その２人は決して同一ではなく、必ず独自の性質を持った唯一無二の個人である。共同体でもパートナー関係でも仲間うちでも、あらゆる人間は個性を持っている。そして、もし人が悪しき大衆現象にありがちなように個性を放棄するならば、自分自身の精神性、すなわち自分自身の人間性を一時的に閉ざすことになる。フランクルは、大衆を「非人格化された存在の総和」として定義している。

（心理的な）性格は「創造された」ものである。性格は心理学的な類型、人種、気質に対応しており、遺伝によって配置され環境によって形成される。対照的に、（精神的な）人格は「創造する」ものである。人格は、自分の性格、自分の持って生まれた素質とその影響力に、真っ向から対峙する。「人間は自分というものを全て甘受してしまってはならない」というロゴセラピーで好まれる言い回しは、まさに人格に対する考え方の中核を表現している。

遺伝と環境が人間を作るというだけでなく、人間は自分自身から何かを作ってもいる。ここでいう「人間」とは人格であり、「自分自身から」とは性格からである。そのため「人間は性格を持っているが、人間は人格である」というアラースの言葉に補足すれば「そして人格ある存在となる」と言える。（その人間である）人格が、（その人間が持っている）性格と対峙することによって、すなわち人格が性格に対して態度をとることによって、人間は何度も何度も性格とその人自身を作り変えていき、そして人格ある存在となる。
(Frankl, 17)

　双生児研究によって知られているように、非常によく似た環境条件のもとで育った同一の遺伝構造を持った人間が、まったく異なる人生をたどるということもありうる。双生児研究では、双生児の共通点だけでなく共通の才能や経験が異なった形で発達するということも示されている。私は、3世代にわたりミュンヘンの社会福祉局に登録されていたロマの家族を実際に知っている。記録によれば、1945年から1955年までの間に9人の子どもが生まれ、その子たちはみな同じように小さい頃から盗みを働くような犯罪的環境のもとで育った。午後や夕方になって、子どもたちの誰かが「戦利品」を手に入れずに家に帰ると、その子は殴られた。

　この9人のうち1人は立派な人間に育った。1人の大人として、法を犯すこともなく、きちんとした職に就き、家庭を築き、平穏な市民生活を送っていた。厳密に言って、この1人は発達心理学のあらゆる理論が誤っていることの証明であった。大人になって間違った生き方をするようになったこの家族の他の8人の子どもを非難すべきではない。彼らは本当に重い負担を背負わなければならなかった。しかしこの9人目に対しては、最大限の敬意を抱くべきであろう！

　それとは対照的に、教育相談の仕事では、愛情深く思いやりのある両親のもとで育てられたにもかかわらず、誤った方向に育ってしまった子どもたちにしばしば出会う。人間の中には、天使と悪魔の全てが存在している。人間は死をもたらすミサイルを造る存在であると同時に、その使用に断固として反対する存在でもある。人間はアザラシを残酷に絶滅させる存在であると同時に、必死になってその種を救おうとする存在でもある。いつも、私たち全

第1部　ロゴセラピーの人間像　　53

員の中には全てがある。

　いったい人間とは何だろうか。人間は、常に自分が何であるかを決断する存在である。人間はガス室を発明した存在であり、しかし同時に、毅然として祈りを唱えながらガス室に入っていった存在でもある。(Frankl, 18)

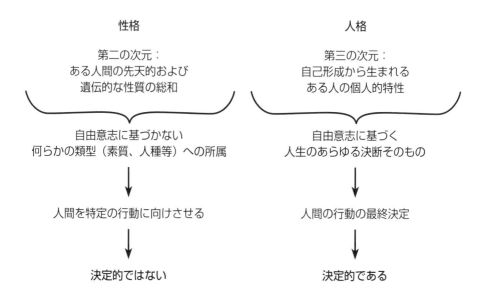

自由と人格の基準から、フランクルによる下記の等式が導かれる。

性格からの自由　＝　人格への自由

　人間の精神の自由は、自分自身や自分の傾向や条件付けや性格的な素質から距離をとることのできる可能性を含んでいる。精神の自由に基づく人間の自己距離化能力は、自己超越能力と同様に、ロゴセラピーの治療を実りあるものにしてくれる。この自己距離化能力は、決して病むことのない人間の精神次元における根源的な人間学的現象であり、以下の図式を心理療法に提供する。以下の図は、患者の魂（Psyche）の病んだ部分領域と健康な部分領

域の区別を示している。魂（Psyche）の健康な部分領域は（決して病むことのない）精神とともにあり、それこそが「無傷の」領域である。

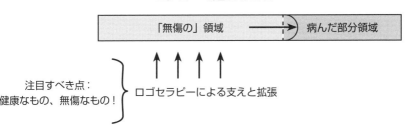

定義：
「無傷の」領域＝決して病むことのない精神とともにある魂（Psyche）の中の健康な部分領域
病んだ部分領域＝魂（Psyche）の中の病んだ部分領域

ロゴセラピーの中心的な関心は、患者の「無傷の」領域を強め広げ、そしてそこに結集した力を病んだ領域に適切に対処するために用いることである。

　この図は、病んだ部分領域に押し込まれた曲線によって、「無傷の」領域が拡張していることを表している。一般的な心理療法が行うように人間の病んだ部分領域を減らそうと努力し病んだ部分領域に対処することと、ロゴセラピーが行うように人間の「無傷の」領域を拡張することは何も変わらない、と主張することもできるかもしれない。しかし、実際にはそれは同じことではない。セラピストは、前者では患者の中の病理的なものに目を向けるのに対して、後者では患者の中の健康で健全なものに目を向けている。
　治療的な職業に馴染みのある人であれば、セラピストの影響力によって患者にどれだけ多くのことが可能になるかを知っている。セラピストが考えたり感じたりしていることが相互作用によって患者の思考世界と感情世界に伝

わり、最終的に患者を変化させる。したがって、セラピストや、患者に重要な関わりのある人が、患者の今なお健康な部分に加えて、原理的な自由や、人間の精神の根源的な健全性や、意味志向性や、全ての個人の固有の人格に目を向けていれば、（あらゆる心理的な障害と混乱にもかかわらず）患者は遠からず障害と混乱に全面的に屈服することはなくなるだろう。なぜなら、患者は（セラピストから発せられる影響力を感じとることによって）人間は他の生物と違って自分自身を超えることができるということを感じとり、人間は自分が次の日に何になるかを毎日新たに決断することができるということを感じとる。そして、運命的な意味を持つことは疑いないような極めて深刻な病気でさえも、その人の一部分を無力化することができるだけであってその人の尊厳を破壊することは決してできない、ということを感じとる。患者がこうしたことを感じとることができれば、それは既に健康に向けて極めて大きな一歩を踏み出したことになる。

　もう1つ、論じなければならない最後の危険な点が残っている。それは集団主義である。幼稚で集団主義的な十把一絡げの判断をいくつか思い浮かべさえすれば、その危険性を説明する必要もあまりないだろう。例えば「南の国の人は怠け者だ」とか「外向的な人は口やかましい」などである。それによって、人種や性格といった単なる属性による判断や予測が一人歩きするようになる。集団主義的な考え方をする人は、関係する個人の人格をじっくり観察しようとはしない。そういう人は次のことを忘れている。それは、遺伝的な起源、すなわち人間の心理・身体的な気質や素質は確かに早期に形成されるが、最終的には本人が素質から何を作り出すか、または作り出さないかにかかっているということである。素質から何を作り出すかは人格的な創造行為であり、どのような類型や人種に属しているかによって導き出されるものではない。それは精神に端を発するものであり、集団主義的な計算を飛び越えて行く。人間は、生来の性格に基づく予測も計算も評価もまったく不可能な存在である。

　自己評価という観点から見ても集団主義は危険である。集団主義は非常に誤った態度である。確かに神経症者の誤りは、自分は決まった性格を持っており、その性格と一致する行動パターン以外はとることができないと信じ込んでいることかもしれない。その人が心理的な問題に陥ったのはまさにこの

ような誤った態度ゆえであり、潜在していた神経症的な性格気質のためではない！

　神経症者が自分の人格や自分の人格的なあり方について語るときは常に、まるで自分にはそれ以外のあり方が不可能であるかのように語る傾向がある。その人は何らかの性格特性で自分を固定し、そうやって固定することによって自動的に自分を縛ってしまう。その人は、自分はどうせそんなものだと思っており、自分はどうせそういう性格特性を持っていると思っており、そして、そのために他のやり方はできないと思っている。

　しかしながら、その神経症者は自分の個人的な性格とエスに基づいて自分を語っているだけでなく、個人を超えた何かに基づいても、自分の中にある集団に基づいても、自分の中にあり自分を通して現れる「人間」に基づいても、自分を語っているのである。この意味で、今日極めて憂慮すべき問題として現れてきているのは次のことである。それは、今日私たちがいたるところで感じているように、人間が自分の所属している何らかの集団（階級や人種）に基づいて自分を語る傾向がまったく当たり前になってきているということである。自分が何らかの集団にどれだけ依存しているか、そして精神的な観点においても自分がどれだけ何らかの集団の影響下にあるか、を繰り返し見せつけられることで、このうわべだけの自己正当化が簡単に作りあげられる。(Frankl, 19)

　集団主義にも様々なニュアンスがあり、それらは精神的なものが心理的なものに帰せられたり逆にそこから導き出されたりする場合にどのような考え方が生まれるかの見本になっている。

　この章を完結させるために、1つの例を用いて心理学的な「袋小路」の一覧を示して終わりとしたい。それによって、これまで述べてきたあらゆる不適切な投影と解釈の危険性について、もう一度振り返ることができる。考察の出発点は、望まない子どもを授かった1人の母親である。

　汎決定論では、母親による子どもの拒絶が生涯にわたる母子関係の機能不全を引き起こすことは避けられないと主張するだろう（プログラミング）。

　心理学主義では、神経症的なあがきとマザーコンプレックスが望まない妊

第1部　ロゴセラピーの人間像　　57

娠の理由だと主張するだろう（仮面剥がし）。

還元主義では、今後の母親の養育行動のほとんどが、子どもに対する（無意識の）憎悪であると主張するだろう（脱価値化）。

集団主義では、その子は後の人生において「典型的な愛されなかった子ども」の特徴と行動パターンを示すと主張するだろう（類型化）。

これに対してロゴセラピーでは何と言うだろうか。ロゴセラピーでは、母親にも子どもにも、今なお全ての可能性が開かれていると主張するだろう。両者とも、成長し、互いに愛し合うようになることができる。母親には健全な精神次元の自由が備わっているため、子どもに対する自分の態度を変え、意味ある課題としてその子の存在を受け入れることが可能である。課題として母親はそれを実現する責任を負っているが、実現することによって彼女は新しい人格へと成熟することができるだろう。

10. 自己認識と自己対処

精神と心理の対立関係から人間の自己距離化能力が導き出されることで、「自己対処」という概念が生まれる。この概念は、ロゴセラピーの教育的・治療的な高次の目標を意味している。これは自己認識という目標よりも高く評価されている。なぜなら、自分自身についての十分な認識を目標とし続けることは不可能であり、むしろそれは自分自身を超えて行く道の途中にある通過段階だからである。こうした「自己を超越する方向を見据えた目標」を追求することによって、ロゴセラピーは人生の学びの場となり、狭義の心理療法の枠を跳びこえて、責任の教育へと行き着くのである。

自己認識とは、自分が何によってできてきたか、自分の衝動的な無意識、受けてきた教育の影響、そしてもちろん、これまでに自分に意図的に付与されたものを明らかにすることである。自己対処とは、自分自身が「何かになる」前向きな可能性を獲得することであり、それによってその人の精神的な意識と無意識が実現される。なお、フランクルによれば精神的無意識という用語は、それ以上掘り下げることのできない人間の倫理や情愛や感動の根源（例えば信頼、最も広い意味での愛、芸術的なインスピレーション）として

理解されている。自己対処とは、内的な統制と成長を成し遂げるために行われる事後的な自己教育のことである。

　最低限の内的統制は、依存症や犯罪行為など数多くの心理的問題を改善するための前提条件であり、それは自分自身から距離を取るという精神次元の働きによってのみ可能になる。そしてこの距離があることによって、自分自身に対して健康的に正しく応答することができる。最低限の内的成長は、達成や愛や苦悩の能力が求められる人生のあらゆる状況において健康を維持するための前提条件であり、それは「意味の呼びかけ」を聞きとり、自分自身を超越するという精神次元の働きによってのみ成し遂げられる。

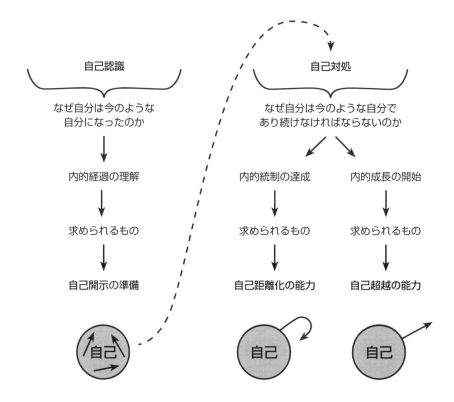

　この図で示したように、自己認識は統一体である人間の内側での働きを明らかにするだけであるのに対して、自己対処は自己の境界を超えた外側への

働きを開始させる。このことは心理療法の実践において何を意味するのだろうか。それでは、今から2つの極を示し、その2つの極の間でロゴセラピーの理念に「灯がともる」ことについて述べていこう。

　　人間的な、人間らしい、再人間化された心理療法の前提として、私たちは
　　自己超越を視野に入れながら、自己距離化を会得することが求められている。
(Frankl, 20)

「自己距離化」の極

　ロゴセラピーでは、セラピストは勇気や負けん気やユーモアや感謝といった患者の自己治癒力を感じとり、それらに焦点を当てて強化する。セラピストは患者の健全な精神の力と同盟を結び、その力を患者の心理的な弱さと戦うために用いる。何千年もの研究の結果、現代医学がたどり着いたのも同様の結論であり、病気に対する患者の身体の免疫システムを活性化させようとする傾向が強まっていることは興味深い。おそらくロゴセラピーは心理療法における同様の研究プロセスを短縮することができるだろう。なぜなら、ロゴセラピーは、精神の自己治癒力を活性化させるのに不可欠な小さな鼓舞の方法を当初から発展させてきているからである。

「自己超越」の極

　ロゴセラピーでは、セラピストは患者が物事の（必要ならば自分自身の）上に立つことを援助する。これが成功するのは、患者が物事を（必要ならば自分自身を）超えて、世界の中で実現すべき意味と対峙する場合だけである。人間の中に蓄えられている潜在能力は普段は隠されているが、こうした意味の1つが輝き出すことによって突然堰を切ったようにあふれ出すというのは、驚くべきことである。そして、いかに多くの重大でない問題が、拘泥せずにいることによって自ずと解決していくかということも、少なくとも同じぐらい驚くべきことである。

　そのため、ロゴセラピーの患者・治療者関係には常に「第三の座標系」と

して外的世界が含まれている。すなわち、個人的な信頼の土壌が確立されると（a）、患者の注意は人生の中の価値へと向けられる（b）。状況が許せばセラピストもただちに患者の考えの後を追う（c）。これによってあらゆる転移の問題が最初から食い止められ、セラピーが非常に終結しやすくなる。

　自己対処は、自分自身の治療だけでなく自分自身に対する肯定的な忘却からも成り立っている。そして、その副産物として一種の「自己発見」が生じることは珍しくない。逆説的であるが、自己認識から「自己発見」は決して生じない。自己発見は、意味発見を経由するという回り道によってのみ、実現することができる。自分を探す者、心理学という精巧な鏡に映る理想像を捉えようとする者はみな、自分を見失う。しかし、前に進み、意味ある課題に向かって責任を持って自分を捧げる者はみな、まさしく自分自身にたどり着くのである。

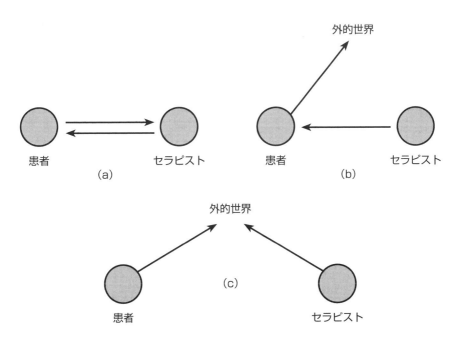

第 1 部　ロゴセラピーの人間像

第2部　ロゴセラピーの会話形態

11．鍵となる言葉（価値を押し付けないことを保証するもの）

　ロゴセラピーは心理療法という狭い領域に限定されるものではないということは既に述べた。ロゴセラピーの適用範囲は不安症候群、感情障害、依存症、異常性愛、パーソナリティ障害、行為障害だけではない。ロゴセラピーは若者が成熟した存在へと変貌をとげるための困難なプロセスに寄り添うことができる。また、老人の人生の回顧や離別への心の準備に対しても同様である。ロゴセラピーは、愛する人同士や家族間の争いを解決に向かわせることもできる。過大または過小な要求に日々悩まされている労働者にも失業者にも、力を貸すことができる。そればかりではなく、ロゴセラピーは、苦悩と悲嘆に打ちひしがれうつむいている人の背筋を少しだけしゃんとさせ、生きあぐねて心の故郷を見失った人をその精神的ルーツに立ち戻らせようとすることもできる。必要とあらば、ロゴセラピーはある新しい時代全体の時代精神に立ち向かうこともできるし、人間性に対する差別に異議申し立てをすることもできる。

　このようにロゴセラピーにできることは多数あるが、その際に必要な唯一の媒体が言語である。内容を見ずに形式だけを見れば、ロゴセラピーは心理療法や教育学や哲学や牧会で用いられるような会話形態の一種である。これらは類似の目的のために考案された会話形態であるため互いによく似ており、特に、カール・ロジャーズによるクライエント中心療法とよく似ている。両者を比較すれば、実際にいくつかの顕著な共通点に気がつくだろう。両者とも共感的で信頼できるコミュニケーションの雰囲気作りを目標としており、

両者ともセラピストに対し、患者の人格を無条件に受容し、自分自身に正直であることを求める。しかし、両者の相違もまた著しいものである。ロゴセラピーでは、患者の人格を受容することが自動的に患者の発言を受容することにはならない。ロゴセラピーは価値中立的ではない。その逆で、ロゴセラピーでは患者が言ったことに価値があるか、真実に近いか、責任を伴っているかについて、それらを吟味して反射することが不可欠だと考える。例えば、ヴィクトール・フランクルは1930年代に、失業者たちが自分は役立たずであり、だから自分の人生は無意味だとしばしば口にするのを聞いていた。フランクルは、こうした「二重の誤った自己同定」から来る発言の正体をあばくことをためらわなかった。なぜなら、単純にそれは間違っているからである。失業者は自分を役立たずとする必要はない。彼らは十分に役に立つことができる。そして、もし誰かが障害を負ってどうしても役に立つことができなくなったとしても、その人は自己の尊厳も自己の存在の意味も、どちらも失うわけではない。

　いうまでもなく、患者の発言を吟味して反射することは、セラピストが何かを教えるということではない。それは対話の中で行われる。対話とは交互に言葉を発するというだけでなく、それ以上のものである。対話とはアイデアの交換であり、それは、患者とセラピストの双方が同意できる真実の断片を見つけるために、患者の発言を巡って行う両者の努力である。ロゴセラピーでは、セラピストは患者が自分のことをより良く理解するための鏡の役割ではなく、この世界で患者が実現すべき意味可能性をより良く理解するための（フランクルが言うところの）「触媒機能」を果たす。その目的のために、セラピストは患者にアイデアを提供しその結果についてともに考え耳を傾けるだけでなく、今日「感情的知性」と呼ばれているものも患者に提供する。つまり、患者と向き合って精神的な刺激を感じさせたり考えさせたりするのである。なお、価値中立的であることを重んじすぎると、セラピーの会話において患者の進歩を褒めたり認めたりすることがなくなり、会話が非常に事務的になってしまうおそれがある。

　もちろん、どんな薬もどんな会話形態も、誤って用いられる可能性はある。価値中立は好き勝手な論争になってしまう危険がある。その一方で、価値中立でなくなることは価値の押し付け（Werteoktroi オクトロイ）になってし

第2部　ロゴセラピーの会話形態　　63

まう危険がある。すなわち、セラピストが患者の人生が正しいか正しくないかを判定し、セラピストの価値基準を患者に押し付けることになりかねないという危険である。フランクルはこのことを著書の中で何度も強く警告していた。外側から患者に価値観を押し付けることはフランクルの意図に絶対的に反する。フランクルの考え方によれば、人間（患者もそこに含まれるわけだが）は、その人の最深部では自らの人生の価値の物差しによって「存在」しているのであり、私たちにできることは、病気を治療したり病気に付随するものに対処していく中で、患者の「存在」を、患者の真の存在を歪めたり裏切ったりしないようにすることである。

　　良心が「意味器官」という性質を持っていると考えるならば、それは演劇におけるプロンプターに似ている。プロンプターは、私たちがどの方向に動けばいいか、どの方向に進めばいいかをそっと教え、意味の可能性に近づかせてくれる。その意味の実現とは、目下の状況が私たちに求めているものである。この状況に対して、私たちはその都度、特定の物差し、すなわち「意味の物差し」を当てなければならない。この物差しで測られた価値だけが、私たち自身のそうした深層に根を下ろす。自分自身に不誠実にならず、自分を裏切るまいと思うならば、私たちはその価値に従うしかないはずである。……その理由は簡単で、私たちは以前からずっとその価値を「生きて」いるからである。(Frankl, 21)

　したがって治療の最高の成功は、患者が自分自身に忠実で「決して違うものになりようがなく（なりたくもなく）、自分の最も奥深くの価値の物差しと合致した良心に従う」ところまで到達することであろう。ある宣教団で働いている私の弟子が、危機的状況にあるアフリカのルワンダの格言を教えてくれた。それはこの文脈にぴったりで、フランクルの見解は異なる文化圏にも通用することを立証している。その格言は「友人とは君の心のメロディーを知っており、もし君がそれを忘れてしまったときには再び思い出させてくれる人のことである」というものである。
　この格言に合わせて言えば、ロゴセラピーはまさにこの友人のようなものであると定義できるかもしれない。患者の発言が倫理的もしくは精神衛生的

に疑問があったり問題となる要素が含まれていたりする場合には、その発言は患者の良心の前に導かれる。いわば法廷に立たされるようなものである。患者は陪審員であり裁判官である。セラピストは、ときには精神的健康や人間の尊厳の弁護人となる。

　私はこの反対のケースに出会ったことがある。ある46歳の女性が抑うつによってミュンヘンの神経科医を受診していた。医師の質問に対して、患者が子どものときに継父をひどく嫌っていたと答えたので、彼女と継父との問題のある関係が話題にされた。彼女はここ20年間継父とほとんど連絡をとっていなかったにもかかわらずである。その後の質問に対してこの女性が頻繁な抑うつ気分に苦しんでいると答えたので、彼女の既往歴の中に気分の循環がなかったかが調べられた。彼女は「調子の悪かった時期」を思いだしてその重篤さを質問紙によって評価するよう求められた。最終的に彼女はアナフラニールという抗うつ薬を処方され、1年間それを定期的に服用することとなった。その1年は彼女の自殺未遂という形で終わった。

　病院で目覚めた後、彼女は夫に、年上の男性と1年間親密な関係を持っていたことを告白した。その関係が彼女の気分を憂鬱にさせていたが、それにもかかわらず彼女はそこから離れられなかった。夜の外出の説明のためにいつも嘘をついていたことや、何も知らずに夜に彼女の帰りを待っている夫の配慮が、彼女の心の流れをせき止めていた。もはや彼女には出口が見えなくなっていた。寛容で愛に満ちた夫は私と相談し、その後、彼は妻とは今後友人として一緒に暮らすということを決めた。彼らにとって夫婦関係をやり直す可能性の残された方法がそれだった。

　専門的な観点から見れば、この事例はセラピーによって人為的に作られた失敗の典型的な例である。実存的な罪悪感に対して1年間にわたってアナフラニールが処方され、それ相応の結果が生じた。どうしてこのようなことが起こりうるのだろうか。患者が何か隠し事をしていてセラピストがその隠し事を発見できない場合、バラバラで不協和な音からセラピストがメロディーを聞きとることができない場合、このようなことが起こる。セラピーでの会話やそれ以外での会話の中で、この女性の抑うつの真の背景を暗示する言葉が1年間を通して一言も語られなかったのだろうか。そのようなことはほとんど信じられない。きっと「劣悪な子ども時代」や「内因性の気分循環症」

第2部　ロゴセラピーの会話形態　65

といった別の筋道を追っていたため、そうした言葉が取り上げられなかったのだろう。質問紙も、1人の人間の心のメロディーをキャッチすることはできなかった。

　人と関わるあらゆる仕事、特に魂が傷ついた人と関わる仕事では、その人の隠れた悲しみが潜んでいる小部屋の扉を開く言葉を聞き取ることが必要である。それは患者独自の価値の物差しの小部屋である。患者は、少なくとも部分的には、その価値の物差しに反して生きている。鍵となる言葉によってその扉が開かれたとき、患者の価値の光が漏れ出し、患者の良心ははっきりと聞き取れる声でささやき、そして、治療的に示された根拠をもって行動と態度の修正が促進される。それは患者が進んで行く道の途上にあり、だからこそ真の助けとなる。

　このことと関連して、価値の押し付けの危険性についてもう一度よく考えておこう。薬を勧めることは、患者が自分にとってその薬がどのように適しているのか、あるいは適していないのかを知らなければ、押し付けとなる。また、特定のテーマに話の焦点を絞ることも、患者がそのテーマが自分の成長にとっていかに重要かを判断できない場合には、押し付けとなる。職業として関わる相手に自分の一部を転移する危険の大きさは、ロゴセラピストも他の心理療法家も変わらない。このような危険を冒さないための最高の保証は、何よりも相手の話を注意深く関心を持って聞くことである。ロゴセラピー、すなわち意味と価値を志向する人生の伴走においては、人間の深層からよりもむしろ「高層」からのサインを注意深く関心を持って聞く。ロゴセラピーは、人間の精神が話すことを聞くのである。

　以下では、3つの問題のグループを例としてロゴセラピーが具体的にどのように展開するかを示す。ここで示される原則は、その他のほとんどの問題に対しても応用することができる。

12. アンビバレンス：こちらとあちらに引き裂かれている人

　アンビバレンスとは、好きかつ嫌いといった矛盾した状態のことである。何かを良いと考えていると同時にそれは悪いと感じている。また、何かに価

値をおいているがその結果に対してはそうではない、例えば、ある役職は名誉であるが、それに伴う義務は負いたくない。明確なイエスもノーも心の中で表明することができない。これは望ましくない状況をもたらす。なぜなら、この状態で行われることには明確な意志が欠けており、それでは力が発揮されないからである。

　例を挙げよう。ある若いシチリアの女性が、知り合いからミュンヘンのピッツェリアの調理スタッフとして手伝ってほしいと頼まれた。彼女は小さな子を持つシングルマザーで、シチリアには仕事がなかった。もしその申し出を断れば、子どもを養うのに十分な収入の得られる仕事の機会を逃すことになる。もしその申し出を受ければ、彼女は子どもを実家に残して言葉の通じない見知らぬ町に引っ越し、1人で生きていかなければならない。親戚の援助に頼るシチリアでの貧しい暮らしも、見知らぬ外国で不安に満ちた生活を踏み出すのも、どちらも絶望的だった。最終的に彼女は知り合いの頼みに負けてミュンヘンに来ることに決めたが、そこでは1日中泣いてばかりいた。もし彼女が故郷にとどまることに決めていたら、良い収入源を断ったことを後悔していただろう。いずれにせよ不幸になることは決まっていたのである。

　セラピーによってこの人をどのように助けることができるだろうか。セラピストには、どちらか一方を評価してそちらに進ませる権限はない。多くの懸念があるとはいえ、患者の活動範囲の中でどの選択肢に「より意味があるか」を解明するまでは。誰がセラピストにそれを教えてくれるだろうか。患者自身である。例えば、この女性に「ミュンヘンのピッツェリアで働くことを決めた決め手は何だったんですか？」と質問してみよう。彼女の答はこうである。「私たちの住む南イタリアの失業率はひどい状態です。息子が大人になったときにもっと簡単に仕事に就けるよう、私は息子に最高の教育を受けさせてあげたいのです。そのために私は経済的な基盤をしっかりと作りたいのです。」それに続くセラピストの質問はこうである。「そうした経済的基盤を作るために、あなたは息子と離れたり、自分の不安を克服したり、ドイツ語を習得したりする必要がある。そういうことですか？」彼女は肯定した。「もしあなたがシチリアに戻ったら、それ以外に息子さんのためにしてあげられることは何がありますか？」「あまりありません。私がいるということ以外に、私がしてあげられることはありません。」「あなたがいるということ

第2部　ロゴセラピーの会話形態　　67

は、お子さんにとっては大切なことではありませんか？」「それはそうです。ですが息子は祖父母やおばやいとこ達ととても仲が良いので、それで代わりがききます。彼は本当に村中の人からかわいがられているんです。」

　この女性はアンビバレントではあるが、この対話から、ある選択肢をより価値あるものとして他と区別するニュアンスが明らかになった。それはミュンヘンのほうの選択肢である。この女性は息子に良い教育の機会を与えることを母親の存在よりも優先しており、母親の存在は「代わりがきく」とまで言い切った。確かにそれは彼女にとってはより喜ばしくない選択肢だが、その状況から考えれば、より確かな意味のある選択肢だった。セラピストがこの言葉を受け取った後に行う仕事は、この小さな価値のニュアンスを強めることであり、それによって彼女はより明確なイエスの決断に達することができる。セラピストは要約して言う。「つまり、あなたがいないことで息子さんは少し辛い思いをするけれど、あなたがお金を稼ぐことで長期的にはより大きな利益を得ることができる。しかし、息子さんの小さな苦悩と大きな利益は、あなたのまったく新しい環境への適応という大きな苦悩を代償としてのみ得られる。そういうことですね。」女性はじっくりと考え、それに同意する。「どうしてあなたは泣くのではなく自分を誇りに思わないのですか？」セラピストは彼女を挑発する。「どうしてあなたは毎日ピッツェリアの厨房でジャガイモの皮をむいたり野菜を洗ったりしながら、『私はあなたのためにやっているのよ、息子よ！』と心の中で言わないのですか。その後、アパートで単語の勉強をしながら『これもあなたのためにやっているのよ！』と。そして後日銀行から給料を引き出すとき『息子よ、これはあなたの未来のためにお母さんが苦心して稼いだのよ！』と心の中で言わないのですか。」

　ほとんど全ての母親が、こうした言葉によって安堵のため息をつくだろう。涙を流してはいるが、笑顔ものぞかせるかもしれない。なぜなら彼女は、自分が正しい道を歩んでいるという感覚を以前よりもはっきりと感じているからである。「正しい」とは彼女自身の確信に基づく感覚であり、セラピストのものではない。2つの選択肢について、特に価値について語られる際の、ほんのわずかなニュアンスの違いやほんの小さな「～よりも」のかけらを強く知覚することによってのみ、アンビバレンスという現象は解消される。子どもの未来の可能性は母親の現在の不安よりも重要なのだろうか。そう、よ

り重要なのである。はっきりとしたイエスを彼女が取り戻したのだから。

　もちろんアンビバレンスであり続けるという場合もある。その理由は、その人が状況を正しく評価できていないからである。私の患者の1人は次のような話をした。彼女は高校を卒業するときから医学を専攻したいと考えていた。彼女の父親はそれに反対し、ビジネスの勉強をするように強要した。数年後、彼女は親元を離れ、自分1人で物事を決められるようになり、そしてついに大学の医学部に入学した。ほどなくして彼女は大学の勉強に喜びを感じなくなり、中退した。そうこうしているうちに、彼女は再びビジネスの仕事に就いた。しかし、彼女は自分の職業上のキャリアについて何と言っただろうか。「父が私の人生を台無しにしたんです！」と言ったのである。

　私は彼女に言った。「すみませんが教えてもらえますか。正確なところ、あなたは何のことでお父さんを非難しているんですか？」「父は私に医者になる才能がないと思っていたんです。父は私を信じておらず、私の進む道を邪魔しました。」私は彼女の話を遮って言った。「確かにそうですね。ですが、お父さんの予想も完全に間違っていたわけではなかったでしょう。あなたは自分で大学を辞めてお父さんが選んだ仕事に戻ってきたんですから。お父さんがいなくても、どのみちあなたは医学の勉強を途中で辞めて別の職に就いていたでしょう。」患者はふてくされて言った。「いいえ。父がいなければ私は今ごろ医者になっていました！」「本当に？」私は、彼女が態度を修正する必要があることを明確にするための根拠を会話の中から探していた。ついに私は極めて率直に彼女に尋ねた。「あなたが医学の勉強を辞めた本当の理由を教えてもらえませんか？」彼女はじっくりと考えて言った。「勉強は私にとってあまりにもストレスだったんです。休日にやりたいことの多くを後回しにしたり、完全に諦めたりしないといけませんでした。川や湖のほとりを楽しくサイクリングしたり、ロマンチックなキャンプをしたり、冬にはお芝居を観に行ったり、そうしたことが何もできませんでした。そんな生活は私にとって価値がなかったんです。」おや、これが鍵となる言葉ではないか！「あなたの人生で医学の勉強をやり通すよりも価値のあることがあったんですね。」と私は確認した。「より価値のあることは、あなたがビジネスの仕事とはっきりと和解できるようになったことです。なんということでしょうか。このことを鋭い洞察力で予見していたお父さんに感謝なさってはいか

第2部　ロゴセラピーの会話形態　　69

がですか？」

　患者から言葉がほとばしり出た。「それは私が何も高い地位につけなかったから、私が出来損ないだから、父の言った通り私が無能だからですね！」私は付け加えた。「もしくは、あなたが医師はビジネスマンよりも優れているというくだらない階級意識をずっと引きずり回しているからです。そのような誤った考え方をしなければ、あなたはほとんどの人ができない仕事と趣味の両立を成し遂げたと感じながら、満足して暮らすことができたでしょう。あなたは医師になるという古い夢を手放すことができます。手放すことは諦めることではありません。手放すことによって、あなたはこれ以上内面の声から非難されることがなくなり、過去の父親からの職業選択への干渉を引きずることを止められます。あなたは生まれ変わることができるのです！」次は患者の番だった。「本当に？」彼女はつぶやいた。しかし、時が経ち、彼女の階級意識が薄まってくるにつれて、本当に新生児のような彼女が生まれ出た。母親の胎内からではなく、長年にわたる理想と現実とのアンビバレンスから、彼女は「外に出てきた」のである。

　私たちがあちらとこちらに引き裂かれている人を救うことができるのは、全ての物事には光と影の側面があるという自明の事実を、本人が理解しているときだけである。光の側は、文字通りより自然であり、その人に「よりふさわしい」ものである。そしてそのために、その人は影と結びついている物事に耐えることができる。その光が何であるかはその人だけが心の深い所で知っており、それは小さな手がかりによって表される。「ここには私の代わりがいます。」とは「他のところでは違います！」ということである。また「これは私にとって価値がありません。」とは「もう一方にはもちろん価値があります！」ということである。こうした手がかりを聞きとったセラピストは、患者を光の側、他よりもわずかに明るく輝いている側に、注意深く導いて行くことが認められる。なぜなら、「瞬間の意味」は、患者の現在の状況と関連する形で存在しているからである。

13. 非受容の問題：頑固に抗議する人

どのような運命からの挑戦に対してもとにかくノーと言い、いずれそれが頑固な抗議の姿勢となり、そう簡単にそこから抜け出せなくなっている人たちがいる。そうすることによって、人生はそれまで以上に困難なものになってしまう。2つの寓話がこの問題を明らかにしてくれるだろう。

〈2つの風船〉

2人の子どもが庭で遊んでいました。2人とも1つずつ風船を手に持っていました。1人の子どもが紐から手を放し、風船が空に飛んで行きました。その子は胸が張り裂けんばかりに泣きました。「風船がなくなっちゃう。風船がなくなっちゃう。」

その少し後、もう1人の子どもも、遊んでいるうちに風船の紐を放しました。この風船も空に飛んで行きました。この子は嬉しそうに手を叩いて踊りました。「見て、きれいだよ！ 風船が太陽のほうに飛んでいくよ！」(22)

〈あとどれだけ？〉

あるヨガ行者は毎日何時間も瞑想していました。貧しい旅人がそばを通りかかったとき、行者はその旅人が神だと気づきました。行者は尋ねました。「どうか教えてください。私があなたの光の中に入って行けるようになるためには、あとどれだけ瞑想しなければなりませんか。」

神は「あと千年だ。」と言いました。

行者は失望しました。「そんなに長くですか？ 恐ろしい！ どうすれば私はそれに耐えられるでしょう？」

それから神がさらに歩いて行くと、別のヨガ行者が座って瞑想していました。この行者も旅人が神だと気づき、同じ質問をしました。「お前か。お前はあと1万年瞑想しなければならない。」と神は答えました。

行者は言いました。「なんですって？ あとたった1万年だけ？ そうすれば私はあなたのもとに行けるのですか？」行者は姿勢を正し、いっそう熱

第2部 ロゴセラピーの会話形態 　71

心に瞑想をしました。神は振り返って言いました。「お前は全てが免除される！」(Duval, 23)

　泣いた子どもや失望したヨガ行者は、非受容の問題を体現している。わずかの苦しみに耐えることができなければ、何1つ免除されることはない。受け入れることのできる人のほうが、はるかに良い結果がもたらされる。そのような人は、もし必要であれば、失われるものに明るく別れを告げ、苦難に辛抱強く耐えることができる。2人目のヨガ行者のようにいつも「全て」がというわけではないが、受け入れることのできる人からは、多くの悲しみが免除されるだろう。

　頑固な抗議の姿勢から柔軟な受容の姿勢への移行は、自分が損をしたという観点を価値の認識という観点に変更することによってのみ可能になる。風船が飛んで行くのを喜んだ子どもは、優雅に舞いあがっていく風船を美しいものとして見ていた。2人目のヨガ行者は、神が自分とともにあることが喜びだった。それに比べれば、紐が手から離れたことや1万年の瞑想はそれほど大したことだろうか、とこの寓話は問いかけ、同時にこう答えている。それはさほど問題ではない。世の中にはあらゆる苦労に見合う経験というものがあるのだ。

　この話をセラピーに置き換えると、セラピストはいつも不平を言って物事を受け入れられない人の価値認識力を強めなければならない、ということになる。そしてロゴセラピーの流儀によれば、その人の認識の領域に入ってくるものは、外側から押し付けられた価値であってはならない。そのためには、相手から発せられる信号に対する繊細な接触と感受性が、またしても求められる。

　例を挙げよう。ある女性は子どもの頃、戦後の混乱期に両親と離ればなれになり、後に見つかった母親の所に戻れるようになるまで修道院の子どもの家で過ごした。父親は戦死していた。この女性は30歳になったとき修道院に入りたいと希望したが、それは受け入れられなかった。修道院長は、彼女の希望は例えば恋愛の失敗に対する腹いせのような、一時的な気分によるものだと考えたからである。この女性は修道院からの拒絶をすさまじい侮辱と感じ、その思いを克服することができなかった。彼女の宗教的な動機は誤解

され、野良犬のように追い出された。沈黙の抗議の中で、彼女は頑なになっていった。

　対話の中で、私はこの誤解を扱った。「正直なところ、あなたは修道院に何を求めていたのですか？」「安全です。」と彼女は簡潔に答えた。「求めていたものを得られなかったから、あなたは拗ねているんですか？」と私は聞き返した。「それは驚くようなことですか？」と彼女は反撃してきた。

　「そうですね。実際にはあなたはずっと昔の子どもの頃、あなたの求めていたものを受け取っています。当時、あなたが突然ひとりぼっちになってしまったとき、修道院はあなたに安全と安心を提供してくれました。もしそれがなければ、あなたはどうなっていたでしょう。あなたの母親探しも修道院が始めてくれました。ですから、あなたはまったく当然のこととして、こんな風に言うことができます。『私が30歳のときに修道院に求めたものは、子ども時代に既に私を守ってくれていたものでした。私が修道院の中にいてそこで守られていたという事実は、誰も、修道院長でさえも奪い去ることはできません。』」この言葉を聞いて彼女は笑った。「その考え方は私を自由にしてくれますね！　そんな風な見方もできるんですね！」と彼女は叫んだ。それから彼女はいたずらっぽくこう付け加えた。「2回も修道院に守ってもらおうというのは、もしかしたらちょっと欲張りだったかもしれませんね。どう思われますか？」私はその意見に賛成することができた。

　続いては悲劇的な例である。ある若い男性がオートバイで大きな事故を起こし、5日間病院で昏睡状態になった。意識を取り戻した後も、重篤な障害が残った。運動機能の多くは失われ、残った機能もひどく制限された。ごく一部分のリハビリを行うだけでも想像を絶するような努力が求められ、それによる進展もわずかだった。彼は絶望していた。さらに、彼はオートバイを買ってくれた両親に対して理不尽な恨みを抱くようになった。両親が買ってくれたのは中古のバイクだったが、けちらずに新車を買ってくれていればブレーキがもっとよく利いたはずだという考えに、この男性は凝り固まっていった。こう考えることによって、彼は自分の責任の一部を相殺しようとしていた。警察の報告によれば、彼は路面の悪い道を猛スピードで走り、アスファルトのくぼみにはまったということであった。

　この男性が自分の不幸な状況を受け入れたくないということは理解できる。

第2部　ロゴセラピーの会話形態　　73

一方で、最終的にはこの状況を受け入れなければ、この状況はずっと彼にとって耐えられないものであり続けるだろう。というのも、彼は実際に死にたいという気持ちを抱いていたからである。両親が私に援助を求めたため、私は一定の期間、定期的に彼を訪問した。彼は私に、風船を失って悲痛に泣き叫ぶ子どもを思い起こさせた。あらゆる希望が失われてしまった。そこで私は、彼が攻撃的な調子で不平不満を訴えるのを忍耐強く聞き続けることのみに何時間も費やした。私は何かを待っていたが、それが何かはわからなかった。ある午後の訪問で、それは現れた。それは、以前彼がロッククライミングの講習に参加する予定だったという思い出だった。事故の直前、彼はクライミングに興味を持っており、アルプスの現地からパンフレットを取り寄せていた。私たちは2人で一緒にそのパンフレットをめくった。彼は車椅子から動くことができず、パンフレットをしっかり握っていることも難しいほどだった。しかし、危険な体勢で幅の狭い岩棚をよじ登る登山家の写真を見て、彼は顔を紅潮させた。「すごい。」と彼はつぶやいた。「本当にすごい。」

　これが鍵となる言葉だった。「そうですね。」と私は彼を支持した。「この登山家たちはとてつもなく大きな障害を乗り越えています。しかし、彼らが乗り越えた障害は、あなたが克服しなければならない障害に比べれば何でもありません。あなたがリハビリで一歩また一歩とほんの少しずつ登っている崖は、世界で最も高い山の1つです。あなたより前に頂上にたどり着いた人はいません。なぜなら、まったく同じこの状況は誰も経験したことがないからです。あなたの前に立ちはだかる絶壁は、乗り越えられないもののように見えるかもしれません。足場も手がかりもどこにも見当たりませんが、それでもあなたは登ろうと挑むことができます！　あなたはロッククライミングを習いたかったのでしょう。今は、これまでなかった最高のクライミングに挑戦するチャンスです！　ためらう気持ちに立ち向かい、弱さと衰えに打ち勝ち、勝利の旗を頂上まで運んで立てられることを自分自身に証明してください。決して降伏しないでください。」男性は手に持っていたパンフレットを閉じ、それを自分の胸に当てた。「そんな風に自分にチャンスを与えることを想像できればいいのですが。」と彼はささやいた。「僕はそれをやり遂げることができるでしょうか？」私は立ち上がり、彼のほうに身をかがめて言った。「あなたを支えてくれる目に見えないロープとともに、あなたは進

74　　13. 非受容の問題：頑固に抗議する人

んで行くでしょう。私はそう確信しています。」私はそう言うだけにとどめ、あとは彼の内面の想像力に委ねた。

このときから彼は回復に向かっていった。彼はもはや死にたいと口にすることはなくなり、両親との折り合いも良くなった。彼は断固たる熱意でもって毎日の訓練をやり遂げた。彼の部屋の中には、がらくたに覆われてしまってはいるが、今もなおクライミングのパンフレットが目に見えるところに置かれている。この若い男性は、私の知る限り最も賞賛すべき「登山家」の1人となった。

どちらの例でも、頑固な抗議の姿勢になっていた人が、受容というより柔軟な姿勢に向かっていった。彼らをその方向に向かわせたのは、説得の技術によるものだったかどうかを考えてみよう。ロゴセラピーとは、特定の団体の思想を植えつけるような説得の技術なのだろうか。この点について私は断固として反対する。

私の論拠は、例外なく患者自身の価値の認識に基づいている。安全な場所として修道院の価値を評価することや、自分自身を証明する行為としてのクライミングに対する熱意を、私は誰にも押し付けていない。私は患者の表情からこれらの価値を読み取った。患者の心の中から価値を引き出し、それを心の傷を癒やすために用いた。自家血液注射と同じように、私は患者自身の中にあった意味あるものを彼らに注入した。もっとも、それは注射針を通してではなく彼らの意識という媒体を通してであるが。そうすることによってのみ、私は真に彼らの助けとなることができた。つまり、全ての人にその人なりのやり方に沿って助けの手を差しのべることが肝要であり、決して私のやり方で手を差しのべるわけではない。

14. 無知の問題：無関心の壁に閉ざされた人

セラピストが果敢に努力しても最も見込みが薄いのは、無関心の壁に閉ざされた人を相手にすることである。どこから始めても、彼らの感情はついてこない。なぜなら、暴力的で残忍な無知という鎧が、彼らの最も内側にある柔らかい核を取り囲んでいるからである。過去の人生において、この鎧が彼

第2部　ロゴセラピーの会話形態　75

らを守ってきたであろうことには、疑いの余地はない。まだそれが残っているのである。どうすればこの鎧を取り除くことができるだろうか？　この問題を解決するための効果的な方法はほとんど存在しない。仲間を無視する人、物事に敬意をはらわない人、礼儀作法をわきまえていない人は、どんどん社会の中で孤立していき、孤立の中で生きていくために、より分厚い鎧が必要になる。このような人はやがて自分の心の奥の部分に触れようとしなくなり、ましてや他人がそこに触れたいと願っても、触れることはできなくなる。心の中の優しい気持ちは、価値の真空の中で萎縮していく。

　この鎧にひびや裂け目を見つけることができれば幸運である。意味に満ちた存在に対する人間の根源的な憧れが、その中に集められる。セラピーによる梃子の力がこの支点にうまく作用すれば、ときには鎧の一部を吹き飛ばすことができ、自由の余地の中で新たに発展していく感性を育てることができる。以下に例を示そう。

　ある夫婦が私のところに相談に来た。妻は妊娠後期で、抑うつ状態だった。彼女は、自分が母親として子どもを育てていくことができないのではないかと怖れていた。夫は、妻の不安を馬鹿馬鹿しいと一刀両断にした。しかもその直後に夫は、妻が睡眠障害のせいで毎晩のように自分を起こすので、怒って妻を殴ってしまうことがあると語った。「出産直前の今でもですか？」と私はあぜんとして尋ねた。「それ以外に私は自分の怒りをどこに発散すれば良いんですか？」と夫は言い返してきた。「怒りを飲み込めと？　私は自分たちの生活費を稼がなければいけないので、日中は最上のコンディションでいないといけないんです！」

　この男をオフィスから叩き出さないでいるために、私は全ての自制心を振り絞らなければならなかった。その一方で、この家族にとっての多くのことが私の返答にかかっていた。夫の質問が私の中で響いていた。《どこに……私の怒りを……？》私は椅子にもたれ、落ち着いて話し始めた。「あなたの怒りがこのままいくとどういう結果を招くか、私にはわかります。私はこれまで仕事をしてきた中で、心理的に歪められわが身を責めさいなんでいる半ば病気の人の何百という記録から教えられてきました。もうすぐ生まれてくるあなた達の子どもは、ほぼ間違いなく私の同業者に相談に行くことになるでしょう。そしてこう言うでしょう。私には不安でうつ状態の母親と暴力的

76　　14. 無知の問題：無関心の壁に閉ざされた人

な父親がいます。父は母の妊娠中に母を虐待していました。私が赤ん坊のときから、私が夜に泣くと父は私を叩きました。父のせいで、私たちにとってこの世界は地獄でした。母はますます不安になり、ますます抑うつ的になっていきました。母には抵抗する勇気はありませんでした。母は抵抗することなく、父親の乱暴な行いはますますひどくなっていきました。父は、もはや自分が何をしているのかわからなくなっていました。怒りと苦痛が、いつも私たちと共にありました。確かに両親には良い面もありました。母は私のしつけに熱心でしたし、父は一生懸命生活費を稼いでくれました。しかし、そうした良い面も全て、言葉にできないほどの苦しみによって台無しにされていました。こんな風にずっと怒りと苦痛に追いかけ回されるぐらいなら、生まれてこない方が良かったかもしれません。この怒りと苦痛を振り払うことは、とてつもなく困難です。望みもしないのに、それはどこまででもついて来ます。」私は少し間をとり、夫のほうを向いたまま、妻のふくらんだお腹を指し示して言った。「あなたは、どこに怒りを向ければと尋ねましたね。あらゆる憎しみの言葉と暴力によって、この新しい生活に怒りを撒き散らす。それがあなたの望みですか?」

「いいえ。」と彼は認めた。彼の声は疑わしそうに震えていた。《ああ良かった。彼の鎧にひびが入った》と私は思った。「じゃあ、全部飲み込んだほうが良いということですか?」と彼は不服そうに言った。「むしろ全部変換したらどうでしょうか?」と私は説明した。「感情は堰き止められた大量の水のようなものです。それは肥沃な土地を水浸しにしてしまうこともありますし、発電に使うこともできます。あなたの怒りを、強みや忍耐や建設的な援助に変換しましょう! 暴力をふるう習慣をやめ、家からその悪い同居人を追い出し、あなた達の子どもが産まれた時からそんなものに触れることのないようにしましょう。明日の晩、奥さんがあなたを起こしたら、こうささやいてあげてください。『心配ないよ、安心して。僕は君のそばにいるよ、君を愛してるよ!』と。その後、お腹の中の子どもを優しく撫で、穏やかに眠りに戻ってください。電気の中に水が存在しないのと同じように、もはやあなたの心の中に怒りはありません。その翌日、なんて体調が良いんだとあなたは驚くでしょう。」別れの際、彼は「あなたの言うとおりになればいいんだが」と言った。《私の言ったとおりにすれば大丈夫ですよ》と私は思っ

たが、口には出さなかった。半年後にこの妻と会ったとき、私はこの介入によって夫の鎧が割れて開いていたことを知った。

最後に短い例を用いて、鍵となる言葉を誠実に拾い上げることがどれほど有益かを示そう。かなり太った女性の患者が私のもとに来て愚痴をこぼした。愚痴は途切れることがなかった。危機の引き金となったのは、職場のハイキングでの上司との口論だった。同僚たちが上司の側についたので、彼女は平静さを失い、名誉毀損で法的措置をとると上司を脅した。その結果、彼女の主張によれば、10年間忠実に誠実に働いてきたのに彼女は解雇を言い渡された。

私は彼女に、ハイキングでの一連の出来事について詳細に説明してもらった。旅程はその上司が作った。バスに乗り、最近改修された丘の上のお城に登り、昼食をとり休憩してから、城内のホールで室内楽を聞き、丘を下りて帰宅するというものだった。素敵な計画である。「とっても素敵よ！」と彼女はあざ笑った。「私たちは本当に馬鹿げた道を歩いて登っていかなくてはいけませんでした。なんていう無茶な要求でしょう！」「あなたは道に腹を立てているんですか？」と私は驚いて尋ねた。「誰がこんな馬鹿げた道を登るなんてことを思いつくでしょう？」彼女は文句を言い続けた。「まさにあの馬鹿女（上司のこと）と同じで、私たちを苦しめるものでした！」

「道も馬鹿げていて、上司も馬鹿……。遠足に参加した人はみな同じ意見だったんですか？」「いいえ！」と患者は私に向かって叫んだ。「他の人達は若い鹿のように岩から岩へと飛び移っていきました。私は汗が目に入って、ブラウスが体に貼り付いて、息切れして、坂道は延々と続くし！　あれは拷問でした！」「あなたにとっては、ですよね？」と私は強調した。「はい、私にとっては。」「他の人とは違って、あなたにとっては。」と私は繰り返した。「他の人とあなたとでは、いったい何が違ったんでしょうか？」患者は黙った。それは初めてのことだった。「あなた個人の問題である太りすぎが原因という可能性はありませんか？」患者は弱々しい口調で不平を言った。「それはそうかもしれませんが、私は馬鹿で、食べることになると自分をコントロールできないんです。私はあらゆる方法を試しましたが、一度もうまくいったことがありません。私にはできないんです。」

ついに真実があらわになった。「あなたは痩せられない自分自身に腹を立

78　　14. 無知の問題：無関心の壁に閉ざされた人

ているんです。」私は状況を要約した。「それであなたは憎々しい態度をとるようになったんです。道も馬鹿げている。それを選んだ上司も馬鹿だ。そして、あなたの目に映るあなた自身も同じです。解雇はもっと馬鹿げています。怒りがあなたを愚かにしています。ハイキングであなたは森の新鮮な空気も魅力的なお城もコンサートの音楽も楽しい１日も無視して、本当の問題から身を守ることで頭がいっぱいでした。それでイライラがどんどん募っていったのかもしれませんね。」「それが何なんですか？」と患者は尋ねた。私は紙と鉛筆を持ってきた。「今からあなたの心と頭の中にある間違いを修正しましょう。こう書いてください。お城に続く道は素晴らしかった。この道を選んだ上司には見る目があった。私自身は様々な才能に満ちた感じの良い女性だ。唯一気がかりなことは、太りすぎていることだ。しかし、私はそのことと戦う新しいチャンスを手に入れた。解雇されたことは、私の食習慣を変えるチャンスだ。今から私が自由に使うことのできる空いた時間は、適切な治療を受けるために使おう。その後でもう一度仕事を探そう。そうすれば、もう私の人生に馬鹿げたことは１つもない。」「それを書かないといけないんですか？」患者はあぜんとして尋ねたが、言われる通りにして、書いた紙を持ち帰った。

　その後どうなっただろうか？　残念ながら彼女は痩せることはできなかったが、いくつかの喜ばしいことが起こった。次の仕事を始める前に、彼女は前の上司に謝罪と別れの手紙を書き、そのコピーを私にも送ってきた。そこにはこう書かれていた。「……あなたはあのとき、まったく適切なルートの素晴らしいハイキングを計画してくれました。私が若い鹿のようにジャンプすることができなかったのは、私のせいでした。お許しください。」今や、ある意味で患者はジャンプした。すなわち自分の影を、自分の心理的な防衛という鎧を飛び越えたのである。

　自分の周りにある価値あるものを全て無視して踏みにじるような人を援助することは難しい。そもそも、自分の「意味への意志」を取り払うことを正当化する理由を必死に探っているような場合は、援助が難しい。自己正当化という微妙な行いには、後悔の後ろめたさがわずかながら混じり込んでいる。鍵となる言葉がそれを明るみに出す。「私の怒りはどこへぶつければいいのですか？」、「全てが馬鹿げています。」こうした言葉が、柔らかな内面と頑

なな外面との離齬を明らかにする。内面に価値（子どもの価値や真実を認めることの価値など）を提供することによって、この離齬を大きくすることに成功すれば、言い訳は崩れ、頑なな外面が人間らしい感情の動きに屈する可能性がある。こうしたことが起こる可能性があるのは、提供された価値がその人の内側に自分自身のものとして（たとえ鎧の内側に閉じ込められていたとしても）、認識され同一視されたときだけだということを、私は強調しておきたい。

　私がいくつかの事例によって示そうとしたことを、ヨーゼフ・フォン・アイヒェンドルフが詩に書いている。その詩節にはこう書かれている。「全てのものの中に歌が眠っている。それらのものは夢を見続けている。そして世界は歌い始める。君が魔法の言葉に出会いさえすれば。」

　そう、魔法の言葉だ！　これが私が 30 年間の臨床経験の末に発見したことである。私たち心理療法家は魔法の言葉を何も持っていない。しかし、私たちの患者は自分の中にそれを持っている。私たちが正しい手続きや直感や何らかの方法によってその言葉を導くことができたとき、彼らは歌い始める。

15. 「愛のレトリック」という考え方

　1968 年から 1971 年にかけて私がウィーン大学で受講したフランクル教授の講義で、フランクルはウィーンポリクリニックの心を病んだ患者を何度も紹介した。こうした患者とコミュニケーションをとる際の彼のスタイルは、慎重に言葉を選んだとしても、かなり荒々しかった。フランクルは患者が延々と悩みを語ることを許さず、患者の見解に激しく反論することもためらわなかった。ときには患者がまったく予期しないような反応をして、患者をひどく驚かせた。それにもかかわらず、フランクルが患者のことを真摯に受け止め、患者のさらなる人間的成長をとても大切にしていたことは、極めて明らかであった。フランクルは、支配的に（と言っても良いだろう！）患者を大いに哲学的な議論ができそうな場所まで連れて行き、そこで主導権を患者自身に返した。私がそうしたやり方を目にした患者のほぼ全員が、深く考え、目覚めさせられ、講義室に入ってきたときよりもどことなく生き生きと

した足取りで、講義室を出て行った。

　例えば私が思い出すのは、何重もの不安のために入院治療を受けていたある女性患者である。私たち学生に紹介された彼女は、少女の頃までさかのぼって自分の病歴を披露し始めた。その際、ひどく恥をかくかもしれないという不安から今までずっと人からの誘いやその他の接触を断っていた、という発言があった。「ちょっと失礼」とフランクル教授は彼女の話の洪水を唐突に遮り、「それならどうしてあなたは今ここで、この学生たちの前で恥をかくことに不安を感じないのですか？　若い人たちは、そんな変なためらいに気づいたらすぐに笑い出しますよ！　そして私のこともです。あなたの話で死ぬほど退屈するかもしれないお偉い白髪の老教授を、あなたは怖れないのですか？」

　このフランクルの介入は私の記憶に残った。なぜなら、そのとき私は、この介入はあまりにも厳しいと感じたからだ。しかし、この治療的会話の続きがすぐに私の誤った考えを正してくれた。この患者はフランクルに反論し、くだけた調子で次のように述べたのである。「そうですねえ。まあ、私も考えたんですよ。健康になりたいんなら全部オープンに話さないといけないなって。」と彼女は言い返した。フランクル教授は喜びで顔を輝かせ、まさに我が意を得たりといった様子だった。フランクルは、彼女をいわば釣り針に引っかけたのだ。「ということは……もしあなたが何かをしたいと望むなら、強く望むなら、あなたは自分の不安を飛び越えなければならない……そういうことですか？」フランクルはとびきり優しい声で歌うように言った。「まさにあなたはそうしなければならない……あなたの不安を飛び越えろと、学生たちがあなたに、私があなたに、強制しましたか？」「いえいえ」と患者は自分でも驚きながら答えた。「私が自分でそうしているだけです。」フランクルの輝きが伝染し、私たちも皆一緒に胸がドキドキしていた。「では、もしあなたが何かをしたいと望むなら、強く望むなら、そのときあなたはとにかくそれをする。私が聞いたことは合っていますか？　そのときあなたは10年にわたる不安を乗り越える？　素晴らしい！　私はただただおめでとうと言いたい！」彼女は眠りから目覚めたいばら姫のようにまばたきしていた。しかしフランクル教授は彼女に「ええ、でも」という反論の時間を与えなかった。「それならば」とフランクルはすかさず続けた。「今、私たち皆で

第2部　ロゴセラピーの会話形態　　81

考えましょう、あなたがしたいと強く望むような、将来の価値あることやふさわしいことは何かを。あなたが健康になりたいのは、いったい何のためでしょうか……？」

　この先の話の流れは忘れてしまったが、私たち学生も患者も、まったく気兼ねすることなくたくさん笑っていたことだけは、いまだに覚えている。この女性も（たった30分の会話の後で！）生き生きとした足取りで立ち去っていったうちの1人だ。

　その後、私が心理療法家としてのキャリアの中で学んだことは、自らを抑制し共感に満ちて傾聴すること、天使のような寛容さでたくさんの昔話に付き合うべきということ、そして、害になるような助言を絶対に与えないということや、正しいとか間違っているといった判定をしてはいけないということであった。見たところ、フランクル教授はこれらの基準の全てに反していた。彼は、とにかくオリジナルなのだ。

　あれから40年以上経った今日では、ドイツ語圏だけでも何百人ものロゴセラピーの専門家が臨床実践を行っている。彼らそれぞれが、自らのまったく個人的なやり方で自らのクライエントや患者と接しており、そのことにまったく問題はない。すなわち、治療的な関係性が生じるためには、人は自発的かつ自然で、ありのままに振舞わなければならないのである。それでもなお私が思うのは、ロゴセラピーで重要とされるあらゆる事柄に特によく合致するような会話スタイルは存在する、ということである。なぜなら、ロゴセラピーはもともと言語を根幹とする、いわば人間学の立場に由来しているからである。例えば、患者が講義室で絶え間なく不安を語っている最中にフランクルが割り込んでいった質問、どうしてあなたは自分の不安を語ることに不安を感じないのかという質問は、精神的なメタレベルへと上がる階段になっていた。人間は、不安を持つことと勇敢であることを同時にできる！「持つ」から「ある」への観点の転換は、ほのめかす程度に言及されていた。そして、誰が、あるいは何が、そのような転換をもたらすのだろうか？　強制だろうか？　義務だろうか？　この患者はメタレベルを探求していたのか。そうではない。自由だ！　何かを望む自由だ！　しかし、どんな望みでも良いというわけではない。人生はそんなに簡単なものではない。最上級の望み、すなわち、何に向かってかや何のためかがはっきりとしている望み、意

味に満ちた望み、「意味への意志」だけが、私たちに力を与えてくれる。そこで、患者が強くしたいと望むような将来の価値あることやふさわしいことは何か……という次の質問に、切れ目なくつなげていくのである。

　さらに2つの会話スタイルの要素が、私が紹介したフランクルの短い会話を特徴づけている。第一に、フランクルは患者の行動の矛盾をあばいていることである。表向きでは「今までずっと誘いを断っていた」という女性は、公共の場に姿を見せるという誘いを引き受けていた。この矛盾の中に潜在的な可能性が潜んでいる！　奇跡はこの女性がひどい少女時代を過ごした後に過剰に不安を感じるようになったことの中にあるのではなく、数十年にわたる不幸にもかかわらず彼女が回復のために尽力しようと望み、そしてそれができたということの中にある。フランクル教授にはこの奇跡を感じ取る能力があったのである。その反対に、フランクルは月並みな因果関係には決して興味を持たなかった。第二に、フランクルは会話の中で称賛を治療薬として利用していたことである。フランクルは、自分の心の弱さに対する大勝利にまったく気づいていないその患者に対して、より正確に言えばその人格に対して、祝福の言葉を述べた。その人格の価値を高く評価し、弱さを低く評価したのである。決定論ではなく奇跡を、弱さではなく勝利を。こうして数分間で新しい世界が開けたのだ！　しかし、それはセラピスト自身がその世界の住人だったからこそ起こったことである。

　以下では、ロゴセラピーにぴったり当てはまると私が考える、いくつかの会話スタイルの要素を紹介していきたい。その中には他学派のセラピストによって用いられているものもある。すなわち、相談を受ける仕事全般にお勧めできるものである。純粋に理論だけから導かれる典型的なレトリックは、ロゴセラピーの枠組みではおそらく存在しないだろう。私が驚いたのは、それとは少し別のことである。ロゴセラピーにふさわしい会話スタイルをまとめる中で私が気づき、思いついたそれらの要素は、治療の枠組み以外でも、人と人とのコミュニケーションがうまくいっている指標として共通していたのだ。それらは、夫婦、同僚、世代間、民族間での日常的なコミュニケーションの危機に対する素晴らしい治癒となりうるような、「愛のレトリック」の要素である。愛と意味（Logos）はまさしく「一親等の親族」であり、そのことは特に言葉によってはっきりと表れている。

第2部　ロゴセラピーの会話形態　　83

会話スタイルの要素１：人格の価値を高く評価する

　心を病んだ人間に敬意を持って接することがいかに重要であるかは、遅くともカール・ロジャーズの著作以降ではよく知られている。よく聞かれる忠告は次のようなものである。セラピストの真の関心なくして信頼に満ちた雰囲気は生まれない。信頼に満ちた雰囲気なくして患者との共同作業はできない。患者との共同作業なくしてセラピーが成功することはない。それと共に、次のような主張もある。評価をしたり、何らかの立場に立ったりしてはいけない。患者に敬意をもって接し、その悲しみを忍耐強く傾聴し、優しく問い返し、自我を強める対策に集中する。これらは何も間違ってはいない。しかし、私はこう考える。そこからもう少し勇気を出して、患者の健全な能力と、患者の損傷していない人格の核と、患者の内なる美しさとを強調することをためらってはならない、と。周知のように、ロゴセラピストは２つの肯定的要素をあらゆる人の中に見つけだそうとする。１つは今ここにおける患者の良い面であり、もう１つは今はまだ眠っているが潜在的には既に患者のものとなっており今後患者の中で展開してくるであろう可能性である。愛という現象においてさえ、愛されている人間は現実の自分の姿と理想の自分の姿という二重の姿を見抜く、と私たちは（フランクルにならって）定義している。会話の技術とは、患者が自分の２つの肯定的要素に直面する機会を逃さないようにすることである。人格の本来の価値を低く評価するのではなく高く評価するというのが、私たちのモットーである！

　臨床においてはどうだろうか？　クライエントの今ここにおける良い面に着目して向き合うことは難しいことではない。セラピストは、目標と定めた方向でただクライエントに関心を持っていれば良い。例えば、私は適切なタイミングでクライエントに次のように言う。「私にはあなたはすごく創造的に見えます！」、「仲間じゃない人にも共感できるのはあなたの素晴らしい性質の１つですね！」、「あなたはご自分の関心事をとても正確に表現しましたね！」などである。もちろん、正直であることは当然の義務である。私は見境なくお世辞を言いたいわけではない。私がしたいのは、力点を置くことである。その創造性がクライエントを芸術的な混沌に転落させたり、その共感性がクライエントに眠れぬ夜をもたらしたり、周囲に正確な表現を求めるこ

84　　15.「愛のレトリック」という考え方

とでクライエントが同僚たちから嫌われたり、といった事態がやむを得ず起こる場合もある。しかし、まずは手元にあるリソースに力点を置く。そうすればそれをさらに発展させ、次にこうした意味ある働きかけをどのタイミングでどの程度行っていくべきかを検討することができる。

　より複雑なのは、クライエントの未来の成長可能性に着目してクライエントと向き合うことである。それには直観を必要とする。残念ながら、その直観を作り出すことはできない。それは、患者の傍らにただ存在する者の内なる精神の中にのみ存在する。それはいわば共通の波に乗るようなイメージである。そのためには（とても不思議だが！）、逆向きの信頼関係が必要となる。それは、よく言われるような患者からのセラピストに対する信頼ではなく、患者の決して損なわれることのない隠れた人間的才能に対するセラピストからの無条件の信頼である。例えば、憔悴したある女性が診察室でため息まじりにこう言った。「私は自分の人生で全部間違ったことをしてきました！」私はこう答えた。「あなたの若さでは、そこから学んで将来ずっと賢くなるための時間がきっとたくさんあるでしょうね。」彼女は微笑んだ。「あなたの若さでは」という表現が気に入ったようだった。「それなら良いですね。」そう言って彼女は考え込んでいる様子だった。「だったら、それは結局私が払った授業料っていうことになりますね。そう思えば私は自分の失敗を受け入れられます。」

　また別の女性、あるスイス人の女性は、ひどく傷ついていた。彼女は待ち焦がれて妊娠したものの、妊娠の早い段階で子どもを失い、それが原因で1週間仕事を休んだ。その後、上司は彼女に対して「中絶の負担を雇用主に負わせるべきではない。」という辛辣な言葉を投げかけた。彼女は涙を流していた。「もしも誰かがスイスは山1つない真っ平らな国だと主張していたら、あなたはどう感じますか？　あたり一面、モグラがつくった盛り土すらないと言っていたら？」と私は彼女に尋ねた。彼女は鼻をかみ、ちょっと咳をし、あっけにとられている様子だった。「あなたはどう感じますか？」と私はもう一度尋ねた。「何も」と彼女は肩をすくめた。「愚か者につける薬はありません。」「あなたは愚かな人に何かを教えてあげるために努力しようと思いますか？」と私は尋ねた。「わかりません。本人が自分から知ろうとしない限り、無駄だと思います。」「ああ、その人が一生愚か者のままでも、あなたは

第2部　ロゴセラピーの会話形態　85

腹が立たないんですね。」彼女はうなずいた。「だったら同じことを上司にもしましょう。」と私は提案した。「その上司の現実認識は間違っています。なぜなら彼女は知ろうとしないんですから。彼女はスイスが平地でないということは知っていますが、中絶があなたが子どもを失う痛ましい出来事だとは思わないんです。彼女は思い違いをしているのです。哀れで気の毒なことですね！　腹を立てず、一生愚か者のままにしてやりましょうか。」スイス人の患者は楽しそうにくくっと笑った。「覚えておきます！　毎朝仕事に行くとき、周りの山を見て思います。愚か者につける薬はない、と。」と彼女は大きな声で言った。

　次に、このテーマについての対照的な例を挙げよう。ある男性がふさぎこんで面接室に座っていた。恋人が予期せぬ妊娠をしてしまったのだ。「僕だって本当は子どもに対してイエスと言いたいんです。」と彼は嘆いた。「でもそれはできません！　それは本当にできないんです！　そうすると僕たちの計画は全部めちゃくちゃになり、僕のキャリアはぶち壊しになってしまいます！」と彼は髪をかきむしった。「あなたはお子さんに何か言ってあげたいんですよね？」と私は彼が言った言葉を捉えて尋ねた。「だって、なんだかんだ言っても僕の子なんですから。」と彼は呻いた。彼の良心が彼を揺さぶっていた。「あなたの子どもにこんなふうに気持ちを伝えてみたらどうでしょう？　『僕は君に対してイエスと言いたいんだ。とても強くそう言いたいんだ。僕のこの望みを、パパからの最初の挨拶として受け取っておくれ！』と。」彼の表情は柔らかなきらめきに包まれた。彼は叫んだ。「それは良いアイデアですね！　それなら今の僕にもできます。彼女にそう話してみます。彼女も喜ぶでしょう。」意気揚々と彼は帰って行った。

　ここで述べた事例には共通点がある。この３人は、自らが置かれた状況においてやるべきことからそれほど離れてはいなかった。彼らは今まだ成長の途上にあり、「失敗から学んでいたことに気づく」、「愚かな他人の行為に対して落ち着いて反応する」、「それでもなお胎児に対してイエスと言う」という所まで到達はしていなかった。しかし、その芽はずっと前から彼らに内在しており、私たちの会話はその内なる芽が外側に向かって育ってくるように仕向けようとしていたのである。いかなる患者もその人の障害や病気より大きく、その人の過去の影の寄せ集めよりもずっと大きいということが事実な

らば、私たちは安心してこの「より大きなもの」に呼びかけても構わないだろう。これは過大な要求ではなく、人格の持つ優れた価値を評価しているのであり、その人がより高い次元へ到達するための援助なのである。

会話スタイルの要素2：明確さに寄与する

フランクルはある有名な主張をしている。それは、苦悩は人間の視界を明るくする、というものである。苦悩は哲学的な透明性を産み出す。もちろんこれは最もうまくいった場合のことであり、その一方で、苦悩の結果がそううまくはいかない場合もあることを私たちは知っている。視界が真っ暗と言ってもいいほど、完全な不快と絶望に陥って意気消沈する人もいる。心理療法のクライエントは、苦しんでいる人や幸せいっぱいではない人が普通なので、セラピーでの私たちの課題は次のように定義することもできる。それは、苦しんでいる人の内なる「視界」に灯りをともすための努力である。それを実現するためには、私たちが関与しながらそこにいることが重要である。患者の洞察や認識を深めるためには、それを使って精神的な話し合いができるような、中身のある材料が提供されなければならない。たとえ適切であったとしても、それが直接的な助言という形で提供される必要はない。なぜなら、一部の専門家が言うように、あらゆる助言（Ratschlag）はある種「一過性の一撃（Schlag）」であり、結局は子どもだましだからである。私たちの患者は十分に大人であり、助言者に操られていると感じることなく、自分の好きなようにその助言を受け入れることも却下することもできる。

これに関して、ある興味深い新聞記事を取り上げたい。『ヴェルト日曜版』の編集長ペーター・バッハーによる2001年10月7日の記事である。当時ドイツの連邦首相であったゲアハルト・シュレーダーは、ニューヨークとワシントンのテロ攻撃に対する安全策を議論するため、元連邦首相のヘルムート・コールら政府高官を招いた。ペーター・バッハーは、次のような記述によって問題を取り上げた。

「入手可能な全ての情報を総動員しても、シュレーダー首相が知らないことをコール元首相が助言できるだろうか？　助言というのはどのように扱

えば良いのだろうか？　助言にはどのような価値があるのだろうか？　人は助言を求めるべきだろうか？　頼まれもしない助言を与えても良いのだろうか？　そして最終的に、自分自身の内なる声が違うことを勧めたとしても、人は助言に従うべきだろうか？　このもつれた毛糸玉のように厄介な問題が、私たちを悩ませる。

続いて、ペーター・バッハーは彼自身のことについてこう記述している。

　私は、これまでの人生で外部からの助言が自分の内面を豊かにしたり自分をまったく変えてしまうようなことがあったりしただろうか、と考えてみた。するとすぐに、わが国で赤軍派のテロリストによるハイジャックや爆破テロや処刑などが起こっていた頃の記憶がフラッシュバックしてきた。私はまだはっきりと覚えている。あらゆる出来事の無意味さが、私を人生の意味への問いに直面させた。テロの時代の中でそれは大きな疑問であった。
　それは偶然の出来事だった。その頃、私はインタビューのためにある男性のもとを訪れた。その男性は世界的な名声を得ている精神科医で、意味の喪失という誤った思い込みによる絶望が現代の最もひどい病であることを見抜いていた。ヴィクトール・フランクルである。彼はウィーンの自宅で私の前に立ち、だいたい次のようなことを言った。「若い友人よ、人生にはどんな意味があるのかと問うてはいけません。というのは、それは誤った問いであり、誤った問いからは誤った答しか得られないからです。人生というゲームはまったく反対向きに進んでいます。人生そのものが私たちに問うているのです。それも毎日、いや、毎時間。そして、人生に答えなければならないのは私たちです。言い換えればこういうことです。私たちが「人生」と呼んでいる不思議な現象の中で、くよくよ思い悩んだり、意味を発見しようとしたりすることはやめましょう。そんなことをすればただ迷宮に迷い込むだけです。それよりも、人生が私たち一人ひとりに与えてくる課題を果たしましょう。この世界には、人間が長生きして健康でいるために、人生の課題について知ること以上に役立つことはありません。」

ペーター・バッハーは、このことを新聞で公に告白することを恥ずかしが

らなかった。

　この驚嘆すべき男性の授業を受けて以来、私の人生は根底から変わった。これほど効果的な助言があるだろうか？　それ以来、私はこのテーマについて否定的に書かれたものを読んでも免疫ができている。ソーントン・ワイルダーの言葉を少し引用しよう。「助言とは着古された服のようなものである。たとえそれがぴったり合っていたとしても、人は好んで着ようとはしない。」また、皮肉屋のオスカー・ワイルドはこう言う。「良い助言をもらっても、人はそれを他の人に言う以外のことはできない。自分ではそれを使えない！」それでも、私は得られるならいつも助言を求めてしまう。

ペーター・バッハーはこの記事を次のようなまとめで締めくくっている。それはまさに「フランクルの授業」に基づいたものである。

　たいていの場合、助言を求める人は賢明な正しい言葉をもらっても自分の好きなようにやると初めから決めているが、それでも助言を与えたり受け取ったりするときに「人間的な親密さ」が生まれる場合もある。そのようなことは、「〈私〉株式会社」に成り下がってしまったこの時代には、素晴らしくかつめったにないことである。

助言を与える仕事についてのペーター・バッハーの擁護に感謝する！
ではここで、これほど持続的な影響を与えた、この会話スタイルの要素を検討してみよう。このジャーナリストは明らかに実存的危機に陥っていた。フランクルは彼にその危機がどこから来ているかも、いかにしてそれが克服されるかも、説明しなかった。その代わりに、一片の明確さを机の上に置いた。「友人よ、あなたは質問する者ではなく応答する者なのです……。」そして１人の苦悩する人間が「明るい視界」の持ち主になったのである。
早まった解釈にブレーキをかけることを助けるときも、私たちは明確さに寄与している。以前ある女性が私に次のようなことを語ったことがある。彼女は、老人施設にいる母親に、職員にきちんと体を洗ってもらわなければダメだと、きつく言い聞かせていたという。「そのとき、私の息子は黙って横

第２部　ロゴセラピーの会話形態　　89

にいただけなんです。」と彼女は大声でがなりたてた。「私を助ける勇気がなかったんです！」「息子さんが臆病さゆえに黙っていたというのは確かですか？」と私は尋ねた。「もしかしたら彼は、お祖母さんに恥ずかしい思いをさせて傷つけたくなかったのではないでしょうか？　もしかしたら彼は、強制すればかえって抵抗するとわかっていたのではないでしょうか？　もしかしたら彼は、争い事は嫌だと思っている気持ちを隠そうとしていたのではないでしょうか？　もしかしたら彼は、お祖母さんを非難するのに今は適切な時ではないと考えていたのではないでしょうか？」女性は私を疑い深そうにまじまじと見つめた。「まるであの子は無垢の天使だと言わんばかりじゃないですか？」「なぜ彼が黙っていたのか、後で息子さんに聞いてみるのは都合が悪いですか？」と私は尋ねた。後になって、私たちの2人とも核心から外れた話をしていたことがわかった。彼は今度の試験で必要な数学の公式を暗記しようとしており、母親と祖母の言い争いにまったく注意をはらっていなかったのである。ともかく、他人の行為の意味を解釈するときにはまったくピント外れになってしまうこともある、ということがこの患者に明らかになった。幸いにも彼女が得た明確さによって、彼女は過去の自分の行動様式を振り返って考えることができた。

　フランクルの例で起こったように矛盾を明らかにするか、あるいは遠まわしなほのめかしをやめるように患者を動機づければ、さらに明確さに寄与することができる。多くの人は、そこにまっすぐな道があるにもかかわらず、持って回ったような修辞的な道を歩む。そして「誰も私にイエスと言わない！」と不平を言うのである。その場合、誰もというのは誰のことで、どんなことが問題になっていて、実際のところその怒りがどこにあるのか、ということについては詳しく語られない。別の例を挙げよう。ある職業実習生が私の所に来て憤慨して言った。「私は実習指導者に残業の分だけ休暇を長くしてくださいと頼んだんです。でも、彼はそれを決して認めてくれないだろうということも、私は前からわかっていました。」なんという矛盾だろう。どうしてこの実習生はわかっていたのにそんなことを頼んだのだろう？　彼は自分が「隷属」させられているということを宣言したかったのだろうか？　誰かを非難したかったのだろうか？　この世界の害悪を確認したかったのだろうか？　このようなケースにうってつけのセラピストのメッセージはこう

だ。「私があなたのことを理解するのを助けてください！　そのことを私に説明してください！」例えば「なぜ失敗するとわかっていた行動をしたのか説明してもらえますか？」などである。

　ところで、この「私があなたのことを理解するのを助けてください」という要請は、2人の人間のコミュニケーション要素としては素晴らしいものである。なぜなら、それは素早くかつ批判的にならずに、とりわけクライエントの負担にならずに、明確さを生み出すからである。理解したいという望みは、誠実で善良な関心を含んでいる。長い間の拗ねた状態からこちら側に出てこなければならないときには、それがクライエントの力になる。

会話スタイルの要素３：オルタナティブで遊ぶ

　先の職業実習生の例からは、この実習生が他に選ぶことのできたオルタナティブは何かという疑問が自然と起こる。しかしこの問題はそれほど簡単ではない。自由で成熟して責任感のある人間であれば、オルタナティブを用いることができる。しかし、セラピーの会話では、この問題に関して、まずは畑を耕すところから始めなければならないことがしばしばある。この「畑を耕す」ということについての素晴らしい例が、ハインツ・ケルナーの『ヨハネスの問い』の中にある。その中のある登場人物の台詞を抜粋してみよう。

　　僕は思わず咳こんで、かすれた声でこう言った。「環境ですよ。規則もそうだ。そして僕の周囲の人たちも、ある程度の信用と義務を僕に期待しているんです。」ヨハネスはゆっくりとうなずいた。「そうとも」と、彼が言った。「そうだ、そういうものの全てが、君に無理難題を課しているというわけだ。」彼はしばらく黙ってパンをかんでいたが、その間、激しい感情が僕を苦しめた。またしても僕は腹が立ってきて泣き出しそうになった。頭の中で僕は、泣く理由を見つけようとしたのだが、思いつかなかった。

　　ヨハネスが次に話しだしたとき、僕は突然、自分に何が起こっているかを悟った。「それは、むしろ、こんなことではないのかね」と、彼が言った。「君が君自身に、周りの人たちや環境や規則に配慮するように強いたり、様々な強制に従わせているということではないのかね。それを君が正しいと思っ

て、自分でそんな決心をしたのではないだろうか。それとも、君がわずらわしい成り行きを避けたいと思ってのことかなあ。」

　彼の言葉は、僕が子どもの頃に感じたような感情のかずかずをとき放った。言うまでもなく、今まで僕がやってきたことはひとえに僕の決断のはずだった。しかし、僕がこれまでに下してきた決断とは、僕の人生を通じて、回避の連続にすぎなかった。とても決断なんて言えるものじゃなかった。不都合な結果を恐れる不安にすぎなかった。この瞬間に僕の頭をよぎったことは、馬鹿馬鹿しいと思われるかもしれないが、事実こんなことだった。子ども時代の僕が主として身につけたのは、環境や両親に対して、結果が自分にとってできるだけ好ましくなるように振る舞うことだった。本当は違う行動をしたいと思ったことが再三あったのだ。学校に行ったのは、両親と学校から罰を受けないですませるためだった。大人になって就職したのは、生計の不安定を避けるためだった。それに、たくさんの友達や知人と付き合うのは、孤独を避けるためだった。その人たちが僕にとってとりわけ大切だったからというわけではなかった。心の奥底では、その連中などどうでもいいと思っていたのだ。ときどき、この態度が高じて、僕は能力を伸ばす努力を怠ることを自分に許して、無能でいることに安住していた。

　僕の頭の中を駆けめぐったことを並び立てれば、もっと多くのことを挙げることができただろう。次から次へと僕の人生の断片を明るく輝かせたのは、稲妻のような光だった。この稲光が多くのことを気づかせてくれたのだ。そして今度という今度は、簡単にはそこから目をそむけることができなかった。この稲光は僕の中にあったからだ。追いはらおうにも、とても追いはらえるものではなかった。（ハインツ・ケルナー著、原田千絵訳『ヨハネスの問い』飛鳥新社 p.59-62 より一部改変）

　ブラボー、ヨハネス！　苦悩する人間が文字通り「明るい視界」の持ち主になった！　もしこれが、私が述べた職業実習生だったら、私はこの「明るい光」の中で、指導者との付き合い方についての合理的な戦略を彼と一緒に検討することができただろう。戦略といっても、トランプのばば札をつかませるように、どこかに責任をかぶせるようなことはやめた方がいい。実際に具体化できる提案が考え出されなければならない。

よく似たことが、ある厄介な患者でうまくいったことがある。彼女は夫のことを猛烈に非難していた。ある午後、彼女は12歳の娘と台所でコーヒーを飲みケーキを食べていた。そこへ夫（職業は教師）が帰ってきた。夫はすごい勢いで台所に入ってきて、玄関に汚れた靴が山になっていると大声で文句を言った。「彼が私を挑発したものだから、私は怒りのあまりお皿を彼の顔に投げつけるしかありませんでした！」と患者は言った。私は「ヨハネス」の役割を演じることにした。「投げつけるしかなかった……？」「それ以外にいったいどうやって抵抗のしようがあったでしょう？　彼のわめき声が私も同じように攻撃的にさせるんです！」「彼があなたをそうさせた……？」

　私は気を取り直して、実験をすることにした。「私たち2人でこれから30分間、自由に空想を働かせてみませんか。」と私は話し始めた。「先日あなたの夫が台所に入ってきたときにあなたがとり得た反応を、できるだけたくさん挙げてみましょう。代わりばんこに。私から始めますね。あなたはこう言うこともできたでしょう。『叫ぶ必要はないわよ。私たちは耳がいいから、あなたがささやいたって聞くことができるわ。』はい、次はあなたの番です。」「私は動じることなくそのまま食べ続けて彼を無視することもできます。」と、患者はためらいがちに答えた。「じゃあ私ですね！　あなたはこう言うこともできました。『座って食べて腹ごしらえをして。靴の問題はあとで解決しましょう。』さあ、あなたです。」「私はこう返すこともできます。『汚れた靴が気に障るならあなたがきれいにしてよ。』」と患者は前よりも少し元気に答えた。「じゃあ私です！　あなたは彼に、学校で何か大変なことがあってそれで機嫌が良くないのかと尋ねることもできましたね。はい、あなたです。」「私は娘に向かってこう言うこともできました。『ああ、先生は私たちに授業をしているのね。彼は今もう家にいるっていうことにまったく気がついてないのね。』」患者はすっかり調子が出てきた。「じゃあ私です！　あなたはこう答えることもできました。『あらまあ、あなたの良くないところは怒鳴るところね、私の良くないところは靴をそのままにしておくことね。割れ鍋にとじ蓋ってとこね。』さあ、あなたです！」「私は彼の目を見てこう言うこともできました。『あなたの挨拶は私を悲しくさせるわ。』」このようにして続いていった。30分はあっという間に過ぎた。最後に私は患者に、お皿を投げつけるしかなかったというのは今でもそう思うかを尋ねた。彼女は首を

第2部　ロゴセラピーの会話形態　　93

横に振った。そしてこう言った。「でも、私は腹が立つと冷静に考えることができないんです。」「それはよくわかります。」と私は彼女を認めた。「だからこそ、私たちは今、一緒に冷静に考えたんです。あなたの夫がこれから先また短気を起こしたとき、どうやってあなたがお皿と自分の気持ちを大事にし、どうやって結婚生活を救い、夫と娘のためのポジティブな模範でいることができるかを。それとも、そのようなことはもう二度と起こらないとあなたは思いますか？」「すぐに明日か、遅くとも明後日にはまた起こると思います！」彼女が同じことの繰り返しに陥る前に、私は止めた。

このケースの続きは、「会話スタイルの要素4」に持ち越したい。けれどもその前に、「オルタナティブで遊ぶ」ということの意味を、ここでもう一度明確にしておく必要があるだろう。もし2人の人間がそれぞれ1つずつリンゴを持っていて、そのリンゴを交換しても、結果はたかが知れている。2人とも前と同じように1つのリンゴを持っているだけである。しかし、もし2人の人間がそれぞれ1つずつのアイデアを持っていてそのアイデアを交換したら、その結果は驚くべきものである。というのは、そうするとその2人はそれぞれ2つのアイデアを持っているからである。本物のロゴセラピーの会話の中で言葉を巧みに操ると、これとよく似たことが1人の人間の自由の場、いや、空想力の場の中で生じる。セラピストはソクラテスのように遊び心をつつく。それは質問の形をとることも珍しくない。「もし〜だったらどうでしょうか？　〜を想像できますか？」そして患者は夢の中にやって来る。患者は夢を見ながら、自分のより高い可能性を先取りして語る。

会話スタイルの要素4：意味を探求する

フランクルはいくつかの「〜イズム」を克服しようとした。その中には通俗的な構造主義と主観主義がある。フランクルは、意味の探求は個人の恣意とは異なることを知っていた。意味の探求とは真実の探求、それも歴史的真実というよりもむしろ倫理的真実の探求である。それでも、やはり真実は常にただ1つである。

もちろん謙虚であることが必要である。完全で大きな真実は誰にもわからない。しかし、私たちは謙虚さと十分な予感をもって、静かさと十分な確信

をもって、そこに近づくことができる。

　ケースの話に戻ろう。30分間一緒にオルタナティブで遊んだ後、私は患者に、様々な空想力の鏡に目を向けるようにと促した。「鏡の中には、あなたかもしれない様々な女性が映っています」と私は彼女に説明した。「ここにいる女性は怒りに顔を歪めて周りにお皿を投げています。彼女を見てください。ここにいる女性は平然としてケーキを食べています。あなたは彼女たちをどう思いますか？　ここにいるのが夫に反応した女性たちです。この人でしょうか、それともあの人でしょうか。彼女たちの顔つきをよく見てください。そのうちのどれかに好感がもてますか？　尊敬できますか？　自分もそうなりたいと思えますか？」

　彼女の中で何かが働いていた。そう長くはかからなかった。すぐにそれは彼女の中から現れた。「そうですね。この女性が一番いいです。彼女は夫を自分と子どものいるテーブルに招きます。彼女は夫を追い出しません。彼女は辛抱強いです。彼女は彼に一息つく時間をあげます。彼女は3人に台所で新しいことを始めるチャンスを与えます。食事の後で夫は謝り、そして一緒に靴を掃除します。」私は自分の耳が信じられなかった。これが悪態をつきながら私の部屋に入ってきた女性だろうか？　「鏡の中のこの妻に対して、夫が態度を和らげるという希望はあるでしょうか？」と私は確かめた。彼女はうなずいた。数秒間、自分の良心の開かれた奥底をのぞき込み、彼女は予言者になった。「夫は全てに拒絶されたように感じたのでしょう。生徒にも、同僚にも、家でも。それが彼の最大の悲しみであって、玄関が散らかっていたことではありません……。」彼女はなんと穏やかに話したことだろうか。そして、今や彼女はいたずらっ子のように目をきらきらと輝かせている。「我が家の浴室には照明付きの鏡がかかっています。」と彼女は帰り際に言った。「もしもまた皿投げ女が私の中で暴れだしたら、私はそこに助けを求めます。」天才的なアイデアだ！　だが、2人の人間がリンゴだけではなくアイデアを交換すれば、こういう結果が得られるのはまさに当然なのである。この患者の結婚生活は安定したものになった。

　ロゴセラピーの会話では、人間をその人の内なる声と結び付けようと努力する。私たちは、人生とその維持・発展のために、その人たちに要求されたり課されたりする可能性のあることは何かを探求する。私たちが見つけるも

のは簡単なものとは限らないし、望んだものとも限らない。しかし、それは
祝福されたものであり、癒しの効果を持つ。かつて私が面接した女性の息子
は障害のある成人だったが、女性は息子のために持てる力の全てを注ぎ込ん
でいた。彼女は息子のあらゆる愚行を容認し、あらゆる迷惑行為の後始末を
した。その子には際限がなかった。彼がベッドで飲み物を求めて叫んだとき
には、母親は彼に飲み物を持っていった。話の中で私は彼女の献身ぶりを称
賛した。そして、私たちは彼女の献身が何のためかを探った。彼女は息子の
何を助けたかったのだろうか？　進歩していたのか後退していたのか？　自
立的になったのか依存的になったのか？　社会的な力がついたのか孤立した
のか？　彼女は私の言うことを理解し、ひどく泣きだした。「どうしてです
か？」と私は尋ねた。「どうしてあなたは彼を甘やかすんですか？　あなた
は彼の障害を強めているんですよ！」「あの子がかわいそうだからです。あ
の子がどうしたって不当に扱われるから。」彼女はすすり泣いていた。「私た
ちみんなと同じように、彼にはこの世界の中に居場所があります。」と私は
彼女に反論した。「彼がその生まれ持った才能でもって見事に埋めることの
できる場所です。しかし、彼がその場所を見つけるためには、彼の短所では
なく長所を信じ、彼が自分自身の能力を試してみることを認める母親が必要
です。」3回のセッションの後、私たちは母親に求められる意味ある献身の
リストを一緒に作った。それは、母親は一貫して後ろに一歩引き、ときには
息子が泣きわめいて要求することに勇敢に耐えることも必要である、という
ものであった。5回目のセッションのときには、彼が飲み物と軽食を自分で
取って来るようになったことが話された。8回目では、お小遣い稼ぎのため
に郵便受けにチラシをポスティングしているということが語られた。母親は
奴隷のような奉仕から解放されて一息つけるようになった。意味は祝福へと
変わった。

　このことについて少し注釈しよう。精神分析には、治療の目標にもつなが
る「転移」という概念がある。患者は、本来自分の養育者に向ける感情をセ
ラピストに転移させるというが、私は個人的にはそこまでは思っていない。
それとは逆に、患者が自分の感情を間違った相手にぶちまけないことを学
ぶことは大切だと思う。事情はどうあれ、ロゴセラピーでも私たちはある種
の転移を行っているかもしれない。しかし、それは精神の場においてである。

もしかしたら、私たちが言葉で述べることは副次的なものにすぎないのかもしれない。すなわち、人生にはどのような状況においても決して失われない無条件の意味があるという私たちの信念が、「第一級の」治療効果なのである。患者に飛び火することが決して珍しくないその信念こそが……。

　要約しておこう。私が挙げた4つの会話スタイルの要素、

人格の価値を高く評価する

明確さに寄与する

オルタナティブで遊ぶ

意味を探求する

は、お互いに影響しあっている。これらはロゴセラピーの介入の特徴でもあるが、しかしまた、ごく一般的な「愛のレトリック」としても通用する。というのは、人間がお互いに愛に満ちたコミュニケーションを行うときには、人は相手を最高のものとし、明確に話し明確さを創造し、相手の自由に好意を寄せ、意味の探求という冒険をお互いに援助しあうからである。愛は心配しない（キーワード：人格の価値を高く評価する）。愛はごまかさない（キーワード：明確さに寄与する）。愛は拘束しない（キーワード：オルタナティブで遊ぶ）。愛は過大な要求も過小な要求もしない（キーワード：意味を探求する）。そして何よりも、愛は無限に多くの言葉と記号を持っている。それゆえ結局のところ、以下のようなフランクルの賢明な命題の通りとなる。すなわち、実際のところ重要なのは断じて技術ではなく、その技術を司る精神である。心理療法の会話技術もまったく同じであり、むしろ、特にそれに当てはまると言えよう。決められた処方箋に厳密に従っている限り、会話技術はまったく役に立たない。愛の精神に満たされてこそ、技術は奇跡的な力を発揮するのである。

第2部　ロゴセラピーの会話形態　　97

第3部　ロゴセラピーの技法

16. ヴィクトール・E・フランクルによる神経症の分類

　私たちはロゴセラピーの人間像を考察し、完全な人間存在には身体・心理次元の他に精神次元も含まれるというフランクルの次元的存在論を学んだ。精神次元の力をもってすれば、人間は自分自身を超越することも可能である。さらに、ロゴセラピーの会話形態においては、セラピストの価値基準を押し付けることなく、意味や価値に基づきクライエントの人生に寄り添うことが可能であることを学んだ。ここからはフランクルの神経症についての学説を論じるが、それは、これらの基礎に基づいたものである。

　本書では、神経症という古典的な概念を引き続き用いる。なぜなら、フランクルの著書では神経症という概念が一貫して用いられているからである。最終章において、ロゴセラピーによる病名の表記を ICD-10 に基づく現代の診断名へ置き換えるが、残念ながら現代の診断名の中には曖昧な定義も見受けられる。定義が曖昧になるのは、人間の様々な存在次元に現れうる心理的な機能不全の原因と引き金と結果を、正確に区別していないことと関係している。さらに、特に神経症患者の場合には、しばしば結果が間違って原因として捉えられることがある。フランクルはこの間違いを海と岩礁に例えた。浅い海に岩礁があれば、引き潮のときには水位が下がって岩礁が顔を出す。しかし、だからといって岩礁は引き潮の原因ではない！　まったく同様に、ある人の「引き潮」、すなわち生きている実感が失われているときには、いくつかの心理的トラウマが見えてくるようになる。しかし、生きる喜びが感じられないことの原因が必ずしもそのトラウマにあるとは限らないとフラ

ンクルは言う。人間の３つの存在次元全てを考慮することによって、単純な因果連鎖を超えた多様な相互関係のあり方が明らかになる。

　下の表は神経症のグループを列記したものである。ロゴセラピーでは、神経症は心因性神経症、身体因性（偽）神経症、心身症、反応性神経症、精神因性神経症の５つのグループに分類される。

フランクルの神経症分類	主として原因がある次元
心因性神経症：心理次元が原因で身体次元と心理次元の両方、またはいずれか一方に現れる病的な結果	心理
身体因性（偽）神経症：身体次元（主に「機能性疾患」）が原因で心理次元に現れる病的な結果	身体
心身症：何らかの心理的な引き金によって身体次元に現れる病症	身体と心理
反応性神経症：もともとは身体次元か心理次元の何か（または「医原性神経症（iatrogene Neurosen）」と呼ばれるセラピストの態度）が引き金となって、心理次元に現れる病的な反応	身体または心理
精神因性神経症：精神次元が原因で心理次元に現れる病的な結果（社会の変化に関連しているものは「社会因性神経症」）	精神

　心因性神経症は、心理次元から身体次元と心理次元の両方またはいずれか一方への病的な影響の結果として現れたものであり、原因は主として心理次元にある。身体因性（偽）神経症はその逆、すなわち、心理次元に現れた身体次元の病的な影響の結果であり、原因は身体次元にある。主に自律神経系や内分泌系の機能障害が問題であることから、「機能性疾患」とも呼べる。

　心身症の場合はより複雑である。心身症は２つの出来事が重なって生じる。すなわち、もともとあった身体的な虚弱と、心理的なストレスやショックである。心身症とは、心理次元の何かが引き金となり、その結果として身体次元に病症が現れるものであり、身体次元と心理次元の両方に原因がある。一方、反応性神経症は、もともとは身体次元か心理次元の何かが引き金となっ

て、心理次元に現れる病的な反応である。原因は身体次元または心理次元にある。ここには特別な形として、医師やセラピストにより（意図せずに）引き起こされる「医原性神経症」も含まれる。

最後にもう1つ、精神因性神経症がある。これは、精神的なフラストレーションによる病的な影響の結果が心理次元に現れたものと定義される。「実存的空虚」、すなわち社会全体の意味の危機が発端となっている場合は社会因性でもある。精神因性神経症に関しては、この逆はありえない。つまり、心理次元または身体次元の病的な影響が精神次元に及ぶことはない。というのは、例えば精神病患者の事例に見られるように、心身態の病気や衰弱によって精神次元の働きが阻害されることはあったとしても、精神次元が病気になるということはありえないからである。フランクル著『神経症 その理論と治療』の一覧表でも明らかなように、精神次元の中にまで到達する病気の矢印はないが、精神次元から伸びている矢印、すなわち精神因性神経症を象徴している矢印は心理次元に影響を及ぼしている。

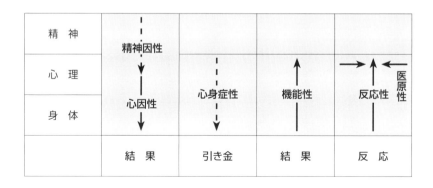

ここでいったんロゴセラピーによる神経症の分類は脇に置き、心理的な機能不全の現れ方と用いられるべき治療技法とを適切に紐づけられるよう、ロゴセラピーの技法について見ていこう。

ロゴセラピーの技法には、「逆説志向」、「過剰自己観察消去（脱反省）」、「態度変換」がある。はじめの2つの用語はフランクルによるものだが、態度変換は私自身が考案した概念である（1980）。

「ソクラテス的対話法」、「共通のものを見つける技法」、「意味発見話法」

などの様々なロゴセラピーの進め方や会話技法を1つに要約できる概念を探していたとき、この態度変換という概念がふさわしいと気がついた。この概念は、行動療法が意図している「行動変容」と区別したうえで、行動ではなく態度を変えることが目的というロゴセラピーの関心事の中心を表している。つまり、内的な態度が変化すれば、自ずと行動の変化がもたらされるのである。

> 心因性神経症であっても身体因性（偽）神経症であっても、これら全ての場合においてロゴセラピーは一般的な治療として効果がある。症状ごとの特殊な治療ではない。ロゴセラピーでは、症状そのものよりも症状に対する患者の態度をより重視する。なぜなら、症状に対する間違った態度が、病気の本来の原因であることがあまりにも多いからである。ロゴセラピーでは、患者の様々な態度のパターンを見分け、患者が態度の変化を引き起こすように試みる。言い換えれば、ロゴセラピーは変換によるセラピーである。(Frankl, 24)

基本的にはロゴセラピーの強みは磨き上げられた盛りだくさんな技法のレパートリーにあるわけではない。むしろ、一度限りの人生の状況や危機の状況における、患者唯一無二の独自性に合わせた治療法をセラピストに提供してくれる、素晴らしい「即興術のガイドライン」がロゴセラピーである。

ロゴセラピーの主たる関心は、心理的な機能不全の原因の探究ではなく、心理的な機能不全との最善の付き合い方にある。ロゴセラピーは「暴露的」ではなく、「発見的」な心理療法である。発見すべく探求されるものは、（「神の似姿」としての）人間に備わっている、意味（Logos）に向かう健康的で無傷の力である。この力の源の1つは、逆説志向を効果的にするために用いられる人間の自己距離化能力である。もう1つは、過剰自己観察消去を効果的に用いるための人間の自己超越能力である。

逆説志向という技法は、心因となる症状の引き金と距離を置くことによって、その引き金を無効にする。この引き金には厄介な性質があり「自己成就的予言」のような期待を生じさせる。その期待は「予期不安」というとりわけネガティブな期待である。

第3部　ロゴセラピーの技法　101

過剰自己観察消去は、自己中心化と過剰自己観察を減少させる。これに関して言えば、今日では、ある問題（たとえ小さな問題であっても）に絶えず考えをめぐらしたり、些細な心配事を手放すことができなかったりする過剰自己観察という現象が広く蔓延しており、それが心の不具合を必要以上に大きくしてしまっている。昔は心理的に不安定な人々は自分自身の問題を抑圧していたが、今では問題を過剰に観察する傾向があり、これもあまり健康的ではないやり方である。「抑圧」と「過剰自己観察」という2つの現象の中間に、問題の適切な注意と克服が位置づけられる。抑圧と過剰自己観察は、1つの連続体の両極と考えられる。

抑圧の場合には、問題の意識化に向けて努力する治療的アプローチがなされなければならない。一方、過剰自己観察の場合には、ロゴセラピーの過剰自己観察消去のように、過剰に注目されている人生の出来事を無意識化するための技法が用いられなければならない。

> 今日では、心理療法は何が何でも意識化がもたらされなければならない、という考え方に固執してはならない。なぜなら、心理療法家は、一時的に何かを意識化させるにすぎないからだ。心理療法家は無意識のものを意識化させるが、それは最終的にはまた無意識化させるためである。つまり、無意識の可能性を意識の現実性に移行させるのであるが、それは最終的には再び無意識の状態を作り出すという以外の目的を持つものではない。心理療法家は、最終的にはもう一度、無意識の実現という自然さを作り出さなければならない。(Frankl, 25)

過剰自己観察が極端な自己中心化と結びついていることは明らかである。自分の憂鬱な気分について絶えずあれこれと思い悩んでいる人は、自分以外の何かについて感じることができない。その人は自分で招いた不健康にがん

じがらめにとらわれてしまう。この点に対して、逆説志向はネガティブなことへの極度の予期不安を取り扱い、過剰自己観察消去はネガティブなことへの病的な観察と過大評価を取り扱う。両方の点において、現代人は大変な危険にさらされている。

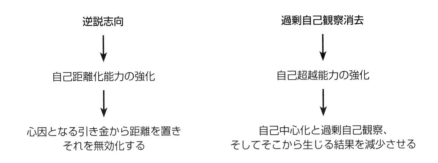

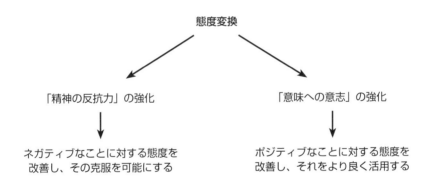

　態度変換という技法には広範囲のバリエーションがあるが、その中には2つの重点がある。態度変換とはその名の通り、患者の何かに対する態度を改善することを援助する。ここでいう「何か」とは、ネガティブなことだと考えられがちであるが、必ずしもそうである必要はない。かなり奇妙なことではあるが、ときにはポジティブなことに対する人間の態度を改善することが必要な場合もある。このようなポジティブなこととは、例えば、素晴らしい生活状況、学歴、経済力、友人関係などがありうる。もし本人がそうした生

活状況に対して正しい態度を取っているならば、そこから意味に満ち、充足した実存を構築することができるだろう。しかし残念ながら、心理療法の多くの事例で知られているように、豊富なリソースにもかかわらず、活気や感激を欠いた喜びのない生活を送っている人もいる。豊かな国々の甘やかされた大勢の人々は「良い生活」のありがたみを知らず、重要でない事柄について常に不平不満を言っていたり、あるいは、既に快適な生活を送っているにもかかわらず、際限なくそれ以上を求めたりしようとする。ここでは、態度変換の技法は、「意味への意志」を活性化するという形で寄与する。「意味への意志」は（全ての肉体において心臓が脈打っているように）全ての魂の中心を打ち鳴らし、そうやって初めて、実存を奥底から汲み尽くすことが可能になる。

より困難なのは、ネガティブな状況に対してポジティブな内的態度をとることである。多くの状況は、その状況に対して新しい態度がとられるだけでも変えることができる。しかし、重篤な身体の病、麻痺、手足の切断、痛々しい喪失体験（例えば家族の一員の喪失）、そして罪の問題といったように、ネガティブな状況自体をまったくどうすることもできない場合もある。けれども、たとえもう何1つ変えられないとしても、その変えることのできないことに対する態度は、それでもなお自由に選ぶことができる。そしてさらに、それはこの変えることのできないことにどのように耐えるかにかかっている。苦しみに打ちひしがれる必要は誰にもない。変えることのできないことを人間の功績、そう、内的な大勝利へとすっかり変える力をもたらす「精神の反抗力」を、誰もが持っている。フランクルが過酷な戦争体験の中で自ら経験し、その後、苦悩する人間全てに希望のメッセージとして届けたように。

ここで、ロゴセラピーによる神経症の分類（さらに精神病と抑うつとを関連付けて）と、ロゴセラピーの3つの主たる技法のグループとを、わかりやすく表にまとめてみよう。

この右の表は、逆説志向が心因性神経症に対して、つまり不安・強迫神経症に適用されることを示している。同様に、過剰自己観察消去は、性的障害のような心因性神経症と、心身症性疾患や睡眠障害の場合に適用できることを示している。態度変換はその適用領域内でネガティブとポジティブの2つに枝分かれしている。ネガティブな領域では、ヒステリー、依存症、医原性

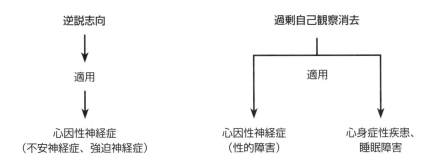

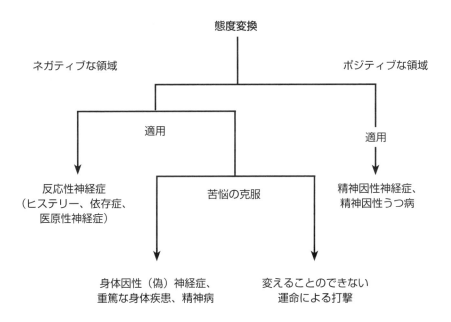

神経症といった反応性神経症、ならびに、病気による苦悩と運命による苦悩とに下位分類できる苦悩の克服に適用される。ポジティブな領域では、態度変換は精神因性の神経症とうつ病に使用される。

フランクルによって定義された5つの神経症分類、心因性、身体因性、心

第3部　ロゴセラピーの技法　105

身症性、反応性、そして精神因性障害は、全てこの表に統合された。次章以降では、読者が自分自身や自分に援助を求めてくる人々のために考えるヒントが得られるよう、これらの障害についてさらに詳しく掘り下げ、ロゴセラピー実践の適切なガイドラインについて詳しく論じていく。

17. 不安神経症の発症

　神経症では常に螺旋状の「悪循環」が形成され、患者はその渦に巻き込まれる。最初は、（他者や人生と）少しはうまくやれるのではと思っているのだが、何らかの形で失敗や挫折といった事態に陥ると、もうまったく何もできないと思うようになり、弱まった自意識は新たな失敗をもたらし、そしてそこからまっしぐらに自己信頼と基本的信頼の崩壊に至る。病的な嫉妬（これも神経症の一種である！）によって、愛するパートナーをまさに遠ざけてしまい、それがまた、嫉妬を狂気的にまで高めてしまう例もある。

　　先入観をもたない臨床家であれば知っているように、神経症の病因学において、予期不安が本来の病因であることは稀ではない。つまり、それ自体は一過性で無害な症状でも、予期不安が患者の注意をこの症状に集中させてしまうことによって、症状が固定化されてしまうのである。
　　予期不安と呼ばれるこのメカニズムは臨床家には周知のことだ。症状はそれに応じた恐怖を生み、この恐怖は症状を強化する。そうして強化された症状は、症状がまた現れるのではないかという患者の恐怖をますます強化する。患者はそれ自身で完結して閉じているこの悪循環の中に自分を閉じ込めてしまう。繭の中に糸で自分自身を閉じ込めるかのように。(Frankl, 26)

　不安神経症の場合、「悪循環」は次のようになる。
　偶然の不快な出来事、たいていの場合トラウマ的な出来事は、似たような状況でも同じ出来事が繰り返されるのではないかという不安を生じさせる。この予期不安は本人を非常に不安にさせるだけでなく、本人が怖れていることがたちまち繰り返されるほどに、本人を緊張させる。このとき既に循環の

円弧が完成している。すなわち、出来事（「症状」）の再発が予期不安を最高潮に高め（それが「恐怖症」へと発展する）、そして、不安な状況が訪れるたびにさらなる症状が生まれるのである。「悪循環」にとらわれている者は、不安な状況を避けることによってのみ助かることができる、と信じている。しかし、これでは最終的には自分自身がすっかり不安神経症に取り込まれてしまう。なぜなら、不安はこれまで不安に取りつかれていなかった生活領域へも拡がっていく（「普遍化する」）のが常だからだ。不安な状況を避ければ避けるほど、自身の不安に対する抵抗力は弱まっていく。

　このことを、地下鉄恐怖症を例にして説明しよう。ある人が地下鉄の乗車中に気分が悪くなった。もしかしたら満員の車両による酸欠が原因かもしれない。予定より前に下車し、目的地に遅れて到着した。この乗客は、次に地下鉄に乗車する際、最初から既に大きな不快感を抱えている。というのは、もしまた気分が悪くなって電車を降りなくてもいいように席を譲ってほしいとお願いしなければならなくなったら、どんなに恥ずかしくて居心地が悪いだろうか、などとあれこれ考えてしまうからである。このような考えを巡らせていれば、身体は凝り固まっていき、すぐにひどく気分が悪くなってくる。額には汗が流れ、心臓が喉から飛び出すほど大きな鼓動を打つ。ついには、次の停車駅で逃げるように車両を降りる以外にどうしようもなくなってしまう。これが恐怖症の典型であり、この人はもはや地下鉄に乗ることに耐えられなくなる。おそらく、次はバスにも同じ予期不安の兆候を示し、バスに乗れなくなるだろう。あるいは車を運転することもできなくなるかもしれない。このように、突然襲ってくる不快感に対する不安が「普遍化」し、行動の自由を著しく制限してしまうのである。医者への受診は増えるが、生理学的な異常はみられない。最終的には、絶え間のないパニック、精神安定剤への依存、あるいは、あらゆる交通手段の不合理な回避、に陥る。

　このような神経症の循環プロセスは、患者に以下の４つの要因が重なり合うことによって確立される。

1. 心配性な性格素因
2. 不安定な自律神経
3. トラウマ的な出来事
4. 未発達な自己超越能力

第３部　ロゴセラピーの技法　　107

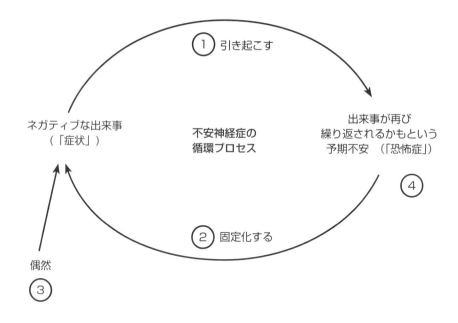

　上の図では、これらの４つの要因が影響を及ぼす「箇所」を、数字で示している。

　あらゆる神経症を引き起こしやすい性格素因は、既に述べた２つの特徴によって示される。すなわち、すぐに不安定になる傾向と、些細なことへの考えを脇に置いておけず、それに「こだわってしまう」傾向である。地下鉄恐怖症の例では、偶然、地下鉄乗車中に初めて気分が悪くなり、その後回復したときに、「やれやれ、乗り切った。これでおしまいだ。」とは、この性格素因は言わせない。もしそう言えれば、この循環プロセスは続かない。しかしここで、この人の不安定さと基本的信頼感の欠如があいまって、「なんてことだ。私にはどうせ次もまた同じことが起こるんだ！」と考えてしまう。根本にあるこうした悲観主義に、自分の思いつきへの「こだわり」が加わって、地下鉄での不快な体験がこの人に長く尾を引き、恐怖が拡大していく。両者が一緒になり、危険な予期不安が誘発される。

　不安定な自律神経によって、予期不安が実際に身体的な反応を引き起こすようになる。全ての人にそれが起こるわけではない。ある人が次も地下鉄に

乗ることを怖れていたとしても、そこで気分が悪くならなければこの「悪循環」はストップし、不安も次第に消えていく。けれども、心理と身体の間にはとても密接な結びつきがある。原始民族の一見「原因のない」死について考えてみると良い。そこでは、人が心理的な負傷（「呪詛」）で突然死ぬこともあった。この点に関して、不安神経症の人間はとても繊細である。フランクルが述べていたように、こうした人は反応性の予期不安が自律神経系の不安準備状態へとすぐに結び付いてしまうという点で、不幸である。その結果、この人の不安は自分が最も怖れていることを自分自身に引き寄せてしまう。

　運命は全ての事柄に対して何かしら一役買っているが、不安神経症の循環プロセスにも関連している。いつもというわけではないが、多くの場合、引き金となるきっかけの出来事を運命が提供している。無数の出来事が私たちのかたわらを通り過ぎていくが、そのほとんどは神経症の反応を引き起こしはしない。しかし、ある種の出来事は神経症の芽を内に抱えている。それは、以下のような人間の「人生の本質」に触れる出来事である。

　　a）生命の危機と感じられる出来事（例：危険な転倒、窒息発作）
　　b）辛い記憶を想起させる出来事（例：過去に非常に苦しんだショックやストレス状況）
　　c）実際または想像上の、社会的な損失をもたらす出来事（例：不名誉、人前での恥）

　最後に、未発達な自己超越能力も恐怖症の発症を助長する。不安が自分を支配することを「許して」しまうのである。もし人が全身全霊をもって意味のある人生の課題に集中すれば、その人の予期不安は取るに足りないものとなるだろう。なぜなら、もはやそちらに注意が向けられることがなくなるからである。まだ病気とまでいかない人であれば、地下鉄の駅への道すがら、年老いた母親にどんな誕生日プレゼントをあげれば喜んでくれるだろうと集中して思いを巡らせていれば、その人は自分自身の不安をも忘れ、症状が現れることもなく目的地にたどり着くだろう。

　「悪循環」はどの箇所でうまく打ち砕くことができるだろうか？　生まれつきの性格素因や、不安をもたらした過去の嫌な出来事という意味での「運

第3部　ロゴセラピーの技法　　109

命」は、どうすることもできない。性格分析という形であろうと、深層心理学による再構成という形であろうと、性格素因と運命が患者の意識の明るみのもとにさらされたとしても、障害は消えない。なぜなら、ネガティブな予期とそれが起こることの間の悪循環は、既に性格素因や運命からは独立したものになっているからである。

　不安定な自律神経に関しては期待がもてる。定期的なスポーツや健康的な食事や（緊急の場合には）薬の助けによっても、改善することができる。しかし、最も良いのは、病気の発症にも左右されない人間の精神の潜在能力である自己超越の能力が強化されることである。ロゴセラピーによる治療は、人間の自己超越能力と自己距離化能力とともに開始される。

　　身体と心理の同時治療は、治療用の鉗子（これが神経症の悪循環を中断させ、打ち破る）によって行われる。鉗子の一方の刃には身体の極にある自律神経の脆弱性をあてがい、もう一方の刃には心理の極にある反応性の予期不安をあてがう。(Frankl, 27)

「ロゴセラピーと医療」という組み合わせの他にも、ロゴセラピーの技法と自然療法、リラクセーション技法（自律訓練法）、行動療法的プログラム（系統的脱感作法）および芸術療法（音楽療法、絵画療法、ダンス療法）との組み合わせも極めて効果的である。成功の見込みがあまりないのは、ロゴセラピーの技法と回顧的な方法（精神分析）との組み合わせである。自由がないという感情をすぐに与える回顧的な方法は、いかなる場合においても精神の自由の余地は存在するというロゴセラピーの考え方と矛盾する。さらに、自分の過去の歴史と絶え間なく向き合い続けることは、（かわいそうな）自分自身に対する注意の集中を強め、これによって、本来は強められなければならない自己超越の能力が逆に弱められてしまう。

18. 不安神経症の治療

　不安神経症の循環プロセスでは、症状が恐怖症を生み、そして恐怖症が症状を固定化する、という深刻な実態について論じた。とりわけ、恐怖症の基盤となっている予期不安と戦い、これを取り除かねばならないという結論に達した。なぜなら、予期不安は「悪循環」を継続させ、さらに、当人が怖れていることを常に考えさせることによって自己超越の発展を妨げるからである。では、どうすれば、せめて少しの癒しの瞬間だけでも、予期不安を締め出すことができるだろうか。そのための最適な方法の１つが、ヴィクトール・フランクルが考案した逆説志向という技法である。逆説志向には、人間の精神次元と心理次元の対話がとてもよく表れている。心理的な弱さを精神の翼に乗って「飛び越えて」いくのである。具体的には、心理的（感情的）に怖れていることを精神のアクロバットによって（まさに逆説的であるが）それが起こるように心の底から願う、という方法である。怖れと願望がお互いに邪魔をし、お互いを止揚する。来たるべき夜のことを怖れながら、それと同時に夜が来ることを心から願うというのは、単純に不可能である。これによって「相互抑制」が生じる。すなわち、怖れというマイナスに願望というプラスが加わることでゼロとなり、お互いを中和するのである。

　確かに、怖れていることを願うのは簡単ではない。これは、「精神の反抗力」、自己距離化の能力、およびユーモアによって生み出される強靭な力によってのみ可能になる。地下鉄恐怖症の患者を考えてみよう。彼は、地下鉄に乗車する際、気分が悪くなるかもしれないとひどく怖れている。すると即座に気分が悪くなる。ここで考え方を逆にしてみよう。これからは、問題なく地下鉄に乗ることなど望まないことにする。反対に、地下鉄の駅に足を踏み入れるやいなや、自分自身にこう言い聞かせるのだ。「電車の中でちょっと気分が悪くなると本当に都合がいいなあ！　そのときにすぐに失神できたら、きっと席を譲ってもらえるからもっと良い。よし！　これで、朝の睡眠不足を取り戻そう。どうせ早く起きすぎたんだ。さて、できればもうすぐ何か感じますように……。」こうした逆説の「保護」下で何が起こるだろうか？

第３部　ロゴセラピーの技法　　111

もし患者がこのような馬鹿げて冗談じみた願望への力を実際に奮い立たせれば、何も、まったく何も、起こらない。ほんの少しの気持ち悪さすら感じないのだ！　気分が悪くなりたいと望んでも、そう簡単に算段通りにはならない。一時的な脳の血液不足を生じさせるような緊張や筋肉の硬直すら起こらない。「快適な夢を伴うミニ失神」という馬鹿げた想像を、自分の心の中で笑い、そのナンセンスさを滑稽だと思うならば、血行はこれまでにないほど安定する。なぜなら、そのときには微笑むほどにリラックスし、緊張は解け、心理的に条件付けられた不快感からは何マイルも遠ざかっているからである。

　予期不安が逆説志向によって麻痺されるやいなや、症状は現れなくなる。そこから循環プロセスは逆方向に回り出す。症状が現れないので患者は再び勇気が湧き、不安は減少し、残りの不安感情もたやすく茶化すことができるようになってくる。そしてまた症状が現れなければ、自信を得て、もはやひどい結果を予想しなくなり、不安な状況から逃げることをやめ、そして時が経つにつれ、ますます苦もなくどこにでも行けるようになる。

　この技法は驚くほど効果的であると同時に驚くほどシンプルだが、侮ってはいけない。患者一人ひとりに適切な逆説の公式を見つけなければならないからである。気難しい患者が少なくともニヤリと笑えるように、そして大の「臆病者」が（逆説的に熱望する）症状に向けて大胆に行動できるように、導くことが求められている。これには繊細で巧みな勘が必要になる。患者が笑いものにされるのではなく、患者が自分自身を笑い飛ばすのである。大惨事を予想してビクビクする患者の神経質な感情世界の一部を、膨れ上がった自分の中の「小心者」を、笑い飛ばすのだ。「小心者をのさばらすな！」をモットーにして、患者は余裕のある人間を演じる。「さあ、予想された大惨事よ、来てごらん。とても興味深いじゃないか、単調な生活にやっと少し変化が訪れる。でもいったい、大惨事はどこなんだ？　これじゃあもう誰も、自分の不安も信用できないな。まったくみんな約束を守らないんだから。」

　このように患者が主導権を持った立場に立てるようにするために、セラピストが患者に同伴して危機的状況について行くことを勧める。例えば上記の事例では、患者と一緒に地下鉄に乗り、定期的に諭すのだ。いい感じでちょっと気が遠くなったら「絶好のお昼寝のチャンス」を逃さないように、と耳打ちする。十分な指導を行っていたとしても、怖れていることがまた起こる

112　　　18. 不安神経症の治療

かもしれないという疑念を、患者は当初は持つだろう。やってみようという気持ちと逆説志向への疑いが、患者の胸の中で戦っている。ここでのセラピストの役割は、何も起こらないということを患者が何度も経験し、自分の中の「小心者」を１人で打ち負かせられると信じられるようになるまで、患者を落ち着かせ、サポートすることである。

　セラピストの援助なしにこの技法を用いて、自分１人の力で不安神経症の泥沼から自分を救い出した事例もある。大学の心理学で逆説志向について学んだ私の女子学生の１人は、次のように語ってくれた。

　子どもの頃、彼女は犬に嚙まれたことがあった。それ以来、犬に対してものすごい不安を感じるようになり、犬を連れた人が遠くから彼女のほうに歩いて来るのを見ただけで、彼女は不安から道を曲がったり歩く道を変えたりするようになった。そのせいで彼女はしばしばからかわれ、ほとんど友人と外出することができなくなった。通りをジグザグに歩いたり戻ったりするのを友人にどう説明すれば良いか、まったくわからなかったからだ。しかし、逆説志向を知った後、彼女はこれを使ってみようと決めた。次に犬に出くわしたら、平然と通りすぎてそのときに心の中で犬にこんな風に言ってやろう、と心に固く決めたのだ。彼女は犬に大声で言うつもりだった。「ほら、やれるだけ歯をむき出しにしてごらん！　私の足ほどコリコリして美味しい足なんて、そう毎日はありつけないわよ！」ミニチュアダックスでこれを試し、犬がとっくに通り過ぎた後も頭の中で犬と話し続けた。「君にはとてもがっかりだわ！　小心者の君ったら、ほんのひと嚙みさえできないんだから……。」その後、この女子学生はもっと大きい犬に近づいていくようになった。そして、ついにグレート・デーンとの遭遇という「最終試験」をやり遂げたのだ。報告によれば、そうこうしている間に彼女の不安はすっかり消え、道を歩いているときも犬のことはまったく考えなくなったそうである。

　逆説志向が決して現実にならないのはどのようなメカニズムによるものか、を考えてみよう。患者の内側で行われる自分自身（自身を苦しめる「小心者」）との議論は、「水面下で行われるシャドーボクシング」のようなものである。我々が問題にしているのは、状況にそぐわない不合理な不安である。失神したり犬に襲いかかられたりすることはまったくありえないことではないが、日常生活でそのようなことが起こることはどちらかというと稀であり、

第３部　ロゴセラピーの技法　113

それによって絶えず人の気分を滅入らせるようなことではない。（これとは違い、誰かがその状況にふさわしい現実的な不安を抱いているとしたら、逆説志向の技法は使えない。動物園で自分の頭をトラの檻に差し込んで、「さあ来い、食べてみろ！」と考えよう、というアドバイスは決してできない。）

不安神経症の不安は、それが不合理であるにもかかわらず、症状（地下鉄で気分が悪くなる）や逃避行動（道の反対側に渡る）を生み出すという形で現実に入り込んでくる。一方、逆説的な願望もまったく同様に不合理である。つまり、ある不合理なことに対して別の不合理なことで決着をつけるのである。しかし、逆説的な願望は現実に入り込んで何かを引き起こすのではなく、逆に、現実の中で不合理な不安が症状や逃避行動を生み出すことを阻止する。逆説的な願望にはユーモアに満ちた誇張がなされているため、現実で自己暗示的に作用する可能性がまったくないからである。逆説志向で用いる言い回しは、「気分が悪くなるだろう」や「きっと犬に噛まれるだろう」といった精神衛生上の危険が生じるおそれのあるものではない。そうではなく、逆説的な言い回しを用いるとは、自分の中の「小心者」が言い立てる、たちの悪い脅迫を皮肉まじりに毅然として認め、場違いな不安に屈することなく、ユーモアによって不安の裏をかくのだと精神が力強く決断しているということである。

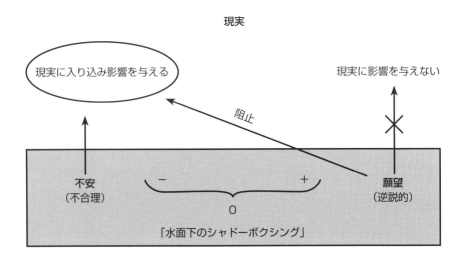

18. 不安神経症の治療

ギゼルヘア・グットマンの指導で行われたウィーン心理学研究所の実験測定によって、逆説志向のさらなる説明が得られた。ウィーン脳研究実験室には、人の正常な頭皮の100万分の1単位の電圧の変化を測定できる装置がある。この装置では、その時々の活動レベルの指標として、大脳皮質の直流電位を観察することができる。これによれば、電気陰性度が上昇するにつれ、パフォーマンスが上がることが明らかになっている。簡単に言えば、ある人の直流電位が負の方向へ動くにつれて、その人の能力が上がるということである。（10～20マイクロボルトの変化で非常に大きなパフォーマンスの差が生まれる。）

　これとはまた別の話であるが、作業心理測定によって、実際の生活場面における高ストレス状況下で人の行動のパフォーマンスがどのように変化するかにはまったく一貫性がない、ということが知られている。多くの人は高ストレス状況下では能力が落ちるが、高ストレス状況でこそ成功に向けて駆り立てられる人もいる。能力低下を伴う者は、いささか嘲笑的に「練習での世界チャンピオン」と呼ばれる。というのは、なんでもない状況下では高成績を得るが、いざというとき、特に本番になると失敗するスポーツ選手に似ているからである。

　　スポーツの場面だけでなく、学校や職業生活の場面でもこのような人は存在する。しかし、通常の心理検査でこのような人を見つけるのはそう簡単ではない。というのも、従来であれば、検査は普通、平穏な状況で行われるからである（徹夜明けに知能検査を行おうなどとは、誰も考えないだろう）。
　　しかし、高い負荷のもとで再検査を行うと驚くべきことがわかった。我々がそう感じたのは、10年以上前にウィーンの研究所で現実と極めて近い負荷のもとで検査を行ったときのことだ。主たる結果は極めて驚くべき、重大なものだった。というのは、負荷のもとでは通常時の能力と比較して成績が落ちる人だけでなく、負荷のかかった状況でこそ真価を発揮し、平静な条件下よりもはるかに成績が向上する人々を見つけたのだ。(Guttmann, 28)

　上記の一連の研究によって、「練習での世界チャンピオン」の能力低下は、制御不能な大脳皮質の過活動が原因であること、さらに、こうした過活動は

第3部　ロゴセラピーの技法　　115

情動的な障害要因、すなわち不安によるものであることが実証された。逆に言えば、「トリック」を用いて不安をさっと消すことができれば、過活動は起こらなくなり、大脳皮質の電気陰性度が大きくなり、これによりその人の能力は上がり、不安の根拠も小さくなる。これぞまさに、逆説志向の活用によってもたらされる癒しの「連鎖」である。

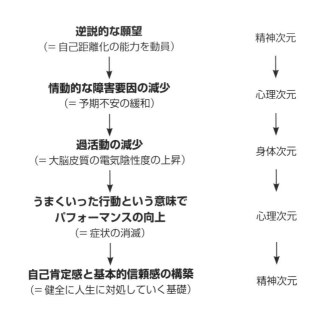

　この図は、癒しの「連鎖」と並行する人間存在の３つの次元の相互作用を示している。ロゴセラピーでは、まず病気になりえない精神次元に対して技法によって働きかけ、病気や機能障害が起こっている他の次元を通り抜け、再度、精神次元を強化し、最終的に全体としての健康を成し遂げるということが、この図によって示されている。しかし、逆説的な願望は手遅れにならないうちに意識されなければならない。問題が起こりつつある間はまだ患者に力があるが、既に問題の真っ只中にいるときには、心身態の障害要因が患者を屈服させるかもしれない。問題から距離を取る精神の力は非常に強力ではあるが、無限ではない。

　最後に根本的なことを考えてみよう。逆説志向を活用することによって、

患者はしばらくの間、不合理な不安を超えていられることができ、症状を排除する十分な効果があることが示された。ということは、これは症状を軽減するための技法なのだろうか？　もしそうならば、代理症状が生じるリスクはないのだろうか？

　アメリカで多数行われている逆説志向の効果についての縦断的研究では、代理症状は1つも見られていない。それには2つの理由がある。第一は、患者は逆説志向を自分で用いることを学ぶ、という点である。それゆえ、不合理な不安が再び心に忍び寄ってきたときには、いつでも自分で自分を助けることができる。第二は、症状の軽減は必ず代理症状を生む、という仮説が正しいかどうかという点である。病気の症状はそれぞれの症状に対する了解可能な原因から生まれ、そしてその原因の除去なくして症状を取り除くことはできない、とするモデルは時代遅れではないだろうか。今日では、物事ははるかに複雑であり、複数の心理的な障害が複数の原因という網の中で絡まっており、それぞれの障害がまた新たな二次障害の原因となる、ということが知られている。こうした二次障害のいくつか、例えば職業上の失敗、家庭での問題、絶望感などを下図にリストアップしておく。

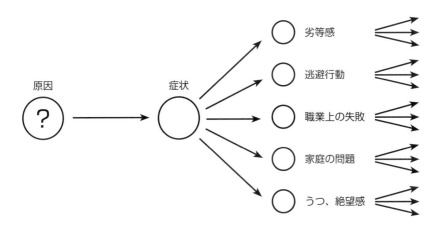

　患者が自分の不安神経症的（あるいは強迫神経症的）な症状を逆説志向という方法でコントロールできると、その症状に後続する現象も起こらなくなる。これによって心理状態は良好となり、それに続いて自己肯定感の獲得、

職業上の安定、家庭の平和などの現象が起こる。このようにして起こる現象の全てが、最初に病気を発症させたと疑われる原因（トラウマ）の克服に貢献する可能性がある。いずれにせよ、病気の急性期や患者が打ちのめされて悲嘆にくれている時期に「過去の見直し」を試みるよりも、はるかに成功の見込みが高い。症状の軽減は、別の症状が後続して起こるのを素早く食い止めるという心理療法の「応急処置」として価値があるだけでなく、場合によっては、病気の原因をもその症状と一緒に取り除く手段にもなりうることが明らかになった。

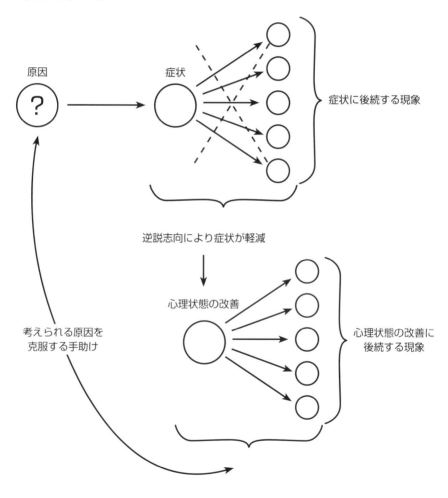

18. 不安神経症の治療

すなわち、逆説志向とは単なる症状の治療以上のものである。ユーモアの助けを借りて患者は自分自身を乗り越える。患者はもはや心理・身体的な衝動に屈することはなく、自分自身の強さを体験する。なぜなら、患者は「雄牛と正面からがっちり対決する（意を決して難事にあたる）」、すなわち、意識的かつ意図的に不安を伴う状況を受けて立つ、という勇気を見せるからである。こうした全てが患者の内的な成長を導く。それは単に論理的に不安と戦うだけでは決して成し遂げられないことである。患者はその人生に対する態度を全体的に改め、基本的信頼を取り戻す。このことは、どこに根源を持つどのような神経症的な混乱に対しても、最大の守りとなる。

心理・身体的な素質は、生得的な素質や社会的な状況とともに、その人間の自然な姿勢を形成する。しかし、心理・身体的な素質は最終的な決め手となるものではない。最終的な決め手となるのは、むしろ精神的な人格、すなわち自然な姿勢に対するその人の個人的な態度である。態度が問題なのであれば、実存的転換も必ず可能である。ロゴセラピーとは、根本的に実存的転換を目指して努力するものである。けれどもその際、ロゴセラピーでは、苦悩の最初の原因ではなく最後の原因に問いかける。偽りの原因、すなわち「条件」ではなく、本来の原因、苦悩の真の「理由」を問題にする。しかしながら、真の「理由」はあらゆる（内的および外的な）「条件」に対する患者の態度表明にある。ロゴセラピーは、最終的で決定的な発言権をもつ最高裁判所である患者の態度に対して問いかけ、訴えかけるのである。(Frankl, 29)

ロゴセラピーの治療の中でどのような「実存的転換」が可能になるかを、治療プロセスの公開を許可してくれた私の患者の例を用いて、わかりやすく具体的に示していこう。この患者は、長年に渡り極度の不安と強迫神経症的な気分変調状態に苦しんでおり、非常に制限された生活を送ることしかできなかった。次の絵に彼が描いたように、逆説志向的に自分の不安に立ち向かうことに成功するまでは……。

第3部　ロゴセラピーの技法　　119

19. 強迫神経症的な性格を封じる

　不安神経症者の場合は、本人の性格構造というよりも、単なる不安傾向と自分自身の思考への「とらわれ」の傾向が問題となった。一方、強迫神経症者の場合は、些細なことへのこだわり、潔癖、そして過度に慎重な思考といった「強迫的な」性格気質が問題となる。100パーセントを目指して努力することが強迫神経症者の特徴である。誰からも見捨てられたり、非難されたり、「いまいましい」と思われないように、全てを完璧にこなし、ほんのわずかな落ち度もなくありたい。意識的にせよ無意識的にせよ、こうした背景にはしばしば、叱責する神のイメージが潜在している。これが失敗に対する過剰で過大な不安を招き、それこそが最大の失敗であることが示されている。
　不安神経症者と強迫神経症者の両者に共通しているのは以下の点である。

a）人生に対して否定的な予測をする姿勢
b）不合理な不安（不安神経症者の場合は、自分の周囲に対する不安。強迫神経症者の場合は、どちらかと言うと自分自身に対する不安。）
c）些細なことにのめり込む傾向

強迫的な性格は強迫神経症が育つ温床ではあるが、必然ではない。病気になるかどうかは、根本的には自分の性格素質に対する本人の態度によるのであり、どのような態度をとるかは自由である。しかし、強迫的な性格構造を持つ人に対して、それを細かく過剰に修正しようとしたり、お説教によって教育しようとしたりしても、そう簡単にはいかない。そうすることによって強迫的な衝動から「自由になるよう努力する」ことを困難にしてしまう。もしも両親のうちの一方が似たような性格ならば、先天的および後天的な負担が加わることになる。

　強迫的な性格から現れた症状もまた、逆説志向によって打破されなければならない悪循環を示す。循環プロセスの始まりは、不安神経症の場合と同様に何か運命的な出来事、すなわち強迫神経症的な思いつきである。それはたいていの場合、自分がひどいことをしでかしかねないという馬鹿げた想像を含んでいる。狂気の一瞬に、あるいは自己コントロールを失ったときに、窓から赤ちゃんを投げる、隣人のお腹をナイフで突き刺す、バスの停留所で待っている他の客を近づいてくるバスの前に突き飛ばす、などである。

　どこからこのような思いつきがやってくるのかはわからない。健康な生活においても、思いつきがどのようにして起こるのかはまったくわからないのだから。作曲家はどこからメロディーを得るのか、発明家はどこからひらめきを得るのか、私たちは知らない。強迫神経症者の運命は、自分自身や自分の行動について、極端でありえないほど悲観的な空想を心に抱くことから始まる。基本的には、それは精神病患者のような現実離れした妄想（例えば、彼は人間の姿をした悪魔だ）ではなく、その人によって考えられる「かろうじて起こりうる」悲劇的結末（例えば、手が十分清潔でなかったために、誰かを死に至らしめるバクテリアに感染させてしまったかもしれない）である。罪に対する極度の不安と自分自身に対する極度の不信から生まれた、まさに恐怖の空想である。

　とはいえ私たちは、強迫神経症的な思いつきは隠れた願望に由来しているものではない、ということを知っている。強迫神経症者が、彼らが怖れているもの、例えば赤ちゃんを拒絶することや隣人を攻撃することなどを密かに望んでいるなどという仮定は、大変不当である。彼らの恐怖は本物であり、

第3部　ロゴセラピーの技法　　121

そうでなければ、逆説志向という手法で彼らを助けることはおそらくできないだろう。もしも実際に隠された殺意が背後にあるとしたら！ 他の人を傷つけてしまうかもしれないと強迫的に怖れている誰かに、「巨大な血の海をつくりましょう」と助言することがいかに危険かを考えて欲しい。しかし実際はそうではない。

「悪循環」の話に戻ろう。もしある人が最初から強迫的な性格気質を持っているとしても、強迫的な思いつきを真面目に受け止めずにいられれば、何の問題もない。しかし、そんなことは実際には起こりえないにもかかわらず、その思いつきを真面目に受け止めるべき脅威だと判断するならば、事態は思わしくない結果となる。そうなると、どんな犠牲を払ってでもそれを避けようと試み、誤って脅威だと思いこんだものと戦おうとする。赤ちゃんを触ろうとしない、家にある全てのナイフを処分してしまう、バスに二度と乗らない、何百回と手を洗うなど、ただ誰にも危害を加えないようにするだけのために、そのようなことを行う。しかし、それでも「脳内のホラー映画」は再生され続けているため、こうした予防措置を講じても、その人は安心することができない。家に先端が尖った物はないか、隣人は家で心地良く暮らしているか、を何時間も考える。あるいは、最近どの道を通ったか、その道にバス停はなかったか、先月使った石鹸が本当に殺菌効果があったかどうか、を確認し始める。現実には 100 パーセント安全なものなど何 1 つない世界で、100 パーセントの安全を求めるのである。

　典型的な強迫神経症的な反復強迫は確信の不足に起因し、確認強迫は本能的安心感の不足に起因することが実証されている。E. シュトラウスが正しく指摘しているように、強迫神経症者は暫定的な事柄全てに嫌悪を抱くという特徴がみられる。私たちの考えでは、偶然的な事柄全てに対する不寛容さも特徴である。認識に関することは何も偶然的であってはならず、決断に関することは何も暫定的であってはならない。より正確に言えば、全てが明確に定義されていて決定的でなければならない。強迫神経症者はできれば全てを証明したいと考えている。例えば自分自身の存在や外的世界の現実といった、合理的にはまったく証明不可能なことでさえも。そもそも外的世界については、反論することも証明することもできないのである。(Frankl, 30)

それゆえ、100パーセントの安全という試みは失敗せざるを得ない。そして、強迫神経症者は回避行動をとることによって、自分の馬鹿げた思いつきが馬鹿げている（＝実際に起こるわけがない）という当たり前のこと（＝確証）を体験できなくなる。家にナイフがなければ、もし自分がナイフを手にしたら誰かを殺してしまうかどうか、ますます確信が持てなくなる。たとえナイフを全て片付けても、狂気の発作が起こったときに別の「殺害手段」を使わないという保証は得られない。こうして、（不安神経症の場合の自律神経系の身体反応とは異なり）怖れていることがまったく起こっていないにもかかわらず、怖れているものに対する不安は「燃え続ける」のである。

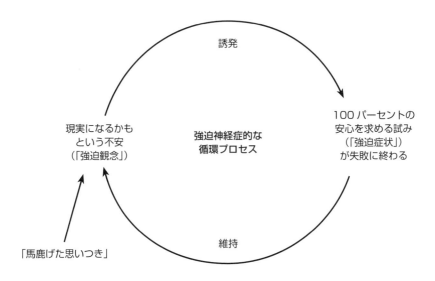

　ここで、「怖れていることを実行するほど効果的なことはない」ということを目的として、定評のある逆説的願望を行ってみよう。逆説的な願望によって不安が中和されて消えると同時に、安全確保の試みや回避行動をとる理由も全て消え去り、患者は再び「成り行きに任せてみよう」とリスクを取ることができるようになる。それによって、全てはまったく問題なく進むということ、自分が怖れているイメージをそのままにしていたとしても現実には虫一匹も殺せないこと、を経験する。この経験が「小さな安心」をもたらしてくれる。これは、良識的な人間であるにもかかわらず常に自分を疑い続け

なくてもよくなるために、患者が何よりも必要としているものである。

　ある私の男性患者は、幼い娘が女の子の友達を家につれてくると、見知らぬ少女をみだりに触ってしまうのではないか、あるいは、人が見ていない間にレイプすらしてしまうのではないか、という考えに常に苦しんでいた。彼は非常にきちんとした信仰深い男性だったが、幼い子が家に来るときには常に書斎に閉じこもるほど、恐ろしいビジョンにつきまとわれていた。彼は恥ずかしく思ってその事情を誰にも話さなかったので、娘も妻も彼の奇妙な行動を理解できなかった。娘は、父は自分の友達が気に入らないので自分に腹を立てていると思っていた。妻は、父親としての義務を果たしていないとして彼を非難した。その結果、夫婦の不和と子どもの学業成績の低下という問題が起こっていた。

　私の指導のもとで、この患者は逆説志向の技法を学んだ。娘の女友達が家の中をあちこち歩き回っているとき、彼は思い切って自分の部屋から出て来なければならないことになった。そして、書斎の扉を開けるときには、「少なくとも２人の少女を午後のお茶のときにつまみ食いして、残りは夕食にとっておこう。」と考えなければならなかった。その間には「夜までに腕がなまらないように、自分の娘でもちょっと試してみよう。」と願わなければならなかった。しかし、神に対しては「神は彼の心の中が実際はどうなっているかを正しく理解してくれており、この不道徳で逆説的な願望は彼が心の健康を取り戻す（そのことは神も望んでいる）という目的以外の何ものでもない。」と心から信じて良いのだと指導した。こうして強迫神経症的な悪夢は数か月のうちに消滅し、残ったのは病気になる前の彼、つまり愛情に満ちた父親と夫であった。

　強迫神経症には、ためらうことなく逆説の公式を適用できる。患者には次のように助言することができる。「赤ちゃんを大きな弧を描いて窓から投げる。」「隣人たちを順番に突き刺す。」「街の住人をバクテリアで皆殺しにしてしまう。」などである。全て、現実には何の残響も及ぼさない。苦しんでいた気の毒な人間がその苦悩から解き放たれる、というただ一点を除いては。強迫神経症者が怖れていることを実行することは断じてない。なぜなら、患者はその強迫的な性格ゆえに完璧主義に陥り、全てを正しく、絶対的に正確に行おうとするからである。そして、正確に行いたいと思うあまり、結果的

にまったくおかしな行動をとってしまい、問題に巻き込まれてしまう。しかし、逆説志向の保護のもとで患者の病的な不安が治まり、秩序や正しい行動を求める程度が再び通常の範囲内に収まると、精神病的な奇行をとってしまうのではないかと心配する必要はまったくなくなる。

実験心理学によって、いわゆる不安のU型関数が発見されている。それによれば、（一般的に考えられる）人間の失敗は不安水準が非常に高くても非常に低くても、いずれも増えるのである。例を挙げると、登山時には次の2つのグループにのみ滑落の危険がある。すなわち、短靴で天候情報なしに頂上へ挑もうとする軽率な者、そして、不安でがたがたと震え足を踏み外す者である。

強迫神経症者は、不安で臆病で気後れするというグループ（図の右側）に属する。しかし、彼らが抱く強迫的な観念の内容は、もし実際そうだとしたら極めて軽率で無抑制な人間のようである（自分の娘の女友達を暴行する、

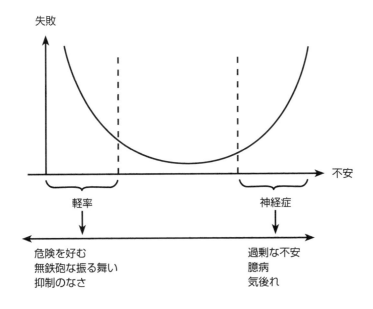

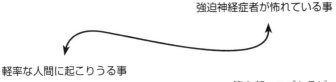

怒りのままに他の人を刺す、病原菌をばらまくほど不潔、という人は極めて軽率で無抑制に違いない！）。したがって、強迫神経症者が自分が起こすかもしれないと悪夢にうなされるように苦しんでいることは、実際は彼らとはほぼ真逆の誰か、すなわち、向こう見ずで無鉄砲に道徳的に腐敗したサイコパス（図の左側）が起こす可能性のあることである。なんという悲喜劇か！左側のグループはもう少し思慮深くあったほうが良いにもかかわらず、何も怖れないのである。

　もし逆説の公式が強迫神経症者を「リスクを好む」無抑制の方向へ向かわせるとしても、彼らを本来の性質と異なる正反対の側に陥れるのではなく、調和のとれた中央へ押しやるだけである。

　経験豊富な専門家であれば、ヴィクトール・フランクルの逆説志向の技法とポール・ワツラウィックの症状処方の技法との間に類似点があることにお気づきかもしれない。（カリフォルニアにあるメンタル・リサーチ・インスティテュートのワツラウィックを中心とするパロアルトグループは、自分たちの技法を 1960 年代に作り出したのに対し、フランクルは自分の技法を 1920 年代に発展させたという点を別にしても）、両者には技法上の手続きに違いがあり、その相違は特に強迫神経症の治療時に明確になる。手洗いという強迫行為がある場合、症状処方の過程では、患者は少なくともこれまでの倍以上手を洗うよう要求される。疲労と「もうたくさんだ」という効果によって患者が手を洗うのを止めてしまうほどに、「気乗りしなくなること」を願うのである。これに対し、逆説志向の過程では、患者はユーモアたっぷりの思考遊びとして「自分の周りの全てのバクテリアを手に乗せて、そこでゆったりお過ごしくださいと丁寧にご招待する」ように教示される。フランクルの見解によれば、これによってヨットの帆が風を受けなくなる、すなわち、細菌に感染する可能性に対する患者の過剰な不安がやむのである。そして、不安の克服に伴って異常な頻度の手洗いも不要になる。症状処方の技法はユーモアや自己距離化を必要としない。つまり、症状処方は逆説を使用してはいるものの、志向という精神的な行為が含まれていない。人間の志向性こそ、人格の「無傷の領域」の真の支柱なのである。

　実際のところ、逆説志向のほうが症状処方よりも長く持続的な治療効果を達成する。これは、症状処方は怖れている不安内容（強迫観念）の無害さに

126　　19. 強迫神経症的な性格を封じる

ついての認識には至らないため、治療的に生じさせた（強迫症状に対する）疲労が減衰した後、また不安が再発するためであると私は考えている。

ある患者が逆説志向の助けを借りて強迫神経症を「解明する」ことに成功したとしても、まだ治療が完了したと見なすことはできない。自分自身の性格素質に対する患者のかつての態度について、引き続き治療的な配慮が必要である。患者は完璧を求めて努力する傾向があると私たちは述べた。答が確実に合っているように請求書は初めから終わりまで何度も入念に計算する。アパートを出る際は器具類のスイッチをきちんと切ったかどうかを何度も確認する。当然のことであるが、完璧な治療者を探し完璧に治癒しようとする。しかし、人生には完璧なものは何１つなく、全てにおいて完璧でない部分は残る。そのため、患者は偶然的なものや暫定的なものと折り合いをつける決心をしなければならない。以下のことを理解しなければならないのである。

　最も思慮深いことは、あまり思慮深くあろうとしないことである。あるいはむしろ、一度は疑わしい行動をとってみなければならない。なぜなら、まったく何も行動しないことのほうが、もっと疑わしいことかもしれないからだ。(Frankl, 31)

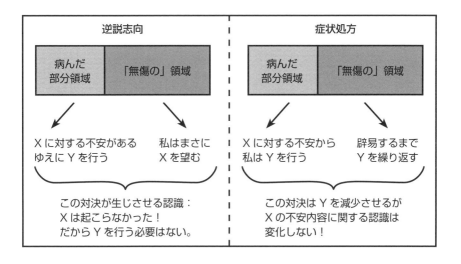

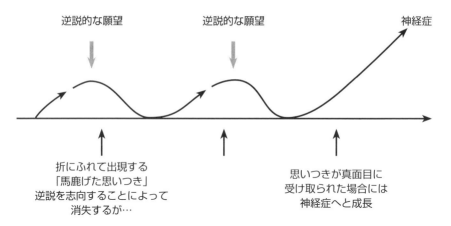

　同様のことは、自分自身に対する態度についても当てはまる。ときどき現れる馬鹿げた思いつきまで病状に含めるならば、完全な治癒というものはありえなくなる。周期的に強迫観念はまた生じてくるだろう。それが強迫観念であることに気づき、それに対してすぐに逆説的な対処ができるほど「精神が落ち着いて」いれば、再発による被害を受けずにすむ。もしかしたら、しばらくしてまた新しい恐怖のイメージに苦しめられるかもしれない。そのときは、それをパロディにして無力化させよう。これが、人が身につけることのできる人生に対する最善の関わり方である。二度と強迫観念を増幅させてはならない。なぜなら、それによってすぐにまた脱出するのに骨が折れる神経症的な循環プロセスに引き戻されてしまうからである。結論としては、人は自分の強迫神経症的な思いつきに対して責任があるのではなく、その思いつきに対してどのように反応するかに責任がある、ということを、頭だけではなく人格全体として理解しなければならない。疑いを持つことはその人の素質に属していることだが、疑いに対する態度はそうではない！
　このことに関連して、美しいバラの花壇を維持するためにはどんな小さな雑草も引き抜かなければならないという庭師の例え話を、私はいつも患者に話している。もし庭師が無頓着に雑草を生やし放題にしたら、やがて花壇は荒れ果て、元通りにするのに膨大な労力が必要になるだろう。それと同じように、強迫神経症のリスクのある人は、自分の小さな馬鹿げた考えを「逆説的な制御」によって常に抑えておかなければならない。そうすれば、平均的

な人の人生と同じように、その人の人生にも花が咲き、喜びをもたらしてくれる。この例え話を心に留めておくことを最後まで拒んだ患者はこれまでいなかった。私たちはみな（「神経症者でない」私たちも）、彼らと同じように自由と責任をもって立ち向かうべき衝動が心の中にあることを心に留めておかなければならない。もしかしたら、その衝動は自由と責任から生じているのかもしれない。

　心因性神経症の現象学の範囲が楕円で囲まれていると考えるならば、不安と強迫はこの楕円の2つの焦点を表している。それらはつまり臨床における2つの根源的現象である。これは偶然ではない。不安と強迫は、人間存在の根本的可能性である「不安」と「罪」に対応している（強迫神経症の心理学において罪悪感は大きな役割を果たす）。しかし、これら2つの可能性に対する存在論的条件、すなわち不安と罪がどこから生じるかといえば、それは人間の自由と責任からである。自由な存在のみが不安を抱くことができ、責任ある存在のみが罪を担うことができる。このことから、自由でありかつ責任ある存在という恩寵を受けているものは、不安になることと罪を担うことを運命づけられているということが明らかになる。(Frankl, 32)

20.　ヒステリー：思いやりの欠如

　強迫神経症者には態度の修正が必要であるという議論は、既に逆説志向の話から態度変換の話に入っている。態度変換とは、ロゴセラピーの次なる大きな技法群の1つである。この技法では、逆説志向のようにこれまで一度も思い切ってやれなかった「新たな試み」をやってみることではなく、今まで考えてもみなかった「新たな考え方」が重要となる。これは自己距離化よりも、むしろ内面的な成長をもたらす自己形成である。

　神経症の基盤が何らかの運命的な事実にあるのであれば、ロゴセラピーの見解によれば、患者がこの事実に対して正しい態度を取れるようになることが重要である。(Frankl, 33)

第3部　ロゴセラピーの技法　　129

「態度変換」をもたらすための対話で中心となるのは、ポジティブおよびネガティブな状況への人間の精神的な態度である。状況には、変えることのできないものや、変えるためには別の態度が求められるものや、気づいていない意味の可能性が含まれているものなどがある。しかし、患者の自分自身や外界に対する態度をセラピストが「変換」しようとするのは思い違いである。変換すべき何かを持つ人は、当然ながら患者自身である。しかし、態度を変える必要があると患者を納得させることは、セラピストの仕事となりうる。

いかなる態度変換も、より健康で、より望ましい、倫理的に価値のある、希望に満ちた態度への変換を目標としている。こうしたことを一般的に当てはまるような定義として記述することはほぼ不可能であり、具体的な事例によってのみ明らかにすることができる。例えば、ある患者が自分自身について「私は何も成し遂げることができない。私はなんて無能な人間なんだ！」と言ったとしよう。これが理想的な態度でないことは誰にでもわかる。大まかな原則としては、次のように表現することができるだろう。すなわち、精神衛生的に望ましい態度とは「人生への肯定」であり、破壊的、軽蔑的、抑圧的であることとは反対である。より正確に言うならば、健康的な態度とは心の病気に対する高い防御力と危機的状況に対する高い耐性を与えるものである（ここでいう防御力とは、内因性の疾患を防ぐものというよりは、むしろ、そのような場合でも耐えられる力のことである）。また、ポジティブな態度はその人の良心と調和的であるという点も重要である。

そのことを示すために、うまくいった態度変換の例をいくつか挙げよう。

事例1

ある母親は拒食症と摂食障害を長年患っていた。最終的に彼女は回復したにもかかわらず、自分が通常通り食べられるようになったことを喜ぶのではなく、娘もいつか自分と同じ病気になり摂食の問題を抱えるのではないかという不安にひどく苦しんでいた。娘の将来についてそのようなネガティブな予測をすることは危険であるため、この母親が態度変換をできるように勇気づける必要があった。セラピストは彼女に次のようなアドバイスをした。

20. ヒステリー：思いやりの欠如

「娘さんに何か病気の兆候がないかと観察するのはやめましょう。なぜなら、そうすることがむしろ彼女の健康的な成長を妨げるからです。『娘が私のようになれば大丈夫！』といつか言えるようになるために、より良い自分になっていきましょう。」

今からでも自分は娘が見習うべき手本になることができるという考えは、この母親を感銘させ、娘のことを過度に不安に思うのをやめ、自分の行動をポジティブな基準に合うように変えていった。

事例2

ある年配の女性がちょっとした外科手術のために専門病院へ入院するように言われた。偶然にも彼女の夫も2年前に同じ病院に入院し、ひどい闘病の末にそこで亡くなったのだった。そのことを彼女はとても気にしていた。そのため彼女はそのような辛い思い出のある病院に入院することを拒んだ。しかし、他の病院に移ることはできなかった。この地域では、そこが彼女の病気を専門とする唯一の病院だったからである。このジレンマの中で、セラピストは彼女に態度変換を提案した。セラピストは慎重な言い方で次のように説いた。「ご主人との別れの場に戻るということは、別れの場と和解し、これを機にその苦しんだ痛みを感謝に変えるチャンスではないでしょうか。その場所は、あなたが愛するパートナーに最後の日まで寄り添い、彼の最も暗い時期に彼を援助することを許してくれた場所なのです。このうえない永遠の、そして真実の愛の証明です。このような見方をすれば、この病院はあなたの人生における大いなる愛の記念の場所であり、良心に恥じることなく勇気を持っていつでも行くことのできる記念の場所になるのではないでしょうか。」

この話の後、彼女は異議を唱えることなく受診し、10日後には回復し退院することができた。

事例3

ある男性は、彼が1歳の頃に母親を亡くしたことをひどく嘆いていた。運命に冷遇されたと感じていたのである。彼には次のような見方が示された。「あなたの母親は、当時まぎれもなく重い病気だったのでしょう。しかもと

第3部　ロゴセラピーの技法　131

ても長い期間。しかし、彼女はあなたを健康にこの世に産むことができました。それはあなたにとってなんという幸運でしょう！　あなたが存在できる可能性は極めて低かったにもかかわらず、あなたはここに存在することに成功した！　そこから最善を尽くすことが、あなたの大いなる義務では……。」

この男性は微笑みながらこれを受け入れ、苦しみから解放された。

事例4

ある女性は重い障害のある妹と一緒に育った。両親は妹の世話に集中しなければならなかったため、彼女にまで十分な養育上の配慮ができなかった。しかし、彼女は妹のことが大好きで、妹が14才で亡くなったときにはひどくショックを受けた。「私たちが妹に捧げた多くの努力や犠牲は全て無駄でした！　いったいどうして！」と彼女は嘆いた。

態度変換の後、彼女は自らの問いに対する新しい答を自分自身で見つけた。「いいえ、妹の人生は無駄ではありませんでした。彼女は私たち家族の皆からあふれるばかりの愛情を引き出してくれました。私たちはみな、彼女との関わりを通して信じられないほど成長することができました。気づかないうちに彼女は私たちの人間的な成長に貢献してくれていたのです。彼女に感謝することがたくさんあります。彼女は決して無駄に生きたわけではありませんでした。」

さて、ここで反応性神経症の話に移ろう。反応性神経症は最も治療が難しく、特にヒステリーの治療は最大の難題である。「ヒステリー」という用語は残念ながらほとんど侮辱の言葉のようになってしまったため、心理療法の場面ではもはや使用されない。（身体症状を伴う）「転換性神経症」という表現もあったが、これも古いものとなった。両者は「解離性障害」と「身体表現性障害」という用語に置き換わっており、（注目を強く求める）演技性パーソナリティ障害の下位概念にもなっている。

しかし、ここではフランクルの著書に合わせて、臨床的な意味での「ヒステリー」という用語を引き続き用いることにする。

ヒステリーの病像はフロイトの時代に広く知られるようになり、その後いったん衰退したが、1970年代からまた広まりつつある。ヒステリーには心

132　　20. ヒステリー：思いやりの欠如

因性と反応性の要素が組み合わさっており、強迫神経症と同様に特定の性格特徴に基づくものである。ヒステリーには逆説志向を持って立ち向かうことはできない。なぜなら、ヒステリーの症状は予期不安によるものではなく、圧力手段として機能しているからである。例えば、不安神経症者は、気絶するかもしれないという不安のせいで極度に緊張し、それによって気絶する。一方、ヒステリー症者の気絶は、誰かを罰したり驚かしたりするために巧みに呼吸亢進（速く断続的な呼吸）を引き起こし、自分を気絶させるものである。このように、不安神経症者とは違ってヒステリー症者はもともと気絶を志向しており、これ以上の（逆説的な）志向によってこの気絶を中和することはできない。ヒステリーには「全人的な再教育」が必要になる。これができるのは一連の態度変換によってのみであり、その助けによって患者はヒステリー的な行動を自らの自由意志によって諦めるに至る。

　では、ヒステリー症者の性格特徴とは何であろうか？　強迫神経症者の場合には、確信の不足について述べた。それに対して、ヒステリー症者の場合は倫理的な認識力の不足が問題となる。中世ではヒステリー症者は「悪魔にとりつかれた」と信じられており、これは、とてもひどい言い方ではあるが、真実の一端を象徴的に含んではいる。つまり、ヒステリー症者は、いわゆる悪事に惹きつけられ、ネガティブなことに喜びを感じ、ポジティブなことを受け入れることをためらうのである。

　これが意味するところは、こうした患者にとって回復することや人生の問題を自主的に予防することは必ずしも目的ではない、ということである。それはセラピストの目的であり、セラピストを「引き留めておく」ために、彼らは主導権をとり形式的に協力する。しかし、患者が良くなったのでセラピーの必要はもうないだろうとセラピストが説明しようものなら、軽い脅しの返答が返ってくる。「すぐに予約を入れてくれなければ再発します。今にわかるでしょう！」と。ヒステリー症者は、新しく獲得した安定を喜ぶのではなく、セラピストの関心をとどめておくだけのために、ためらいなく安定した状態を犠牲にする。セラピストの取り組みに感謝するのではなく、セラピストを脅そうと試みる。これは倫理的な認識力の不足である！

　フランクルは、3つの典型的なヒステリー的性格特徴を挙げている。本物でないこと、病的なエゴイズム、そして計算高い性格である。

第3部　ロゴセラピーの技法　133

本物でないことというのは、ヒステリー的な人間は極端に体験に乏しく、体験に飢えているということである。彼らにとっては、悲しい体験でさえも何もないよりはましである。このような人々は、真の喜び、真の愛、真の痛みを得ることができない。全ての物事は、何かを感じとったり誰かに影響を与えたりするための舞台装置にすぎない。つまり、症状さえも舞台装置の一部なのである。

　病的なエゴイズムとは、自分自身に対してでさえも「手段を選ばない」ということである。ヒステリー的な人間は、絶えず自分の周囲の人間を操りたい、注意を自分に集めたい、あるいは自分に向けるべき関心を寄せなかったとして他人に復讐したいと考えている。たとえその復讐が自己の破滅につながるとしても。仲間に共感する能力はゼロに等しい。

　計算高い性格とは、彼らはしばしば人を騙すためにひと芝居打ち、ドラマチックな登場の仕方を好み、常にわざとらしさを身にまとっている、ということである。彼らの思考の関心はもっぱら人物に向かい、事象に向かうことはほとんどない。彼らのお粗末な楽しみは、仲間に罪悪感を負わせ傷つけることや、仲間を何らかの役割に無理やり押し込めることである。そしてそれは自分自身を傷つける道であることも珍しくない。

> 　ヒステリー症者の特徴は、暗示に対する際立ったレディネスの高さ、すなわち暗示的な影響の受けやすさかもしれない。そして、転換へのレディネスの高さ、すなわち心的内容を身体的な症状として表現する傾向であり、それは内面の貧弱さの代償かもしれない。さらに、第二の性格特徴として、内面の冷たさ、冷酷な計算、全てをエゴイズムに奉仕するための手段として用いること、が加わる。彼らはその効果をいつも考えているので、いつも芝居がかっているように見え、全てを演技や作り物のように感じさせてしまう。
> (Frankl, 34)

　不安神経症と強迫神経症の基本的な問題は、神経症者がリスクを取りたがらないことと、いかなる犠牲（その「犠牲」が大きすぎるとしても）をはらっても安全と保護を求めようとすることにある。一方、ヒステリー症者の基本的な問題は、諦めることができない（どちらかというと諦めることができ

ないと信じ込んでいる）こと、そして仲間からの配慮をなんとしてでも、た
とえ不相応な「犠牲」をはらったとしても、獲得しようとすることにある。

　人生には両方が必要である。全てを確実にすることはできないので、不確
かなことに取り組む能力も必要であり、全てを力ずくで手にいれることはで
きないので、手放したり退いたりする能力も必要である。どちらの心理的障
害にも強圧的な要素が関係している。不安神経症者は自分の不安によって、
強迫神経症者は自分の強迫観念によって、決して行いたくないと思っている
はずの行動様式を自分自身に強要する。また、ヒステリー症者は自分の症状
（「発作」）という手段を用いて、行いたくないと思っている行動様式を他の
人間に強要する。

　これによってヒステリー症者はひどく嫌われ者となる。逃げられる人はみ
な彼らのもとから逃げ出し、その後ずっと関わろうとしないので、ヒステリ
ー症者は最後には必然的に孤独に陥る。厳密に言って彼らは最もみじめな人
間となる。ヒステリー症者は自分自身を傷つけ、他人を不幸へ陥れ、そして
病的なお芝居の結果として、彼らが必死でつかみ取ろうとしている仲間から
の配慮を、よりいっそう得られなくなる。（ここには古典的な神経症的の
「悪循環」の構造が再び現れている。）

　よく知られていることであるが、この一連のドラマに関連する構成要素に
は、ヒステリー症者の性格気質に加えて、病気を増長させるさらなる要因が
存在する。具体的には、それは子どもの頃の養育環境である。たいていのヒ
ステリー症者は、子どもの頃に顧みられずに育児放棄されていたか、甘やか
されていた（その結果は驚くほど似通っている）。育児放棄されていた子ど
もはとても多くのことを諦めなければならなかったので、大人になってから
はもう何1つ諦めたくなくなる。甘やかされた子どもは何かを諦めることを
一度も学ばなかったので、大人になっても諦めることができない。このこと
によって、なぜフロイトの時代にヒステリー症が非常に蔓延していたのかが
説明できる。つまり、当時は数多くの育児放棄されていた子ども達がいたか
らである。そして、なぜ豊かな時代になってからまたヒステリー症が広まり
つつあるのか。それはすなわち、今日では数多くの甘やかされた子ども達が
いるからである。

　私は以前ドイツ電話人生相談の上部組織の大会の講演に招かれたことがあ

第3部　ロゴセラピーの技法　　135

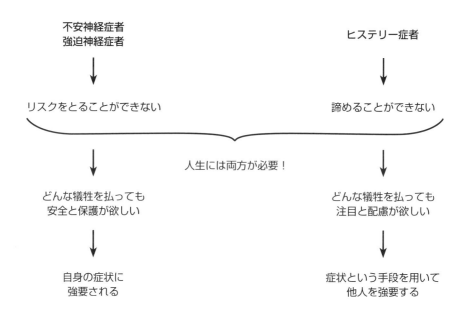

る。主としてどのような問題を抱えて電話をかけてくるのかを参加者に尋ねたところ、彼らを煩わせるのは「ヒステリー症のクライエント達」であるという驚きの回答を得た。彼らはその発言を裏づけるべく、ある若い女性相談員がどのような目にあったかを教えてくれた。

　ある夜、1人の女性が電話をかけてきて、ほぼまったく出口のない状況を語った。彼女は癌にかかっており途方もない痛みがあるが、夫は彼女を見捨て、もう彼女はこの人生に耐えられないという話だった。若い女性相談員は最善を尽くし、できる限り彼女を慰めようと試みた。次の日の夜も、その相談員は電話相談の勤務を行っていた。そこに、前日とは別の声の女性が電話をかけてきて、前日に電話をかけた女性の母親だと名乗った。それから大きな声でしゃくり上げ、泣きながら大声で叫んだ。「昨日、私の娘といったい何をお話しされたんですか？　あなたと電話で話した直後に、娘は拳銃自殺したのです！」相談員は神経衰弱を起こし、落ち着いていることができなくなり、救急医に診てもらわなければならなくなった。その後、他の相談員が、様々な声色を使って同じ女性がお芝居の役割を演じ分けていることを発見した。その女性は病気でもなく娘もおらず、ただ単に家で退屈し、電話するこ

とを面白がっていたのだった……。

　ここに私たちは、ヒステリー症の３つの特徴の全てを見ることができる。つまり、本物でないこと（電話をかけてきた女性は本当に困窮した状態ではなかった）、病的なエゴイズム（感情の冷淡さと他人を犠牲にして楽しむこと）、そして計算高い性格（この女性はまぎれもなく上手にお芝居をし、経験の少ない相談員をこの種の身の毛もよだつ話で「騙す」ことができると気がついた）である。究極的には、ヒステリー的な行動というのは虚無の一端である。というのは、例えばこの電話をかけてきた女性は、自由な時間にもっと多くの意味あることを始められたかもしれないからである。またこれは、思いやりのなさの一端でもある。つまり、他者と関係を結んだり他者を配慮したりする能力にまったく欠けているのである。そのように行動する人々は、当然、愛を贈り返してもらうことはできない。たとえその病的な行動が、どれだけ愛を切望しての叫びであったとしても。

21.　諦めることによる救い

　既に述べたように、原則としてヒステリー症者は小さな諦めを受け入れる準備をしていかなければならない。当然ながら、彼らがそれを行うことができるのは、それが何のためかをわかっているときだけである。この「何のため」を、彼らにはっきりと示すことは可能である。というのは、小さな諦めと人生の大きな意味内容には、密接な関連があるからである。必要不可欠な小さな諦めを経て、初めて人生の大きな意味内容が満たされるようになる。そしてこの意味内容は、（それを目指していたわけではないが）副次的効果として、私たちが幸福と呼ぶものの実現を可能にする。反対に、諦めを受け入れないことの結果として生じる多くの小さな瞬間的満足は、人生の大きな意味内容を満たすことなく、避けることのできない副次的効果として不幸をもたらす。

　例えばある人が職業訓練をするときには、自由な時間を楽しむことなく夜にも練習をしたり試験のために勉強したりといった、一連の小さな犠牲を払わなければならない。しかし、この人はそれによって大きな意味内容を実現

第３部　ロゴセラピーの技法　　137

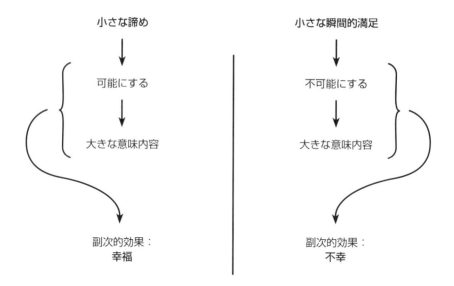

し、いつか希望と責任のある仕事を得られる。これとは反対に、もしこの人が職業訓練時代にこうした小さな犠牲を払う準備がなく、今日はダンス、明日はスキー、あさってはヒッチハイク……などと、その時々の欲望のままにあれば、希望の職種からは遠くかけ離れ、将来的に好みに合わない仕事に就かなければならなくなるだろう。

　意味に満ちた諦めを行えることは幸福への鍵であり、ヒステリー症のようないくつかの病気、または依存症や非行といった問題においても、健康への鍵となる。次の1杯のワインを諦めるアルコール依存症者や次の犯罪行為を諦める犯罪者も、同様に救われる。

　(ヒステリー性の) 心臓神経症の例を見てみよう。ある母親は、家族が楽しくやっているときや何かをお祝いして皆が喜んでいるときに、いつも心臓発作を起こす。するとお祝いは取り止めになり、皆の喜びも消え、皆が大パニックでこの母親の面倒をみるようになる。心臓発作がその目的を果たしたのである。この母親は、家族の中心に立ちたいという待望の瞬間的満足を経験した。しかしこのような演出を何度もすれば、長期的には悲劇的な結果が生じるだろう。子どもたちは家を早く出ていくかもしれないし、もしかしたら夫は彼女と離婚するかもしれない。そして、最後には本当に健康もすぐれ

なくなってしまうだろう。なぜなら、心臓をもてあそんではならないからである。この母親は、心痛のためにやつれた孤独な女性になるだろう。

　セラピストは、患者への批判としてではなく真の配慮として、破局が始まっていることをはっきりと告げるべきである。また、変化に向けて土壌を「鋤き返す」ための実存的な揺さぶりとして、警告を行うべきである。伝えるべきは「あなたは良い人生を送ることにはならないでしょう。」と「私はあなたのことが好きです。でもあなたのヒステリーのことは好きではありません！」というメッセージである。ここでは、人格としての人間の「存在（ist）」と、その人が性格として「持っているもの（hat）」とが区別されている。ここに２つめの区別が加わる。すなわち、意味と目的の区別である。というのは、ヒステリー症状はみな目的（短期的に注目を獲得すること）を持っているが、症状が現れないことには意味があるからである。なぜなら、それは患者に人間存在としてのより高い発展段階を可能にするからである。そして、いかなる利益も所有物（Haben）も失われる可能性があるのに対し、存在（Sein）は不朽であるがゆえに、決して失われることはない。

　人間は（失われうる何かのように）自由を「持っている」のではなく、「自分自身が」自由な「存在」なのである。(Frankl, 35)

　先ほどの例で心臓神経症の母親は何を所有しただろうか？　それはせいぜい数時間ほどの、強要によって得られた家族からの配慮である。そしてそれも彼女は失ってしまうだろう。では、この母親は誰であるのか？　またヒステリーが起こるのではないかという不安から、誰も好んで近くに寄ろうとしない病気の女性である。もし根本的な態度修正に至らなければ、これは彼女の人生の終わりまで続く。たとえ、彼女がいつか亡くなったとしても、彼女はなお誰も近づきたくなかったあの病気の女性のままである。存在の質は過去の存在となっても変わらない。

　それでは、この女性はどのような人間であることができただろうか？　セラピーでは、そのことについて彼女と対話すべきである。彼女は、家族の誰もが好んで訪れ彼女のもとでは皆が心地良いと感じるような、愛すべき女性であり母親であることもできるだろう。心の奥底では、彼女はひょっとした

第３部　ロゴセラピーの技法　139

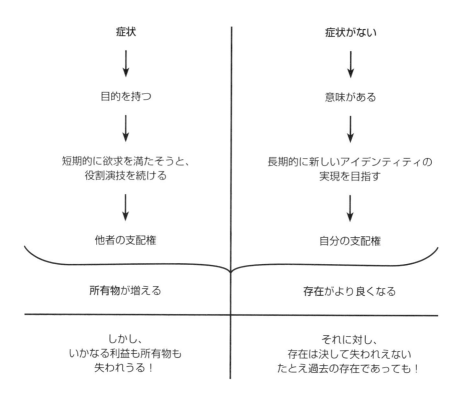

らそう願っているのではないだろうか？　もしそうであるならば、ロゴセラピストは彼女にそこへ向かう道を指し示すことができる。しかしこの道は、ドラマチックな場面を諦め、ときには自分が目立たずにいることを受け入れ、他の人々の喜びを許容するという道である。この道は所有から存在へと通じている。

　ヒステリー性格のお芝居の才能は、ポジティブに利用することもできる。セラピーの会話では、新しい役柄を詳細に提供し、その新しい役に患者がすんなり入り込めるように患者を挑発する。例えば、私欲なく愛情を注ぐことのできる母親などはどうだろうか？「いったいそれが何の役に立つのだ。彼女が良い役をただ演じたとしても、彼女はその態度に納得しているわけでもないし、本物の行動ではないではないか……。」などと考えるべきではない。決してそうではないのだ！　ヒステリー症では、意識と無意識、真実と

真実でない部分、が滑らかに連続している。最大の危険は、ヒステリー症者がもともとは真実でなかった病的な役割と完全に融合し、その役割からもはや降りられなくなってしまう（たとえ当人が降りたいと望んだとしても）ことにある。なぜなら症状がひとり歩きしてしまうからである（先に挙げた母親の例では、いずれ彼女が望まないときであっても心臓が本当の不整脈を起こすようになる可能性がある）。しかし、もしそうであるならば、どうして患者は同じようにポジティブな役割と融合できないのだろうか？　患者自身もいずれ気づくことであるが、その役割はこれまでのネガティブなものよりも長期的により多くの配慮をもたらす。やや誇張した表現をするならば、こうも言えるかもしれない。すなわち、ヒステリー症者にはその倫理的な認識力の不足により「ポジティブな役割の教科書」が欠けており、遅ればせながらこれを手渡すことがセラピストの任務なのである。

　しかしながら、患者が立てたシナリオを一緒に演じることはセラピストの任務ではない。ヒステリー症の人々は長期間のセラピーを好む。というのは、セラピーでは患者が欲しいものを全て受け取れるからである。つまり、患者は関心の中心に立ち、「無条件で」理解に満ちた傾聴者を得る。たとえ仲間全員と喧嘩をしたとしても、セラピストはそれでも徹底的に患者に好意的でいてくれる最後の人間である。そのため、患者はお金だけでなくセラピストが興味を示すものは全て提供する。最悪にひどい子ども時代の体験から始まり、野蛮極まりない夢、あるいは性的な空想に至るまで。しかし、これでは問題は解決しない。セラピストは、ポジティブな役割についてや、所有から存在への移行についてや、真の価値を実現するための意味ある諦めについての話が患者に伝わらず、まともに受け止められていないということはないか、注意しておかなければならない。また、セラピストは、セラピーが患者の目的のための手段として悪用されていたり、暇つぶしや「意味の対価」として利用されたりしていないかを、感じとらなければならない。そして、もしそうであるならば、セラピーを終わらせなければならない。セラピーによって全ての人を助けられるわけではないが、少なくとも誰にも害を与えてはならない。セラピストがヒステリー的な病状に巻き込まれることは、有害となるだろう。具体的には、患者がヒステリー的なわざとらしい振る舞いを執拗に継続することは、セラピストの治療中止の判断基準となることを意味する。

第3部　ロゴセラピーの技法　　141

このときには私たちは「治療依存」の領域に近づいており、依存症者に依存物を差し出してはいけない。

最後に一言、ヒステリー症者の自殺の脅しについて述べる。このような脅しは、根底として死ぬことの意味への確信に基づいているのではなく、希死念慮の有効性への確信に基づいている場合がしばしばある。ヒステリー症者であっても意味への問いから目をそらすことはできない、ということには注意しておく必要がある。自身の病的な行動の有効性が見せかけにすぎなかったことが証明されると、患者のこれまでの人生の意味がいかに乏しかったかが本格的に明らかになる。

カント以来、我々も知っての通り、空間と時間というカテゴリーを超えて問うことは無意味である。その理由は単純に、空間と時間が既に前提としてなければ、私たちは考えることもできず、それゆえ問うこともできないからである。それとまったく同様に、人間という存在は、たとえ当人がそのことにほとんど気づいていなかったとしても、いつも既に意味に向かっている存在なのである。こうした意味についての予備知識のような何か、意味への予感は、ロゴセラピーでいうところの「意味への意志」に基づいている。当人がそれを望むにせよ望まないにせよ、認めるにせよ認めないにせよ、人間は息をしている限り意味を信じている。自殺者でさえも、それが人生の意味や生き続けることの意味ではなく死ぬことの意味だとしても、意味を信じているのである。もしもその人が本当にもはや何1つ意味などないと信じていたならば、その人は指一本動かすことすらできず、それゆえ、自殺を実行に移すことなど決してできないだろう。(Frankl, 36)

突然自分の「頭がおかしくなり」窓から飛び降りるかもしれないという考えに苦しめられている強迫神経症者は、この考えを決して実行には移さないだろうが（それゆえ、逆説志向として「毎日の運動に1日3回は連続で窓から飛ぶようにしましょう。」というアドバイスをしても良い。）、ヒステリー症者の場合は自殺や自殺未遂の危険性が実際に存在する。しかし、その脅しに屈するのは得策ではない。それは嫉妬深い女性が8階の窓枠へよじ登り、振り返って部屋の中にいる恋人に向かって「私を愛している？」と問うよう

なものである。

セラピストであっても家族であっても、このような状況に直面している人は、患者に以下のことを伝えることをお勧めする。

1. もし患者が死んだらセラピストや家族は悲しいであろうし、そのことでとても苦しむだろう（「私はあなたを想って泣くでしょう」）。こうして、周囲が患者に無関心ではないことと、患者を人間としてとても大切に想っていることを理解させる。
2. しかし、セラピストや家族は患者の行動の責任を引き取ることはできない。責任は当事者の肩のみにあり、患者が責任転嫁を試みたとしても、責任はそこに存在し続ける。

私の考えでは、この2点を伝えることが、ヒステリー的な自傷に対する最善の予防措置となる。なぜなら、そうすることによって、患者の精神の自由と、成人としての分別を無視することなく、患者の「愛を求める絶望の叫び」に耳を傾けることになるからである。

私が休暇を取る少し前になると、ある決まった患者が「発作」を起こし「死ぬほどの重態」になることが何度もあった。これを翻訳すると、「休暇に行ってしばらく私のための時間を取らないなんて、何て勝手なことをするつもり？」となる。もし私が既に出発していたら、多少なりとも心痛を抱え、罪悪感とともに行かなければならなかったはずだ。白状すると、私は患者への心配を旅行カバンとともに持って行ったことはあったが、罪悪感をもって旅立ったことは一度もない。ヒステリー症者とは感情的にハンディキャップを負った人間であり、そのことに疑いの余地はない。しかし彼らも、自分自身の行動に責任を持つことはできる。それこそがまさに、彼らが学ばなければならないことなのだ。

22. 依存症への多次元的アプローチ

これまでにヒステリー症の克服に向けたロゴセラピーによる展望を示した

が、まだ「反応性神経症」のトピックを終わりにするわけにはいかない。反応性神経症には、「医原性神経症」と依存症も含まれる。これらの問題は極めて複雑であるが、ここで言及してみたい。

あらゆる依存症は、その発症からの経緯においても、離脱治療に対する反応が始まってからも、人間の三次元全てが密接に関わり合う相互作用となっている。

1. 身体次元

依存物質は脳の「心地良さ」のバランスに作用し、そのバランスをひどく乱す。依存物質によって「心地良さのレベル」が人工的に押し上げられればられるほど、それに続く不快な状態への落ち込みの期間はより長くなり、脳はそのバランスを取ることができなくなる。依存が長く続くにつれて不快な状態や離脱症状はますます深刻になり、まもなく依存物質の補充によってしか症状が抑えられなくなる。補充のない状態が続くと、地獄のような苦しみを味わい、あらゆる方面で能力が失われ、失敗する。絶望して依存物質に手を出せば（ときには摂取量を増やさなければならなくなる）、死に至るほどの依存状態に苦しむこととなる。これが有機体に与えられている選択肢である。それ以外の可能性は存在しない。

もし誰かがこの離脱の苦しみの地獄をさまよい、勝利とともにこれをくぐり抜けたとしても、まだまだその人は依存のかぎ爪から逃れられたことにはならない。一度依存症を患った人の身体は、依存物資に対して、非依存症者の身体とは異なる反応をする。依存症者の身体は、依存物質に新たに接触すると昔のパターンを「思い出す」。そして、依存物質の補充により「心地良さのレベル」をまた上げてくれるだろうという期待のもとに、心地良さのレベルを際限なく低下させるのである。これにはどんな強者であっても屈服せざるをえない。

結論として、普通の生活を送るためには依存症者は依存物質を生涯避け続けなければならない。もちろん、いつもそれが可能なわけではない。例えば、食への依存の場合であれば、おかわりや適量以上のおやつの摂食を一生避けなければならないということになる。また、薬物依存の場合には、重い病気

にかかったときにはやむを得ず薬物を摂取する必要がある。それでもなお、「かつての依存症者」は次の事実を忘れてはならない。依存症を経験した以降の中枢神経系の重要な制御機構は、もはやそれ以前のものとは違っている。再発のリスクは生涯つきまとうのである。

2. 心理次元

　依存症に陥りやすいもともとの素因というものがあるかどうかは、議論の的である。D. グッドウィンが率いるカンザス大学の研究者たちは、多くの場合アルコール依存症には素因が存在することを示した。しかし、突き詰めれば、どんな人間も極めて広範囲にわたる健康な抵抗力を自らの中に宿している。にもかかわらず依存症が致命的になるのは、心理次元に脆弱な部分があり、それが自分自身を不適切な反応へと傾かせる場合である。そのような脆弱な部分は、危険な「反応性神経症」の一部を形成し、それが「悪循環」の生成を助長する。つまり、依存とはまさしく不快な状態と物質への依存との悪循環なのだ。例としては、フラストレーションをアルコールで麻痺させると、いっそうすさまじいフラストレーション反応を引き起こすこと、などが挙げられる。

　依存症の発症につながる心理的に脆弱な部分とは、たいていの場合、過剰な敏感さである。そうした人は繊細すぎ、まさにアレルギーである。批判されることや要求されること、唐突な計画のやり直しや突然の変更、失望や喪失、様々な驚きのある人生に対するアレルギーである。人は何かを耐え抜くことができないと思うと、麻薬やゲームや夢といった仮想世界へ逃避する。その結果、アレルギーと依存とが結びつく。ほとんどのアレルギーには生体の免疫系の部分的な機能停止という身体的な背景が存在しているが、アレルギーと依存はいずれも現代の悩みである。依存の場合の心理的脆弱さはどちらかというと余暇の時間に現れ（内面のコントロールの衰え）、アレルギーの場合の心理的脆弱さはどちらかというと仕事において現れる（負担に耐える能力の不足）。

第3部　ロゴセラピーの技法　145

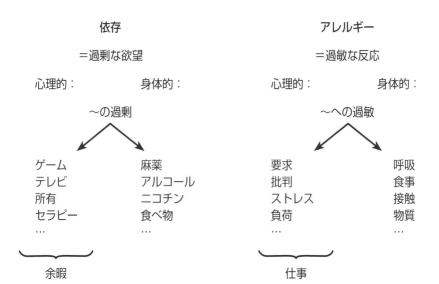

3. 精神次元

　ヒステリーや依存症や犯罪の際に生じる自己破壊がどのように進行していくのかという自己破壊の現象学については、いくつかの仮説が展開されてきた。フロイトは人間の「死の欲動」について述べ、これらは理解不能な外への攻撃性（犯罪）と、同じく理解不能な内への攻撃性（依存）、そしてその混合型（ヒステリー）として説明できるとした。しかし、サイコパス的な逸脱行為の全ての根拠を「自己破壊へ駆られる存在」という概念で表してしまうのは、少し単純すぎないだろうか。人間の精神的な働きがこれらに対して承認を与えていなければならない。そうでなければ、どんな欲求もこれほど大きな力を持つことはないからである。しかし、人間が自分の人生を台無しにしてしまうような誘惑へと精神的に導かれるのはいつだろうか？　今こそ精神が意味を必要としている！　もしも人生には意味があるということが理解されなければ、もしも人生の無条件の有意味性が妥当なものとして認められなければ、もしも人生に対する深遠な動機を知らなければ、どうなってしまうだろうか！「どうせ何もかも意味がない。」という精神的な態度が、自己破壊の承認を生み出すのである。

依存症を複雑にしているのは、（もしかしたら素因として備わっていたか、おそらくは自分自身が生み出した）体質的なリスクと、過敏と過剰の間を行き来する反応性神経症的な要素と、その結果として生じる悩ましい無意味感（あるいは精神因性の神経症や抑うつ）である。この無意味感は、何の意味も見出せないために全ての努力をやめてしまうという所まで依存症者を連れて行ってしまう。あとはもう完全なる自己破壊である。

したがって治療コンセプトは多次元的に構成されなければならない。身体次元に関して言えば、医師の指示のもとで解毒を行い、その後も例外なく摂取を禁ずること以外に方法はない。アルコール依存症者は二度と、たった一口でさえも、アルコールを口にしてはならない。喫煙依存症者は二度とタバコに火をつけてはいけない。本当にこのような厳しい自制心が必要なのかは、論ずるに値しない。なぜなら、何千という再発事例が疑いの余地のない事実を物語っているからである。

この自制心の助けとなるよう、私は「暗示による意志トレーニング」というカセットテープを開発した（Lukas, 37）。このテープをリラックスした状態で聞くことによって、患者の信念は強化され、節制に必要な力を自分の中から引き出すことができる。これは自律訓練法の公式をベースに作られており、自己確認の公式「自分の家の主人である」を追加した。健全な神への信頼（自分自身を超えた大いなるものへのまなざし）との組み合わせによって、このトレーニングはかき乱された心に落ち着きをもたらし、あれこれ思い悩む良くない精神状態を穏やかにする。幸いにも、依存物資への欲望は節制期間の長さに比例して弱まっていく。しかし、節制は過敏さへとつながっていくため、極めて困難な問題である。この過敏さも手放されるべきであり、そのためには確固たる治療の論拠が必要となる。これはヒステリーの病状に対するアプローチに似ている。

「実存的空虚」（「どうして酒を飲まないのか、薬物を注射し続けないのか、自殺しないのか？」）に対処する場合には、ロゴセラピー特有の責務をはっきりと示す。ロゴセラピーが焦点を当てるのは、患者が自分の人生のために戦う価値があると思えるような「意味のビジョン」を発見すること、そして、患者にとっての価値の体系を再構築し増強することである。これを実際にどのように行っていくかは、精神因性神経症（精神因性うつ病）の項目を参照

第3部　ロゴセラピーの技法　　147

依存症者支援のための多次元的なロゴセラピーコンセプト

A　離脱と生涯にわたる節制　　　　　　　　　　　　 }　身体次元

B　暗示による意志トレーニング

C　諦めることへの励まし
　　（ヒステリーの項目も参照）　　　　　　　　　　　 }　心理次元

D　意味を見つける対話と個人の価値体系の拡張
　　（精神因性神経症の項目も参照）

E　過剰自己観察消去　　　　　　　　　　　　　　　　 }　精神次元
　　（予防とアフターケアの項目も参照）

していただきたい。

　依存症の治療コンセプトは、過剰自己観察消去によって完成する。できれ
ばグループで行うことが理想である。この技法によって、最終的に元依存症
者の精神の集中力は依存問題から引き離される。そして、意味を見つける対
話の中で患者が「自分自身のものだ」と気づいて認めた人生の問題に向かっ
て、完全に専心することができるようになる。最後に、「予防とアフターケ
ア」という論点について詳細な説明を加えよう。

　　サンディエゴにある合衆国国際大学で私の教え子の1人が証明したのは、
　重篤なアルコール依存症の慢性的ケースのうちの90％に、著しい無意味感
　が存在したということだった。彼女は後にその研究結果を博士論文にまとめ
　ている。
　　さらにわかりやすいのは、ジェームズ・クランボウが、アルコール依存症
　の事例について従来の治療を施された対照群に比べ、実存的フラストレーシ
　ョンを取り上げたロゴセラピーグループのほうがより大きな効果があること
　を示した点である。
　　薬物依存にも同じことが言える。スタンレー・クリップナーの説を信じる

ならば、薬物依存の事例の根底には 100% 無意味感が存在している。すなわち、100% の事例で「あなたにとって全ては意味がないと思われますか」という質問に「はい」と答えるのである。〔中略〕さらにわかりやすいのは、カリフォルニアで薬物依存症者のためのリハビリセンターを指導しているアルヴィン・フライザーが、平均 11% の治療成功率だったものをロゴセラピーを導入したことによって 40% の成功率を示したことである。(Frankl, 38)

23. 摂食障害：2 つの根をもつ複合的問題

　ヒステリー症者や依存症者の治療に熱心に取り組んだ人は、回復者一人ひとりの喜びと、患者が突き当たる限界を知っている。そうした人だけが、「両者の複合障害」である拒食症の治療が成功したときの喜びがどれほど大きく、治療成功への道がどれだけ狭く険しいかを推し量ることができる。拒食症の予後は悪い。なぜか？　二重の諦めが必要となるからである！

　ほとんど全ての場合、拒食症は「ヒステリーの根」から始まる。親離れの時期にある少女は、どうすれば自分の両親を操作し、罰し、脅し、ショックを与えることができるか、そしてあらゆる意味で「屈服させる」ことができるか、を探り当てる。これは思春期の者にとっては絶大な楽しみである。彼女たちは、痩せた体型を得るためという都合の良い理由を使って、食事の際にストライキをすれば良いだけである。すると彼女らは、これまで夢にも思わなかったような家族に対する権力を突如として手にする。権威的な父親が、娘のひどい学業成績に対する苦言をこらえ、プリンを残さず食べてくれとひざまずいて哀願する。それまでは常に多忙だった母親が、家事や他の子どもをほったらかして、ますます痩せていく娘に食事をとるよう、何時間もかけて言い聞かせる。これ以上何を望むのというのか？　家族全体が彼女を中心に回り、彼女の様々な願いは（突如として）即座に叶えられるようになる。彼女は、食べ物をほんの一口飲み込むか否かという恣意的な振る舞いによって「サーカス」全体をコントロールできる重要人物へと昇進する。また、彼女は両親のあらゆる「罪」に対して、あるいは親離れの時期には罪だと思うことに対して、盛大に復讐することができる。性格的に未熟な者やヒステ

第 3 部　ロゴセラピーの技法　　149

リー傾向のある者が、どうやってこうした誘惑に抵抗することができるだろう？

　しかし、そうした子どもたちは、他の人のために掘った落とし穴に他の人と一緒に落ちることになる。依存症の根がその子を捕まえるのである。長すぎる絶食は身体的にも心理的にも作用する。心理的には、激しい飢えの時間の後、極めて幸福で心地良い期間が始まる。しかしこれは既に脳からの誤った信号である。空腹中枢と満腹中枢とホルモン中枢が乱れ、もはや身体の均衡は正しく知覚されなくなる。食物の摂取は煩わしい重荷として感じられ、これまで一度も感じたことのないような「軽やかさ」と（最初のうちは）エネルギーが体に広がる。これに人は中毒になる。生物学者は、この心地良いが間違った神経信号を「自然の慈悲」と解釈している。これは、飢えて死にゆく生物から苦しみを取り除き、場合によっては食物を探すことに最後の力を使えるようにするものである。

　軽やかで心地良くエネルギーに満ちたように感じている少女は、その貴重な権力と圧力の手段を手放すべきだとは少しも理解しておらず、また、自分が死の淵に立っているということもまったく想像できていない。病院での人工的な栄養補給の試みを拒絶し、医者や両親が明らかに困惑しているのを見て楽しんでいる。しかし、衰弱が起こってしまえば、彼女を救うにはもはや手遅れである。

　ここで、回復への険しい道である二重の諦めについて述べる。その道とは、権力の手段と幸福な高揚感を諦めることである。1つ目の諦めは、家族からの分離によって開始される。研修所や共同生活の場などにいる限り、ヒステリー的な脚本は継続されない。職業訓練計画を変更したり、旅行に出かけたり、新しい社会的な接触を図ったりすることによって、可能性が開かれる場合もある。2つ目の諦めは、そのためのエネルギーがまだ十分にあるならばであるが、特別な興味や社会参加によってなされることがある。スポーツで秀でたいと思っているが1時間の練習の後に倒れてしまう少女は、（いやでも）気力を奮い起こして食べようとする。休暇中に巡礼の集団のお世話をしたいと思うならば、体重が極端に標準を下まわっていると許可が下りないため、数キロの体重増加をしようとする。ともかく、これらは一筋のかすかな希望である。「何か、あるいは誰かのための現存在」とフランクルが述べた

150　　23. 摂食障害：2つの根をもつ複合的問題

ように、人間の自己超越の能力は拒食症者を死から救い出しうる。

　しかし、これで自動的に通常の生活に戻れるわけではない。というのも、一度乱された脳の空腹中枢と満腹中枢は自動的に回復するわけではないからである。少なくともそれほど早くには回復しない。かつて拒食症だった者は、純粋に理性的に「時計に従って」食事をするということを何年も続けなければならない。すなわち、食欲の有無や食べることに充足感を覚えるかどうかとは関係なく、朝昼晩と何かを皿に乗せ、それを食べなければならない。ホルモン調節を安定させるためには、大変な苦労が必要となる。

　過食と嘔吐の発作に苦しむ過食症患者のほうが、まだましである。一般に、過食症には上述した２つの病気の根は存在しない。単に患者は諦めることに「弱く」、全てを同時に得たいと願っている。すなわち、魅力的なほっそりとした体型と制限されない食の楽しみの両方をである。患者は裕福で甘ったれた古代ローマ人と同じ解決策を編み出した。食べたい物は全て食べ、後で吐き出すのである。こうして生じた好ましくない習慣は、爪噛みや髪いじりと同じように、抜け出すことが困難である。嘔吐時にこみあげる胃液によって歯茎が炎症を起こし、パートナーが距離を置く場合もある。しかし、このこと以外には、健康を害するような下剤を使わない限り、過食症の問題はそれほど大きくはない。

　真剣に過食症を治したいのであれば、まずは嘔吐を諦めることから始めなければならない。そうすると体重が増え、患者はそれが気に入らないので自ら食事量を減らすようになる。ある女性患者は、トイレに張り紙をしておくように私から指示を受けた。そこには「私が吐くのは病気であり続けたいからだ。」と書いてあった。嘔吐する前に患者はそれに目をやらなければならなかった。「もしこの文章が正しいのであれば、吐きなさい！　もし正しくないのであれば、すぐにトイレから立ち去りなさい。」と私は彼女に指示した。次のセッションで、彼女はこの文章によって嘔吐することに抵抗を感じるようになったと告白した。彼女は病気であり続けたくはなかったのである。「あなたは健康と病気の間で、その都度、新たな決断をしているのです。口に指を突っ込む前にそのことを考えてください。」と私は彼女にアドバイスした。自分自身との戦いはその後数週間続き、患者はそれに打ち勝った。彼女は張り紙を取り去った。

第３部　ロゴセラピーの技法

旧東欧諸国や第三世界では摂食障害は知られていない。摂食障害は「贅沢品」であり、贅沢の中でのみはびこる悲しい存在である。というのは、この障害の奥底には、食料が貴重な物でなくなった場所ならではの、食料への価値下げと敬意の欠如が潜んでいるからである。さらにその奥に隠れているのは近しい人々への敬意の欠如であり、彼らは患者とともに情け容赦のない苦しみを強いられる。両親に対するほんのわずかな愛と赦しが、拒食症の芽を摘んでくれるだろう。世界で飢餓に苦しむ人々に対するほんのわずかの憐れみが、過食症を押しとどめてくれるだろう。健康な体を与えてくれた創造主に対するほんのわずかの感謝が、2つの病気の根を同時に抜き取ってくれるだろう。

24. 医原性の障害を避けるために

不適切な治療行為によって引き起こされる医原性神経症という独特の障害は、どのようにして生じるのだろうか？　医原性神経症が生じる基盤には、これまでにも神経症のリスクの高い人の事例で何度も示されてきた、容易に不安に陥りやすいという傾向がある。その結果、高い依存心と、しばしば何らかの権威への盲信が生じる。今日ではこのような権威への盲信は弱まっているが、影響されやすさと自分の意見の無さに関連する「自己の弱さ」が目立つようになっている。これは外側の絶縁体が非常に薄い電気ケーブルのようなもので、多くの箇所でむき出しの導線が見えてしまっている。そこに医師やセラピストの無思慮な発言やまずい発言がかっちりとはまってしまい、そしてその人が根底に懐疑的な人間観を持っていたりすると、そこに神経症的に反応する。つまり「ショート（短絡）」が起こるのである。

私たちは以下のようなロゴセラピーにおける関わり方の基本ルールを既に学んでいる。

援助は提供すべきだが、責任を取り去ってはならない！

医原性の害がある場合は、これとは逆のことが起こっている。すなわち、患者は援助を得ることはできなかったが、自分の責任をどこかへ押しやるこ

とはできた。これがその人を不健康な方向へ進ませてしまう。人間の内面は「とてつもなく大きな無意識の上に、薄い意識の層がかぶさっている」のであり、それゆえ、人間、特に神経症者の責任性は疑われるべきだということが、（一流の専門家たちによっても）繰り返し論じられてきた。しかしフランクルはそれに対して次のように述べている。このような、エスに対して自我が隷属した関係にあるという考え方は、年老い衰えた裁判官は筋骨たくましい被告人に判決を下すことができない、という考え方と比較できるだろう。司法権が腕力の中に存在するわけではないのと同様に、自由な決定権をもつ自我が衝動の強大な力に支配されることはない。支配されることを自ら選択しない限りは。

　ロゴセラピーの見解によれば、心理療法によって直接的または間接的に自分の無意識の葛藤やコンプレックスに屈服したり、精神の自由と責任を放棄したりするように導かれる患者は、重い医原性の病気にかかっていることになる。これを予防するために、私はセラピストに極めてよく見られる6つの誤りのリストを作成した。これは専門家を「医原性の諸問題」から守り、患者の目を真実に開かせる。すなわち、患者には「治療的援助」を受ける権利があるが、それはあらゆる愚行に対して欲動論による責任逃れを提供してもらう権利ではない、という真実である。リストは以下の通りである。

極めてよく見られるセラピストの誤り

1. 患者の健全な領域よりも障害に対して、より多くの関心を示す。
2. 患者の人生における「運命的な出来事」を、過度に悲劇的に捉える。
3. 警告としての役に立たないネガティブな予測を伝える。
4. 臨床的な意味を考慮した説明をすることなく、診断を伝える。
5. 不適切な場面で沈黙する。
6. 軽はずみな解釈や不確かな仮説を立てる。

各項目の例

項目1)

セラピストが患者の障害に対して優先的な関心を向けることによって、自

第3部　ロゴセラピーの技法　153

分は病人であるという患者のアイデンティティを強めてしまう。自分を「普通でない」と評価することによって、より多くの心理的な障害を生じさせる危険は大きい。

> 実存的な欲求不満に陥っている今日の人間に意味を与えることは可能だろうか？　もしもまだ還元主義的な洗脳によって今日の人間から意味が奪われていなければ、私たちは喜ぶべきである。(Frankl, 39)

　ある母親が心理学者のもとを訪れたとしよう。子どもが宿題をやりたがらず、母親もしつけについて質問があったからである。この心理学者は、その子どもが生まれてからの既往歴を尋ね、病気を引き起こしそうな目立った出来事を探す。もし母親が、この子は小さい頃にものすごくよく泣きましたと報告すれば、心理学者は意味ありげにうなずく。子どもが4歳の頃に転倒したことには、特に興味を示す。そして、兄弟姉妹としょっちゅう喧嘩をしていたと聞くやいなや、熱心にメモをとる。こうして、心理学者はこの子を「問題のある症例」と見なすように母親を誘導する。最終的に、この母親は来たときよりも多くの心配事を、あるいはわが子への拒絶感さえも抱えて家路に着くことになる。

　既往歴の情報と現在の家庭での宿題の状況との間には、もちろん関連がある可能性がある。しかし、それは慎重に突き止められなければならない。とりわけ、「変換診断法」という意味で重要なことは、子どもの肯定的な素質や調和のとれた家族の時間などについてもっと尋ねることである。生活歴のネガティブな部分だけを探求することは、明らかに不健康で不合理な情報収集であり、患者の気分を滅入らせる。なぜなら、このような一面的な探求結果を明るみにさらすことは不適切であり、希望を奪うことだからである。

項目 2)
　運命的な状況を悲劇的に受け止めることは、患者の自己憐憫を強め、患者を「状況の犠牲者」という受動的な役割に固定し、回復のプロセスを共に担うという心づもりを麻痺させてしまう。

アウシュヴィッツよりもストレスの多い場所は、ほとんどどこにもないだろう。しかし、まさにそこでは、ストレス性の典型的な心身症性疾患は、実際に跡形もなく消え去っていたのである。(Frankl, 40)

例えば、ある人が自信がないためにセラピストに助言を求め、そこでたまたま、数年前に自動車事故にあったことや、その際に消防隊員によって切断されたスクラップ同然の自動車から助け出されたという話をしたとしよう。その結果、セラピストは、「事故」というテーマに重点を置きすぎるようになる。そうしたショックは無意識の中に長期間生々しく残り続けると解説し、患者に対して、心の中でもう一度自動車の残骸の中に身を置きそのときの状況を詳細に語るように促す。このやり方は、患者の現在の困難は自動車事故のせいであるかのように患者に暗示を与えている。それと同時に、患者がようやく耐えた不安をまた蒸し返している。もしかしたら、この会話の後、患者は夜よく眠れず、汗びっしょりで目覚めたりするようになるかもしれない。これではまったく不必要で余分な不安を患者にもたらしただけであり、患者の自信を少しも高めていない。

確かに深刻な事故にあって何の痕跡も残らずに済む人はいない。しかし、そこから価値のある変化や生まれ変わったような体験などが生じないと、誰が言えるだろうか。それに対して、自己憐憫は不毛の地であり、そこからは何も育たない。

項目 3)

否定的な予測が危険であるのは、「精神の反抗力」が働かないために、その予測が真実だと証明される方向に進んで行くようなメカニズムとフィードバックが作用し始めるからである。悲観的な人間は、悲観主義になるような出来事を実際に経験する。なぜなら、その人のネガティブな期待がネガティブな出来事を呼び寄せるからである。しかし、その逆に、悲観主義になるような出来事があるからといって必ずしも悲観的な人間が生まれるわけではない。むしろその反対で、本当に悲観主義になるような出来事が、健康的でそれに負けない反応への転換を生み出すきっかけとなることがしばしばある。

第 3 部　ロゴセラピーの技法　155

周知のように願望が思考の父であるならば、恐怖は起こった事、すなわち
病気という出来事の母である。(Frankl, 41)

　私がアフターケアを担当したあるアルコール依存症者は、既に2年間ほ
ど「断酒」していたが、仕事を見つけることができなかった。しかしついに、
給与は低いがあるオフィスでの仕事を紹介された。この患者が予後のチェッ
クのために定期的に通院していた医師は、彼にその仕事を断るよう助言した。
その理由は「フラストレーションを感じたら、あなたはまた飲み始めるでし
ょう。」というものだった。
　この善意による医師の発言は、患者にとって医原性の有害な影響となる。
いったい誰がこの患者をこの先の人生のあらゆるフラストレーションから守
ってくれるのだろうか？　人生とはそもそもそういうものであるように、彼
は怒りや苦しみや心配をこれからも何百回と抱くだろう。ではそのときどう
なるのか？（専門医の予測によれば！）患者は酒瓶へ手を伸ばすにちがいな
い……？　そうではない。そのような法則を作ってはならない。どんな人間
であっても薬物に手を出さずにフラストレーションに耐えることができるし、
かつてアルコール依存症であった人であれば、なおさらそれを克服しなけれ
ばならない。そうでなければ、彼は負けてしまう。
　それゆえ、私はその患者に早急にその仕事を引き受けること、フラストレ
ーションを怖れず、勇気を持ってフラストレーションを来るがままにしてお
くこと、そして、一瞬たりともフラストレーションのせいでアルコールが欲
しくなるとは思わないようにと勧めた。その後の展開は、私が正しかったこ
とを証明した。すなわち、彼は健康を保ち、最終的に生活保護の対象となら
ずに済んだことをとても喜んだ。

項目4)

　「最も流行している病気の1つは診断である。」というのは、カール・クラ
ウスによる明察である。これは心理療法にも当てはまる。将来や回復の見込
みなどの説明もないまま「統合失調感情障害」や「ボーダーライン症候群」
といった診断が下されれば、患者は動揺し混乱する。特に、たいていの場合
正しい理解がなされていないなかで、患者は勝手に実際よりも悪い予感にと

らわれがちである。病人に病気であることを知らせずに済ますわけにはいかない。それでも、患者がどのようにそれを知り、自分の病気について何と言われるかは、重要である。

いかなる場合であっても、私は病気についての知識が治療的に作用するとはまったく信じていないということを、告白しなければならない。 (Frankl, 42)

かつて私の前に座ったある女性患者は、4人の異なるセラピストから4つの異なる診断を受けていた。その患者は、本当の問題は何かを知るために、私のもとで最後の試みをしようとしていた。彼女が持参した診断書には、内因性うつ病、反応性うつ病、心身症、神経症と書かれていた。これらの診断の背景には、彼女が短期間に2度解雇され、それによって生じた強いイライラと不眠に対する絶望感があった。これほど多くの不運に見舞われるのは何か自分に原因があるはずだ、もしかしたら私は「頭がおかしい」のかもしれない、と彼女は思っていた。様々な診断も彼女の絶望感を改善するのには役に立たなかった。

私は静かな口調で彼女に説明した。彼女が不幸だったこともよく眠れなかったことも、その状況を考えればまったく当然のことである。彼女は心の病気というわけではないが、必要以上に過敏にならないように気をつけなければならない。なぜなら、過敏であることによって、本当に神経症性うつ病に追い込まれてしまうおそれがあるからだ。

この患者に必要だったのは、勇気が出るような助言、過剰自己観察を避けるための休暇（彼女が1週間エジプトを旅行したことはとても良い効果があった）、そして、職業に対する態度のちょっとした修正、という形での神経症予防であった。彼女を再び安定させるために、それ以上のことは必要なかった。

項目5)

見通せない仮面の背後に隠れ、それによって何を考えているのか患者にわからせないようにしているセラピストには、「人間と人間の出会い」を成立させることはできない。このようなセラピストが、患者の不安げな質問に対

第3部　ロゴセラピーの技法　157

して、沈黙したり、質問に質問で返したり、あるいはそのまま繰り返したりするだけならば、患者は理解されていないという気持ちや放っておかれたという気持ちになり、支えを与えるのではなく支えを奪ってしまうことになる。

　　場合によってはしゃべり過ぎるのと同じくらい害になるのが沈黙である。そうすることで、医師があまりにもいわくありげな印象を与えるならば……。
（Frankl, 43）

　私の息子がまだ幼かった頃、息子の胸に発疹ができたので、一度、一般の開業医に行ったことがある。待合室で何時間も待たされた後、ようやく私たちは診察室に入ることができた。私は息子の服を脱がし、医師は発疹を注意深く診た。そして医師は何のコメントもなく机に座り処方箋を書き、それを私に手渡しながら、処方した軟膏を発疹がある箇所に朝晩塗るようにと不明瞭につぶやいた。私は腹が立った。なぜなら、息子の発疹は何が原因なのか、どこでこの発疹をもらったのか、また、治癒の可能性はどうなのか、そういうことを私は知りたかったからだ。

　それ以来、心理学者のところで意図もわからないまま大量の質問に答えなければならず、最後にはその状況に対する明確な助言１つないまま話を終えられてしまう患者たちがどのように感じているのか、私にはよく理解できるようになった。

　セラピストには、患者が理解できるような適切な言葉を用いてフィードバックを与える責任がある。その際に、イメージが湧くような例え話や物語を用いることが、説明の真意をわかりやすく伝えるのに役立つだろう。なぜ患者にあれこれ要求するのかを人間味のあるやり方できちんと説明した場合にのみ、患者に極めて多くのことを要求することができ、彼らは勇気をもって共に歩んでくれるということを、私は経験した。しかし、セラピストが沈黙と傾聴という覆いの中に隠れているならば、患者が抵抗を示しても何ら不思議はない。

項目6)

　心理学的な解釈は高い確率で「悲劇」となる。この領域ほど、心理療法分

野の若い科学者が間違いを犯す領域はない。さらに、このような誤った解釈は、ほとんど例外なく還元主義的な意味での脱価値化に繋がっている。このような解釈は何かを破壊するだけであり、代わりに産み出すものは何もない。

精神科医がそのように見なしたというだけの理由で知的障害者に仕立てあげられてしまった人は存在する。(Frankl, 44)

　数えきれないほどある心理学的仮説の馬鹿らしさを明らかにするために、アメリカの心理学者で動機づけ研究者のアーネスト・ディヒターがスポーツ雑誌で発表した、トレンド追跡の記事を引用しよう。それによれば、スキーのコースを猛烈な勢いで滑るよりも、深い雪の中をスキーで進んだり、クロスカントリーをしたりすることを好む人がますます多くなってきているという。ディヒターは以下のように記している。「新雪で深く覆われた斜面を滑ることによって、人間の無意識に根付いている処女を奪う欲求が満たされる。」彼の説明によれば、今日ではこの欲求は不当な扱いを受けているという。実際には処女が「市場」にほとんど出回っていないからである。それゆえ、まだ「一番乗りできる」ところ、すなわち誰も触れていない処女雪の中へ入っていくという方法で、この衝動が発散されるというのだ。

　この主張の途方もない馬鹿馬鹿しさは言うまでもないが、ここに含まれている脱価値化の傾向についても考えてみなければならない。人が山に登るのは、山の美しさのためでもなく、邪魔されずに自然を体験するためでもなく、白い結晶に反射して輝く太陽光線のためでもなく、人里離れた景観の崇高さや雪に覆われた頂きからの壮大な眺めのためでもない。違う、全て違う！　人が山に登るのは秘かにいきり立つ衝動をぶちまけるためであり、そうすることによって心の内面に再びホメオスタシス的な満足が訪れるというのだ……。そのような説明はなんとみすぼらしく、なんと人間の品位を落とすことか！

　それゆえ、全ての解釈に対して私たちは懐疑的でいよう。私の知っている患者の１人は、一度カミソリの刃の夢を見た後で、それは去勢コンプレックスだと吹き込まれた。また、ラジオ局でアナウンサーをしていた別の患者は、彼がその職業を選択したのは露出症的な欲求を満たすためだと信じ込まされ

第３部　ロゴセラピーの技法　　159

た。これらはセラピーにおける危険な企てであり、医原性の障害へと容易に
悪化する可能性がある。

　人間が「否定的な反応」の影響をどれほど受けやすいか、つまり、心と体
がどれだけ影響し合っているかということを、ホルスト・メルシャインがエ
ッセン大学で行った「テレビを通じての病気の感染」という研究が証明して
いる。テレビで何らかの病気について放送した数日後、病院ではそれとまっ
たく一致する症状を持った新規患者が増加した。思い込みではなく、本物の
症状である！　こうした心が体に与える影響力の大きさを考えれば、治療的
介入にはどれだけ重大な責任が伴っているかに気がつくだろう。

25. 身体因性・内因性疾患の患者に寄り添う

　これまで「否定的な出来事に直面した際の態度変換」というテーマで、ヒ
ステリー症、依存症、そして医原性の障害という病像を例にして、反応性神
経症への治療的関わりについて述べてきた。ここで、「身体因性（偽）神経
症」について少し説明した後、より深刻なテーマ、すなわち重篤な身体疾患
や精神病に苦しんでいる患者の治療における支持的な寄り添い、というテー
マに進んで行く。彼らの苦しみに共通しているのは身体因性、すなわち、苦
しみの起源が人間の身体次元にあるということである。

　　それも真の影響である可能性はある。しかしここで重要なのは、身体領域
　における心理的なものの影響ではなく、むしろその逆の、心理領域における
　身体的なものの影響である。既に我々が知っている通り、そうした病気はか
　つては精神病と定義された。今日では身体因性（偽）神経症と呼ばれている
　ものとの関連で特に重要なのは、自律神経系および内分泌系の機能障害のこ
　とである。こうした機能障害はときに単一の症状として進行するが、その症
　状とはまさに心理的な症状である。もちろん、このような関連があるからと
　いって、これらの病気が精神病として判定されるわけではない。(Frankl, 45)

　フランクルは、結果的に心理に対して不安や不快をもたらす身体因性（偽）

神経症のことを機能障害として定義し、精神病とは明確に区別した。身体因性（偽）神経症は、さらに４つのグループに分類される。類バセドウ病性（偽）神経症、類アディスン性（偽）神経症、類テタニー性（偽）神経症、そして、自律神経症候群の４つである。なお、自律神経症候群には、交感神経緊張症と副交感神経緊張症がある。身体的な原因とそれによる心理的な影響を同時に取り除くためには、病因に応じた適切な投薬が必要である。重要なことは、病気の発症がそもそも身体因性だと認識することであり、その結果、身体・心理の同時治療という枠組みにおいてのみ、ロゴセラピーによる治療を実施することができる。この疾患の身体的な原因を誤認したり、対話によるセラピーのみを提供したりすることは、治療上の極めて重大な「人為的ミス」となるだろう。

　もし仮に、この病気が神経症だということから私たちが背を向け、重篤な身体疾患や精神病として扱ったならば、それは、私たちが変えることのできる苦悩を（ほとんど）変えることのできない苦悩にしてしまった、ということを意味する。ロゴセラピーでは「ホモ・パティエンス」、すなわち変えることのできない運命に苦悩する人間を非常に重視する。そのような人の慰めとなり援助を提供することは、フランクルが「医師による魂の癒し」と名付けた使命であり、その目標は、重い病や（内面的な）苦悩を抱えている人に対して、彼らを絶望から守る精神的な支えを提供することである。理想としては、超越的な領域に関わるような、宗教による魂の癒しと組み合わせることも可能である。

重篤な身体の障害に対して

　ガンの手術、手足の切断、麻痺などは、過去と未来の全てを揺るがすほどの衝撃的な人生の挫折である。有限な存在が乱暴にその有限性を思い出させられ、まさに「死ぬほど」驚かされる。病人や身体障害者であっても、免疫システムを弱めるような情緒的ストレスがわずかであれば、有機体は生命機能を維持することができる。人間は、気分が良いときには、衰弱の進行に対してその状況でできる限りの最大の防御力を発揮する。（母親はこの関連性を本能的に察しており、病気の子の気分を良くするために、例えば楽しいお

第３部　ロゴセラピーの技法　　161

話を読み聞かせたりする。）しかし大人の場合は、病気であるにもかかわらず自分の存在を意味あるものとして体験するときのみ、原則的にポジティブな感情状態を保ったままでいることができる。フランクルが提唱した医師による魂の癒しとは、患者がそうなることを援助するために、患者の「精神的な知覚」に焦点を当てるものである。では、患者が重点的に知覚するのはどのようなことだろうか？

どのような重篤患者や身体障害者であっても、失われた自由の余地（例：歩くことができない）と、まだ存在する自由の余地（例：車椅子を使って移動することができる）の両方が存在する。双方のうちどちらを自分の「精神的な知覚」の中心に置くか、患者は自分の心の奥深くで選択する。それが失われたもののほうなら、患者は悲しくなり、不当に罰せられていると感じ、健常者と比較してさらに自分を悲しませる。そして次第に、どんな努力も意味がないと見なすようになる。なぜなら、失ったものは何1つ取り戻すことができないからである。それに対し、患者が「精神的な知覚」の中心にまだ存在するもののほうを置くならば、患者はそれを嬉しく思い、それを有効活用することに心を向けるだろう。

しかし、患者の「精神的な知覚」をまだ存在しているほうの自由へと開くためには、多くの人が主張する仮説を、残念ながら諦めてもらわなければならない。その仮説とは、「私にはあれもこれも求める権利がある」というものである。本当は、健康も長寿も快適な人生も、人間には何も要求する権利などない。人生とは、むしろ存在に与えられた状況との絶え間のない対話である。人生は精神次元、すなわち、存在にその都度与えられた状況に対して答えるということによって特徴づけられる。重篤患者であれば自分の病気に対して、身体障害者であれば自分の障害に対してである。自分がまだ保持している自由の余地の範囲でのみ、最善の答を見つけることができる。車椅子でツアーに行ったりサッカーをしたりする人々がいる。これは彼らの運命に対するなんと英雄的な答だろうか！　彼らには自分の自由の余地が見えている。一方で、他の人々は家に引きこもり、自分がスポーツから閉め出されてしまったと「悩み続ける」のである。

人間に問いを投げかけているのは、人生そのものなのだ。人間は問う者で

はなくむしろ人生から問われている者であり、人生に答え、人生に責任を担う者である。(Frankl, 46)

重篤患者や身体障害者へ寄り添う際には、以下の規則が役に立つ。

1. 患者の要求仮説（「私にはあれもこれも求める権利がある」という考え）は放棄されるべきである。この要求仮説は、しばしば思ったよりも根深い。
2. 患者の「精神的な知覚」は、まだ存在している自由の余地へと向けられるべきである。このまだ存在している自由の余地は、しばしば思ったよりも大きい。
3. 意味の可能性は、自由の余地の範囲内で示されるべきである。その中には、思ったよりも多くの意味の可能性がある。

この3つの段階がうまくいけば、患者や障害者は再び希望を見いだす。それは健康になるという希望ではないかもしれないが、少なくとも、残された時間で病気にもかかわらず意味に満ちた人生を送ることができるという希望である。この希望による副次効果として、その人の感情状態は最適化され、それによって免疫状態も最適化される。

　「ソクラテス式」態度変換の最も見事な例の1つとして、フランクルは、足の切断手術の後、初めて片足で歩くことに挑戦しなければならなくなった男性との対話を書き残している。

　　私の手を借りて彼はベッドから降り、ひどく困難に、貧弱な1本足でスズメのように、部屋の中を行ったり来たり飛び跳ね始めた。すると、彼は突然わっと泣き出した。私が両手で支えていた世界的に有名で気品あるこの老人は、小さな子どものように泣きじゃくった。「こんなことに私はとても耐えられない。身体障害者となってまで生きていくことに何の意味があるものか！」彼はすすり泣いていた。そこで私は食い入るように彼の目を見て、質問した。「大先生、あなたはこれから短距離走や長距離走の選手としてのキャリアを積んでいこうとしておられるのですか？」彼は驚いて見上げた。私

第3部　ロゴセラピーの技法　　163

は続けた。「というのは、その場合においてのみ、私はあなたの絶望や先ほどの発言を理解することができるからです。もしそうなら、この先の人生にあなたの出る幕はなく、あなたにとって生き続けることは意味のないことでしょう。なぜなら、短距離走者や長距離走者としては、あなたはもう相手にされないのですから。しかし、これまでの生涯をとても有意義にすごし、影響力を持ち、専門家たちの間で名声を成したあなたのような人が、片足を失ったからといって生きる意味も失われてしまうのでしょうか？」この男性は、私が言おうとしたことをすぐに理解し、泣きはらした顔にかすかな微笑みを浮かべた。(Frankl, 47)

精神病性障害に対して

　精神病は重篤な心理の疾患であるが、その基礎は身体因性（「内因性」）である。精神病は患者の自由の余地を著しく制限する。第一に、彼らは頭上にぶら下がっているダモクレスの剣のような遺伝負因という脅威に、数世代にわたって悩まされている。次に、病気は引き金（心理ストレスやホルモンの変化など）の有無にかかわらず突然発症する可能性があり、それを避けることはできない。さらに、病気の時期は反復的に繰り返される危険があり、これによって人格全体がひどく損なわれる。そして最終的には、（主に統合失調症において）人格の崩壊と心理的な解体に至るまで病気が進行する危険性がある。

　もう1つ、純粋な身体疾患との非常に大きな違いがある。身体疾患患者や身体障害者の場合には、精神次元にも心理次元にも、どちらに対しても語りかけることが可能である。先に述べた通り、身体疾患患者が意味に満ちた人生に対する希望を精神的に持っているならば、心理状態も良好である。しかし、精神病患者の場合は、精神次元と心理次元の「連結を切断」しなければならない。そうすることによって、心理次元での悲嘆は内因性うつ病のケースと同じように動かしがたいにもかかわらず（これはどうしようもない）、患者は精神次元での希望を持つことが可能になる。

　それゆえ、精神病者の態度変換は、上記の規則1とは異なるものになる。要求仮説を修正するのではなく（精神病の場合、もともと要求仮説は誤った

	身体的な疾患	精神病的な疾患
精神次元	密接に結びついており、肯定的な態度であれば損なわれない	肯定的な態度であれば、部分的・一時的にのみ損なわれる
心理次元		密接に結びついており、損なわれている
身体次元	損なわれている	

現実認識によって歪んでいる）、心理と精神の結合を緩めなければならない。精神的な人間としての患者が、自分の心理という「モルガナのお化け〔イタリアの海峡に現れる蜃気楼のこと〕」に完全に身を委ねてしまうことのないようにである。ここで精神と心理の対立が治療に関係してくる。

　　精神病者と関わる際には、ロゴセラピーは基本的に健全で損なわれていない部分に介入する治療となる（精神病そのものを治療するロゴセラピーは存在しない）。すなわち、患者の健全で損なわれていない箇所が病気になった箇所に対してどのような態度をとるかを治療するのである。なぜなら、健全で損なわれていない箇所が病気になることは決してなく、病気になった箇所を（ロゴセラピーに限らず！）心理療法で治療することは不可能だからである。（同時治療によってのみ治すことができる。）(Frankl, 48)

　ここからは、内因性うつ病と統合失調症という最も多く見られる２つの精神病態における態度変換、すなわち「健全で損なわれていない箇所の態度の治療」の可能性について論じていく。

内因性うつ病

　内因性うつ病の「蜃気楼」には、理由のない悲哀、心理的な柔軟性の欠落、

将来に対する実体のない不安、消極性、不適切な自責感、そして、日々やるべきことに総合的に対処できないという感覚、が含まれる。こうした情緒的な錯覚は、脳細胞のシナプスの神経伝達物質が一時的に欠乏することによって引き起こされ、そのため、重要な神経刺激の伝達が起こらなくなる。神経伝達物質の流れは自然に「夜に低下」するが、その後にほとんど「上がらない」場合は、朝方に神経伝達物質の欠乏が最も強く表れる。そのため、「夜の低下」を避けるための断眠療法によって、優れた治療成績を収めることができる。

　病気の重症度によっては抗うつ薬が必須である。それに加えて患者が学ぶことができるのは、自分の「蜃気楼」を認識し、精神的にそこから少し距離をおくことである。それによって悲哀を軽減できるわけではないが、（たいていは周期的にやってくる）苦しみに対する自分の態度を修正することができる。フランクルは著書の中で次のような例えを用いている。雲が太陽への眺めを妨害するのと同じように、内因性うつ病による理由のない悲哀は、人生の意味という地平線への眺めを妨害する。心の雲が通り過ぎるのをゆっくり待つためには、雲の上には衰えることなく光があり、それが価値ある実存を照らしている、という信頼がなければならない。この態度に至った患者は、自分の中の暗い吸引力に精神が巻き込まれなくなり、そのためうつ状態の期間を以前よりもずっとよく耐えることができるようになる。そして、悲哀のただ中にいるときにはこの後に長い健康な時期がまたやってくるとは決して信じられないにもかかわらず、光を夢見る一縷の思いは、患者の中で熾火（おきび）のように生きつづけるのである。

統合失調症

　統合失調症の「蜃気楼」には、妄想、誤った現実の評価、自分が自分でなくなってしまったような感覚、追いかけられているという考え、総じて自分は主体でなく（例えば他者から影響を受けているような）客体であるという感覚、が含まれる。こうした認知の錯覚は、脳細胞の代謝障害によって引き起こされる。すなわち、ドーパミン系の誤活動と脳の各種領域の調節不全によるものである。老年性パラノイアや老年性認知症との違いは、両者は加齢

による減退に起因する傾向が強いのに対して、統合失調症は遺伝に起因しており、若い人でも発症する可能性があることである。

　病気の悪化を防ぐためには、適切なタイミングでの向精神薬の使用が不可欠である。残念ながら患者には自分が病気であるという認識がまったくないので、自分の「蜃気楼」を認識することはできない。そのため、最後の可能性として残されていることは、「蜃気楼の中で」態度を修正することだけである。セラピストは、患者にとって不都合になりそうなものを和らげるために、患者の非現実的な思考世界に入り込む。なぜなら、妄想に満ちて歪められた世界の中でさえも、ほんのわずかな精神の自由の余地は存在しているからである。したがって、患者は自分の想像上の敵を攻撃することもできるし寛大に赦すこともできるが、もちろん支持されるべきは赦すほうだろう。また、患者は自分の狂った考えを至る所で吹聴することもできるし、その考えを自分と主治医の間だけの秘密とすることもできるが、もちろん秘密にしておくことのほうが好ましいだろう。

　医療的な観点から見れば、これによって何も変化は起こっていない。しかし、このような態度変換によって、実際に患者は慣れた環境でほぼ普通のささやかな生活が可能になる。

　精神病者には心理・身体的な「意味のバリア」が存在し、それによって「意味への意志」への呼びかけが届かないと考えられる。内因性うつ病患者に対しては、このような呼びかけは非合理的な罪悪感を高めるだけである。統合失調症患者に対しては、彼らは意味と無意味を区別することが困難なため、呼びかけが「無意味への意志」を導き出してしまうかもしれない。精神病者には、（ここが神経症者とは異なる点だが）自分が病気であるということ（そして、自分が病気であることは自分の責任ではないこと）を意識化させなければならない。病気に対しては、患者はそれに忍耐強く耐え、できるだけやり過ごす以外にやるべきことはない。しかし、それと同時に患者の「精神の反抗力」への呼びかけが行われる。精神には、複雑に入り組んだ病気から最後の自由の余地を引き出す力があり、自由の余地から最高の意味の可能性を手に入れる力がある。

　精神病者と関わる際の規則は次の３つである。

第３部　ロゴセラピーの技法　　167

1. 「蜃気楼」が蜃気楼だと認識されるか、やり過ごされなければならない。もしくは、錯覚が肯定的な態度によって和らげられなければならない。
2. 患者は悪い時期を忍耐強く耐えるように勇気づけられなければならず、患者の関心は良い時期のほうに向けられなければならない。
3. 良い時期には意味の可能性が示されなければならない。悪い時期でも、もしかしたら意味の可能性によって「目立たなくさせる」ことができるかもしれない。

　これら3つの段階が成功しても、うつ的な不調や（部分的な）現実感の喪失が完全に消え去りはしないかもしれないが、患者は自分の人生を受け入れる力を自分の中に見つけることができる。先に述べた通り、医師による魂の癒しとは、投薬による治療に付け加えて提供されるものである。

　例としてある女性患者について述べよう。この患者はある病院から私のところへ送られてきた。私に求められたのは、この患者の最後の内因性うつ病期間の後のアフターケアであった。彼女の病気は6年前の更年期の始まりから続いていた。この間に彼女は4回の深刻な自殺未遂を起こしていた。4度目は特に大変だった。彼女は、森の中で睡眠薬を多量に飲んで意識を失っているところを、散歩中の人の飼い犬によって発見されたのだ。そこから3年間、心不全で亡くなるまで、彼女は私のもとで治療を受け、一度も自殺未遂を起こさなかった。

　彼女の治療は次のように構成された。まず私たちは、彼女の生活の健康な時間をより集中的に活用するようにした。彼女は、戦後の時代には好んで服を縫っていたと私に語った。そこで私は、彼女の知識をもう一度よみがえらせるために市民講座の裁断コースを受講するように促した。まもなく彼女は、知り合いや隣人のために型紙を作るようになり、そのことが彼女に喜びと新たな社会的つながりをもたらした。さらに、彼女はシニア体操講座に登録し、当初はためらっていたものの、後にはすすんで参加するようになった。

　2番目に私たちが行ったのは、彼女がまたうつ的な気分に苦しめられる事態（極めて高い確率で起こりうる）に備えての予防的なトレーニングだった。私は彼女に、「うつの雲」が立ち込めてくる最初の兆候があったときに自発

的に病院に行くようにということと、病院は最悪の時期を無事に切り抜けるための助けになるということを、事実に基づいた適切な論拠を用いて説明した。数週間調子が良くないことがあっても恥ずかしいことではない（世の中にはリウマチや神経性皮膚炎にかかっている人もおり、あなたの苦しみはこれらと同じである）ということと、あなたがこれから普通の人生を送っていくために一時的に「療養」に行くのだということを、折に触れて伝えた。こうした見方を習得することは、彼女にとってはとても大きな態度変換だった。なぜなら、彼女はうつ状態のときには家で山ほどの抗うつ薬（医師から処方されたものではない）を服用することに慣れ親しんでおり、その薬が彼女をもっとひどい絶望の状態に引きずり込んでいたからだ。しかし、最終的には彼女は私が提案した代替案に慣れていった。

　3番目の治療的措置は自殺予防のためのものだった。この患者はもうすぐ成人になる息子と一緒に暮らしていた。息子のためを思ってどんな状況でも人生にとどまってほしい、と私は彼女に頼んだ。それは息子が彼女を母親として差し迫って必要としているからではなく（息子はとても自立していた）、別の理由からであった。私は彼女に次のように説明した。自殺者の子どもは、自分の危機に対しても同じ「処方箋」で解決しようとする危険に常にさらされている。つまり、こうした子どもたちにとっては、調子が良くても悪くても生きる、ということが当たり前ではなくなってしまうのである。彼らが手にした手本によれば、生きることは当たり前ではない。そのお手本は彼らに対して、決定的とまでは言わないが、後々まで影響を及ぼすのである。

　いつの日か息子が不安を抱いて自分を傷つけようかどうしようかと悩むようになることを、この女性は望んだのだろうか？　いや、彼女はそのようなことは望まなかった。そこで私は、息子さんのために自分をいわば犠牲にしてみたらどうでしょう、と彼女を挑発してみた。人生がまったく生きるに値しないように見えるときでも、それにもかかわらず「息子さんの安全を思って」生き抜くのです、と。この忠告は彼女の心に届き、先にも述べたが、彼女は二度と自暴自棄な行動を起こさなかった。彼女は私とともに治療に取り組んでいた3年間の間に、あと2回（避けることのできない）うつ病期間が来て短期入院をしなければならなかったにもかかわらず、である。彼女がこの期間を勇敢に切り抜けたというだけでなく、この最後の3年間は、病気に

もかかわらず人生で最も満ち足りていた時期の1つであったことを、私は知っている。

ここで、専門家のために補足しておこう。内因性うつ病の自殺の危険が最も高まるのは、悪い時期が終息へ向かうときである。患者はまだなおひどく意気消沈しているが、その一方で、うつ病期間のどん底では麻痺していた決断力が再び回復し、それによって自殺が可能になってしまう。

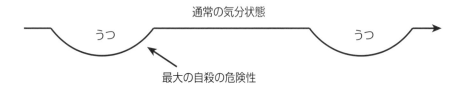

それゆえ、患者のうつ病期間の終息時に患者の調子が良いからといって、うっかり医療的ケアや心理的ケアを減らすようなことをしてはいけない。うつの終期は、病気の全ての経過の中で最も危険な時期である。一方でこの時期は、患者が健康だったときには変わらず存在していたあの豊かな人生の価値を、次第にまた評価できるようになってくる時期でもある。

26. 運命からの打撃を克服するために

身体的な病気と心理的な病気に対峙するだけでは、まだ「ホモ・パティエンス」の像は完成しない。その他に運命の打撃というものが存在する。その本質は、病気ではなく喪失、厳密にいえば価値の喪失にある。これらの例としては、友情の破綻、結婚生活の失敗、愛する人々の死、職業キャリアの終焉、大きな失望、取り返しのつかない失敗、金銭的な損失、などがある。これら全ては精神的なフラストレーションをもたらす。なぜなら、価値体系は精神次元に根づいているからである。しかし、精神的なフラストレーションは心理次元と身体次元にも影響を及ぼす。例えば、とても悲しい（＝心理反応的な抑うつ）、何も食べられない（＝心身相関的な反応）といった影響である。精神的なフラストレーションが悲しみの理由となり、悲しみは情緒的

な不調であり、これが摂食プロセス、すなわち身体面にも影響を及ぼす。

ここで、理由と原因の違いについて若干付け加えよう。私の前のテーブルの上にインフルエンザのウィルスがあるとする。私はそのウィルスに接触し、感染してしまう。この場合、ウィルスは私がインフルエンザにかかった原因である。もし私の免疫システムが十分に強固であれば、感染を阻止することもできるかもしれない。しかし、私の機嫌が悪かったために私の免疫システムは弱っていたとしよう。免疫の状態と情動の状態は「共調する」からである。さらに、私はかなり長い間怒っていたと仮定しよう。私は仕事上の問題や個人的な問題を抱えている。この怒りが私をインフルエンザに感染しやすくする作用を及ぼす。しかし、なぜ私はいちいち些細なことに対して怒るのだろうか？　私の絶え間ない不満感やイライラはどこからくるのだろうか？もしかすると、私は自分の人生に全体的に満足しておらず、自分の行為をシーシュポスの仕事〔ギリシャ神話で重い石を山頂まで運ぶことを永遠に繰り返すという罰〕のように感じ、自分が場違いな所にいるように感じ、自分の良心と調和できていないように感じているのかもしれない。すなわち、自分の実存を意味に満ちたものとして体験できていないということであり、それゆえに私は不幸なのである。もしそうならば、これが怒りや悲しみの引き金となり、私の健康に悪影響を与える心理的負荷の理由である。私がインフルエンザにかかる原因がテーブルの上のウィルスであることに変わりはないが、なぜ私がインフルエンザにかかりやすい状態だったかという理由は、私の実存的な苦しみであろう。

その逆も同じように当てはまる。健康でいる理由がある者にとっては、些細なことに対する怒りが害を及ぼすことはない。なぜなら、その人は根本的に人生への肯定的感情によって守られているからである。そのため、その人に対しては怒りが免疫系に影響を及ぼすことほとんどなく、もしインフルエンザウィルスが近くにあったとしても病気になることはめったにない。この典型的な例の1つが、小さい子をもつ母親である。統計によれば、彼女たちは健康面で非常に安定している。なぜなら、彼女たちには健康であるための極めて大きな理由があるからである。

原因は理由と同じではない。誰かが玉ねぎを切れば涙を流すだろう。その

人の涙に原因はあるが、その人に泣く理由はない。また、もしその人が不幸せで、ウィスキーを飲むとする。するとあまり不幸せではなくなる。その原因はウィスキーである。しかし、不幸せである理由は、何1つウィスキーによって取り除かれてはいない。(Frankl, 49)

　他の例は喫煙である。喫煙は肺がんの最大の原因である。しかし、人が煙草を吸い過ぎる理由は何だろうか？　その人の中に依存しやすい素因があるのかもしれないし、仲間から誘われているのかもしれない。しかし、私たちはここでも同じように問わなければならない。この人は、自分の傾向に打ち克つべきもっと大きな理由がなぜわからないのだろうか？　健康でいるべき理由はなんだろうか？　喫煙者の例では、その人の決断は身体に反映される。つまり、喫煙者は依存物質に手を出すという方法で自らを害し、彼の身体は癌細胞を生産するという方法で自らを害する。このことから、人間の生きる理由や基本的な動機について研究することは、病気の原因究明よりも重要であるとは言わないまでも、少なくとも同程度には重要であることがわかる。
　運命の打撃は心身の状態をかき乱す原因ではないが、十分な理由となる。ではここで運命の打撃と重篤な身体的疾患と心理的疾患とを比較してみよう。

重篤な身体的疾患	心理的疾患	運命の打撃
理由		理由
原因	原因	
心身の状態をかき乱すことの		

　重篤な身体的疾患は、理由と原因の両方になる。患者の心身の状態がかき乱される原因は自身の有機体の損傷であり、それが本人に痛みや苦痛をもたらす。その病気の危険性や望むような行動ができないというハンディキャップは、患者の気分が良くないことの理由になる。心理的疾患においては、

「急激な病状増悪」や病気が進行した段階で、患者の心身の状態がかき乱されることの神経科学的な原因が存在する。自分の病気に絶望する理由を患者はほとんど認識していない。なぜなら、彼らの思考は「モルガナのお化け（蜃気楼）」という幻想によって、かなり曖昧になっているからである。

　運命の打撃を受けた人間に話を戻そう。このような人たちを心理療法によって援助したいのであれば、彼らの苦悩の理由を取り扱わなければならない。その理由は例外なく何らかの価値喪失に基づいている。原則として、彼らには次のようなことを理解させる必要がある。どうやってこの価値喪失に心の中で折り合いをつけるか、どうやってそれに耐え、受け入れるか、あるいはまた、価値喪失を「より高い次元」で埋め合わせられるような新たな価値をどうやって自分の人生に呼び込むことができるか、である。これは想像するよりも、哲学的に妥当なことである。ロゴセラピーの概念体系を支えている３本の「柱」を思い出してみよう。それらの名は、意志の自由、意味への意志、人生の意味、であった。フランクルによれば、３本目の柱の人生の意味に至るには３つの「メインストリート」、すなわち創造価値、体験価値、そして態度価値の実現がある。この考えに基づけば、痛みを伴う現状に対して勇敢で堂々とした態度をとることは、意味を満たすことへの「メインストリート」であり、意味を満たすことは人生を豊かにすることである。たとえ、かつては価値喪失により意味が乏しくなっていた人生であったとしても。

　直接的で混じりけのない体験の現象学的分析、すなわち単純で素朴な「市井の人」の体験を聞きとりそれを学術的な専門用語に翻訳することによって明らかになるのは、人間は自らの意味への意志によって意味を求めるだけでなく、３つの道を通じても意味を見つけるということである。まず第一に、人は何かを行うことや成し遂げることによって意味を見出す。そしてさらに、何かを体験したり、誰かを愛することによっても意味を見出す。しかしまた、無力さに直面するような希望のない状況にあっても、場合によっては意味を見出すことができる。何によってそのようなことが可能になるのかというと、避けることのできない、そして変えることもできない運命に出会ったときの姿勢と態度によってである。姿勢と態度によってのみ、人間だけにできること、すなわち苦悩を人間的次元における業績に変換することが可能にな

る。(Frankl, 50)

　それゆえ、態度価値を実現することは、変えることのできない運命に直面し、その運命に対して英雄的な態度を取ることのできる人間のために特別に委ねられた（あるいは課された）課題である。もし彼らがこれを実践し、自らの苦しみを周囲にぶちまけることなく、神や世界に対する苦々しい思いを飲み込むならば、彼らは本当に貴重な価値を実現するのである。彼らは、苦悩の連鎖を生み出したり、無実の者へ自分の不満をぶちまけたり、自分がまだ持っているチャンスを破壊したりはしない。価値喪失によって陰鬱になった人生は、再び貴重な（価値に満ちた）ものとなる。

　フランクルによれば、人間がもはやそれに対して態度をとる以外に何もできることがないような不可避の運命は、苦悩と罪と死という「悲劇の三つ組」に分類することができる。というのは、どんな人間も必ず苦悩するときがあり、どんな人間にも必ず何らかの罪があり、どんな人間も必ず一度は死ぬからである。ロゴセラピーの「柱」は、どのように先鋭化していき、ついには人生最大の疑問である「死」という頂点へと至るのだろうか。

　以下では、態度変換の技法を用いる際の実践的な進め方について、フランクルの「医師による魂の癒し」から４つの根拠を抜き出し、「価値の明示」、「意味の明示」、「残っているものの明示」、「観点の明示」というキーワードに従って簡潔に説明する。

1．価値の明示

　私が「価値の明示」と名づけたものは、否定的な運命に対して肯定的でまっすぐな態度をとることは人間の素晴らしい業績である、ということを単純に示すことである。この指摘１つをとっても、「ひどい」状況に「屈しない」ことは真に称賛に値するということなど、様々なメッセージが含まれており、それだけで慰めや安らぎとなる。こうした称賛は単なる共感や同情をはるかに超えたものであり、苦難さえも大勝利に変えることのできる人間の精神の能力に対する誠実で真正な敬意を表すものである。

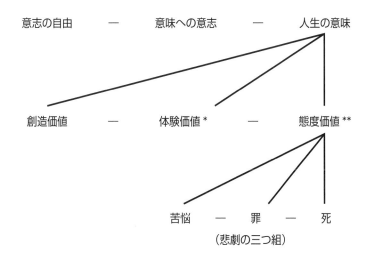

* ヴァルター・ベックマンは、体験価値をさらに２種類に分類した。他者との出会いや他者への献身に由来するような「社会と結びついているもの」と、芸術的体験や宗教的体験や自然体験などの「社会と結びついていないもの」の２種類である。
("Sinn-orientierte Leistungsmotivation und Mitarbeiterführung ", Stuttgart 1980, 86

** エリーザベト・ルーカスは、人生における好ましい状況に対する態度も重要な場合があると指摘し、ロゴセラピーの態度価値の概念を拡張した。それによって実現される価値をルーカスは「一般化された態度価値」と名付けた。
(Dissertation, Universität Wien, 1971)

2. 意味の明示

「意味の明示」とは、当事者がたとえ苦悩の中にあったとしても、それでも意味あるものや良きものは存在すると示すことである。これは慎重に行われなければならない。しかし、「それでもなお良きもの」を発見しやすいのは、当事者よりも他の人のほうである。

私は数年前に、交通事故で顔からフロントガラスに投げ出され、切り傷のひどい跡が残ってしまった若い女性のセラピーを行ったことがある。当時はまだ、外科手術で傷を治せるほど形成外科が発達していなかった。傷によって顔だちが損なわれてしまった女性は、もう恋人を見つけることはできないだろうと怖れ、絶望していた。私は彼女に何度も助言したが、彼女は人前に出て行くことも躊躇していた。私は彼女にこう言った。「そうですね。あなたには傷があります。それであなたが悲しんでいるのは、よくわかります。」しかし、あなたに知っていてもらいたいことが１つあります。それは、その

第 3 部　ロゴセラピーの技法　175

傷は見知らぬ人の心の善良さや友情の価値を判断することができる、素晴らしい測定器だということです。少しの傷のせいであなたを愛さないような人は、たとえあなたが花形映画女優のような美貌であったとしても、決してあなたの愛に値するような人ではありません。逆に、その傷にもかかわらずあなたを愛する人は、本当にあなたを愛しているのです。そのような測定器を持っていることは、場合によってはとても役に立つかもしれません……。」この考え方に彼女は納得し、絶望から脱出する助けになった。

3．残っているものの明示

「残っているものの明示」では、苦悩にまみれずに残っている肯定的な人生の可能性を示すことが重要である。それは、今ある痛みによっても押し流されてしまわない可能性である。それは、失われたものをどうにかして補償することではなく、「残っているものを救済」することである。これについても共感の能力が必要である。例えば、子どもの死を嘆いている母親に対して、あなたにはまだ２人の子どもがいると言って慰めることはできない。しかし、このような家族のショックな出来事の後ではなおさら残された２人の子どもにとって彼女が必要だということや、だからこそ彼女は心痛にどっぷり浸かっていてはいけないということのほうに、注意深く彼女の関心を向けていくことは、非常に有益である。

さらなる適用領域は老年心理学である。老年になると喪失が大きくなる。価値領域は制限され、変えられないことが増える。人生をもう一度やり直してより良く生きることはできない。しかし、人間の全ての存在次元が等しく老化によって侵食されるわけではない。身体次元はますます制限され、心理次元もますます柔軟さを欠く一方で、精神次元はまだまだ広げることが可能である。老年になっても驚くほど精神的に活発なままで、注目すべき業績を成し遂げた人々の例は数えきれないほど存在する。それゆえ、老いていく人間に説明しなければならないことは、彼らが全ての領域で限界に突き当たらざるをえないというわけでは決してないということ、そして、精神の領域では残された素晴らしい可能性がまだまだ開けるかもしれない、ということである。

4. 観点の明示

「ホモ・パティエンス」は、自分の苦悩を理解可能なものにしてくれるような哲学的あるいは神学的な物の見方を求めて叫んでいる。わずかに納得する程度のものは得られるかもしれないが、基本的に運命の打撃は「理解可能」なものではない。せいぜいできることは、状況が今とは異なる、より穏やかな光の中で見えてくるような観点を、本人と一緒に検討することぐらいである。ここからは「ロゴ哲学」に基づくいくつかの思想について論じよう。

あらゆる苦悩は成熟へのきっかけとなる。比喩的に言えば、人間は表層から深層へと深まっていくのである。そこで、それまでは無意識だった認識があらわになる。かつてアウグスティヌスは次のように記している。「ある物を失って痛みを感じるということは、あなたがそれを所有していたときに、それを愛していたという証である。」これは次のように補足することができるだろう。「そして、ある人を失って痛みを感じるということは、その人があなたの側にいたときに、あなたを愛していたという証である。」苦悩の中で成熟した人は、いまや人生の有限性をはっきりと知っているという点で、しばしば以前よりも「愛を自覚」しており、人生の貴重さによりいっそう感謝している。

罪は、内面の変化や償いへのきっかけとして理解することができる。罪を犯した相手に対して償いをすることがいつも可能とは限らない。しかし、それとは別の良い行いをすることによっても、罪を「埋め合わせる」ことはできる。また、心から悔いることや、罪を犯した人が更生しようとすることによっても、過ぎたことをさかのぼって意味で満たすことができる。それに加えて、罪は赦し（人間の最高の業績！）の出現を導くものでもある。お互いに謝罪し赦すという恩恵に満ちた融和の中で、人間は自分自身を超えて極めて大きな成長を遂げる。

死もまた、様々な観点から見ることができる。実際、死は私たちが生きるための励ましになる。なぜなら、もし私たちが計画を実行するために無限の時間を持っているとしたら、今ここで行動する理由がなくなってしまうからである。私たちは永遠に生きられるわけではないからこそ、毎日提供される意味の可能性をその日に実現する必要がある。なぜなら、その意味の可能性は、次の日には消え去ってしまっているかもしれないからである。しかし、

それが実現できれば明日を怖れる必要はない。一度実現された意味はその人の個人的な人生の物語の中に保存されて救出され、たとえ死によってさえもそこから切り離されることはない。

　人間の有限性は、とりわけその実存の時間性の中に示される。有限性はまず私たちの死すべき運命として現れる。しかし、まさにこの死すべき運命こそが人間の責任の本質を成しているということを、私たちは知っている。なぜなら、もし人間が不死であるならば、価値実現のための全ての機会を活用せずに見過ごしてしまうだろうからだ。何かをまさに今行わなければならないということは、まったく重要ではなくなってしまうだろう。なぜなら、この先のいつかの時点でもそれをまったく同じように行うことができるのだから。私たちの存在の時間的な有限性をひたすら考慮すれば、以下のような一種の定言命法で人間の責任性を完全に呼び覚ますことができる。すなわち、「あたかも二度目を生きているように、そして一度目は、ちょうど今君がそうしようとしているように、全て失敗したかのように行動せよ。」(Frankl, 51)

27．精神因性の神経症とうつ病

　これまでの章の考察は、もっぱら人生の悲しい運命の克服に関するものであった。しかし私たちは、心の不調は人生の「晴天の」状況においても確かに起こりうる、という考え方にも慣れておかなければならない。過去の豊かな時代に西欧先進諸国で精神因性の神経症とうつ病が蔓延したことが（道徳的葛藤もここに含まれるが、それは除く）、その何よりの証拠である。身体因性・内因性の疾患と受難による苦悩という回り道をしてきたが、ここで再び私たちはフランクルの神経症理論の中心に戻ってきた。精神因性の問題に関するもともとの定義は以下の通りである。

　その人の神経症の原因が、最終的に精神的な問題や道徳的葛藤や実存的危機に基づいている場合には、精神因性神経症という用語を用いる。(Frankl, 52)

ロゴセラピーは、心因性神経症に対しては固有の治療形態はなく、身体因性・内因性疾患に対しては「医師による魂の癒し」という意味での補助的治療となりうるのみだが、精神因性の神経症とうつ病に対しては「固有の治療形態」を持っている。なぜなら、精神次元に由来する神経症に対しては精神的なものによる治療が必要だからである。フランクルはこの神経症のことを「病気の原因となる実存的フラストレーション」とも述べているが、精神的な不快感それ自体は病気を引き起こすものではなく、まったく病的なものでもないということを、常に付け加えていた。なぜなら、精神的なものは病気にはなりえず、むしろ創造力の源泉として理解されるべきものだからである。あらゆる精神的な不快感は、望ましくない状況を変えようという気持ちにさせ、修正しようとする衝動を起こさせる警告信号のようなものだ。しかし、精神因性神経症においては、実存的フラストレーションは、不快感を強め修正への衝動を麻痺させるような「身体心理的な感情」と共に出現する。すなわち、本来ならば満足するものを生み出すはずの不満足感が、不満足感そのものにとらわれたまま、病気へと進行して行くのである。

　フランクルによれば、心理的な病気と精神的な危機は通常は排他的な関係にある。すなわち、鑑別診断としては、うつ病が内因性の（＝神経伝達物質の不足に起因する）ものなのか、反応性の（＝苦悩の体験に基づく）ものなのか、それとも、精神的な覚醒の表れとして、成熟した人間が古代ローマ帝国で「パンとサーカス」とされたもの以上、すなわち、金と享楽以上のものを求めていることによるのかを、正確に区別しなければならない。

　しかしながら、「意味を求める人間」は、今日の社会的な状況下では欲求不満になるしかない！　それは、豊かな社会や豊かな国家では人間の全ての欲求を満たすことが実際に可能であることと、そもそも個人の欲求が消費社会によって生み出されていることが原因である。唯一の叶わない欲求は、人間の意味を求める欲求である。これは私が「意味への意志」と名付けたものであり、人間の最も奥深くに内在する欲求は、人生において、もしくはより正確に表現するならば人生の個々の状況において、意味を見出そうとし、意味に向かって進み、意味を実現しようとする欲求である、ということである。

（Frankl, 53）

第３部　ロゴセラピーの技法　　179

次のような場合には、精神的な危機が心理的な病気をもたらすこともある。それは、人間が自らの内部からの信号を間違って受け取った場合や、重要な実存的な問いかけに対して間違って答えたりまったく答えられないような場合や、自分が何のためにこの世に存在しているのかわからない場合や、自分の存在を何の意味とも結びつけられず自分がいてもいなくても何も変わらないという気分に沈んでいる場合である。年齢によって症状は様々な形で現れる。若い人の場合は、症状はしばしば極端な行動という形で現れる。破壊的な暴動、急進主義やテロリズム、危険で刺激的な行為（トレイン・サーフィン〔走行中の列車の屋根や連結部に乗る危険行為〕、ビルからの飛び降り、破壊的カルトなど）、感覚を麻痺させるような騒音とリズムへの逃避、「将来性のない世代」による一切の拒絶、などである。中年期の人の場合は、貧乏くじを引いたことへの自己憐憫が典型的な精神因性の危機、いわゆる「中年の危機」となる。失ったものを取り戻すことへの切望、日常に対する不満、仕事や家族との結びつきの喪失が、幻滅によってさらに強くなる。すなわち「もうこれで全てなのか？」という気持ちである。人生で大きなやり残しがあるのではないかという不安と、まだこれから素晴らしいことを期待できるだろうかという疑問が、能力の最盛期にある大人を不安に駆り立て、馬鹿げた短絡的な行動を起こさせる。老年期における精神因性の問題は、辛い憂鬱、意欲のない無関心、無気力な諦めといった方向に衰弱していくことである。高齢者はいつも不平不満を口にしたり、自分から殻の中に閉じこもったりする。「忘恩は世の習い」と諺にもあるように、慢性的な悲観主義へと凝り固まっていく。何もかもが彼らにとっては気に入らないので、彼らを満足させられる人は誰もいない。おそらくは、自分自身の残りの人生さえも気に入らないのだ。

　不安神経症者は自分の不安から逃れたく思い、ヒステリー症者は権力や注目や愛を力ずくでも手に入れたく思い、「ホモ・パティエンス」は自らの価値と自由の余地が失われたのを惜しんでいるのに対し、精神因性神経症者にとって真に意味あることは何もない。良心の迷いという別の精神的な問題によって煩わされている患者を除けば、精神因性神経症者は、自分と世界に対する無関心によって識別することができる。彼らにとって「存在するものは

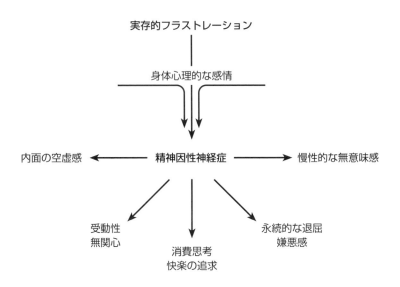

全て滅びるに値する」のである。

　次のように問うてみよう。もしも人間存在がその瞬間に抱くことのできるあらゆる欲求を完全に満たすことができるとしたら、その結果はどうなるだろうか。結果として待っているのは、充実の体験だろうか？　あるいはその反対の途方もない退屈や底なしの虚しさという体験、まさしく実存的空虚感だろうか？

　私たち神経科医は、まさにこうした空虚感と毎日、それどころか診察時間のたびに直面しているのである……。

　人間は、動物特有の本能に従っていたがゆえに安心安全だった楽園から追放された後、さらに第二の喪失をも甘受しなければならなかった。すなわち、本能の喪失に加えて伝統の喪失である。それは、人間存在の生物的な次元だけでなく社会的な次元における喪失でもあった。こうした内面的な空虚感に対する反応を、ロゴセラピーの専門用語では「精神因性神経症」と呼んでいる。(Frankl, 54)

　あらゆる神経症と同じように、精神因性神経症においても、「不安感」と

「過剰自己観察」が関係している。フランクルは、自然による「本能的指令」と伝統による「規範的指令」が次第に失われてきたことによる進歩的な現代人の不安を、「内側」にも「外側」にも信ずべき指針がない、と表現した。また、現代人の過剰自己観察は、生命的および社会的な困窮からの突然の解放（物質的な資産のゆとり、就業時間の短縮、社会保険、など）と、多くの領域で進む機械化と自動化の結果として生じている。機械化と自動化によって、人生の目的や生き続けることについての考えが頭から離れなくなる。今日の人間に与えられているのは昔の人間であれば臨終のときにのみ抱いたような心配事である、とエルンスト・ブロッホは主張したが、それには理由がないわけではない。

精神因性の神経症とうつ病には、以下の２つの危険な影響が見られる：

1. 人生における肯定的なチャンスを逃す。例えば、あり余る自由時間は意味ある行動への豊富な機会を提供する。しかし、こうした機会は活用されることなく、「実存的空虚」から「日曜神経症」、「定年の危機」、「空の巣症候群」などの問題に至る。
2. 不適切な行動が習慣となる。無制御で過剰な憤怒、性的倒錯、ドラッグへの耐えがたい衝動、カルト団体、社会からのドロップアウトなどに対して、精神による反抗は行われない。もし全てが滅亡する運命にある、または滅亡に値するというのなら、いったいなぜおのれと戦うのか？

これによって、精神因性の問題についても、通常の神経症と同様に「悪循環」が形成される。機会の喪失と不適切な行動は絶望的な状態と将来の不安を生み出し、それらが精神的な不快感を耐えがたいほどに押し上げる。

私はかつてミュンヘン大学の学生たちに、次の講義までに精神因性うつ病が疑われる自暴自棄な行為に関する新聞記事を集めて来てほしい、という依頼をしたことがある。学生たちは１週間以内に「将来の不安によって」命を絶った４人の若者のニュースを持ってきた。あるカップルは遺書を残して高層ビルから飛び降りた。遺書には「私たちは核ミサイルや環境破壊なしに生きたかった。しかし、その可能性を見出すことはできなかった……。」と書

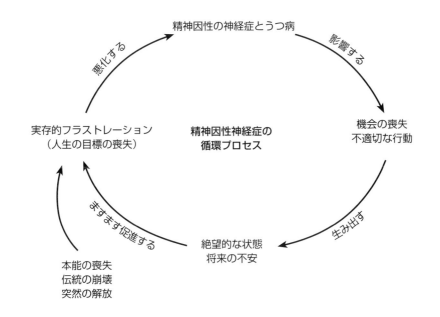

かれていた。ある20歳の女性は、「自分自身や自分の人生をどうしたら良いのかわからなかった」ので、車の排気ガスを吸引した。ある学生は列車に身を投げた。しかし、その理由は学校で何か問題があったからではなく、良い成績にもかかわらず「卒業後の絶望的な状況」がやってくるのが見えたから、というものだった。こうした恐ろしい結果は、無意味感と絶望的な状態がいかに密接に絡み合っているか、同じく無意味感と人生の「無価値さ」がいかに密接に結びついているか、を示している。これらが、自分を傷つけることへの抑止力を低下させる。

医師や心理療法家のクリニックを訪れる患者の中には精神因性の問題がしばしば見られる。患者は、自分に何が欠けているのかまったくわかっていない。患者がわかっているのは、自分には何かが欠けているということだけである。彼らは不機嫌で、あまり協力的でない。神経症の場合には、「人生の無意味さによる苦悩」が患者を快楽やスリルへの絶え間ない追求へと駆り立てるが、そうした快楽やスリルはますます強い欲求不満をもたらすようになる。うつの場合には、患者にとっては（行動主義的な意味での）どんな「強化子」も、報酬となる目的も存在しない。患者には何か（例えば自分の健

第3部　ロゴセラピーの技法　183

康）を評価したりその価値を認識したりする能力がなく、また、何かや誰かのために尽力する気もない。しかし、彼らのやる気のなさは、病的なエゴイズムに基づいているわけではなく、理想を放棄したことによる諦めに基づいている。

精神因性の神経症とうつ病は、運命の打撃の悲劇とは異なり、価値の喪失（それも嘆かわしいことではあるが）に原因があるのではなく、価値の認識能力の喪失に原因があることがわかる。価値の衝突やアンビバレント（フランクルのいう道徳的葛藤）に起因する問題を持つ患者たちは、どちらも実現したり同時に実現したりすることが不可能な複数の価値をもっており、それらの価値の優先順位についての認識が欠けている。しかし、自分の人生において何の価値も意味ある課題も感じられない者、すなわち「価値に対して盲目」となった者は、最も重要な人間の能力を退化させることになる。その能力とは、自己超越の能力である。彼らには、自分自身を超越できるような何か、もしくは自分自身を超越しなければならない何か、が欠けている。これによって、自分自身の全存在に対する疑問が永遠に続く。

最後に助言を1つ。ロゴセラピーでは、人間の人生の全ての問題を「結局は精神因性である」と解釈するような間違いを犯しはしない。それはまた別の一面的な決めつけを生むだろう。しかし、精神的なフラストレーションが心理的健康をむしばんでいる場合には、純粋に心理的な原因（無意識の衝動からくる何か）のみを探し求めてはいけない。さもなければ、人間の本質的な関心事から外れてしまい、治療も文字通り的外れなものになってしまうだろう。

28. 実存的空虚から抜け出す道

どのようにして人間は「実存的空虚」から自由になることができるだろうか？　ロゴセラピーでは、精神因性の神経症やうつ病は、患者の過去を詳しく解明すべき兆候が見られる数少ないものだと考えている。もちろん、それは彼らの人生の挫折や失敗を再び蒸し返すことによってではなく、以下のような質問によってである。すなわち、患者にとって最良の時期はいつだった

か？　自分の人生にすっかり満足しているように思われたのはいつか？　当時、何が起きていて、どんなことに没頭していたか、何を一番に気にかけていたか？　すなわち、「実存分析」が行われるのである。実存分析では、患者を「患者個人の責任性に目を向けて分析」し、埋もれてしまっているけれど患者が今でも責任を担っている存在の意味内容を調べて掘り起こす。例えば、音楽的な才能が生まれつき与えられている人には、その創造性を芽生えさせる責任がある。多彩な学校教育を享受した人には、その知識を有益に用いる責任がある。仲間からの愛や好意を経験した人には、受け取ったものをしっかりと次の人に渡していく責任がある。

　過去の人生における肯定的な「遺産」や古い意味構造を探求することによって、現在との結合点が浮かび上がり、その結合点によって患者が意味内容を再建することが可能になる。その意味内容に患者が慣れ親しみ心理的な結びつきを持つことによって、ある意味内容が「人生の内容」という価値へとステップアップする機会が得られる。例えば、ある人がずっと昔に楽器を習っており、そのことが彼に喜びをもたらしていたとする。セラピーの会話において、彼はもう一度その技能を高め、将来は余暇の時間の一部をそのために確保しようと決めたとする。これだけでも、患者は既に受動的にテレビを見ることから解放され、音楽サークルの中での新たな活動を獲得する。こうしたことが、彼に新しい意味体験をもたらす。

　セラピーでできることのもう1つは、お手本探しである。意味に満ちた人生を送っている人や送っていた人はどのような人物かを、患者に考えてもらう。通常、患者は何人か名前を挙げてくれる。それはアルベルト・シュバイツァーやマザー・テレサのような、人々から崇拝されている人物である。それに加えて患者と話し合うべきことは、どうして患者はその人物の人生が意味に満たされていると見なしたのかである。彼らの生き方の中で、特別であることや特別であったことは何だろうか？　患者も彼らに並ぶことができるだろうか？　何が患者をそうさせないようにしているのだろうか？　患者に合ったお手本探しをすることによって、ほとんど例外なく、献身と幸福との関係が明らかになる。すなわち、月並みな事実ではあるが、幸福とはある人にとって全てがうまくいっているということではなく、その人が他の何かにとって良きものだということなのだ。興味深いことに、病気の人はこのこと

第3部　ロゴセラピーの技法　　185

を非常によく感じ取っている。こうしたことは、たとえ「実存的空虚」の中にあっても人間が意味（Logos）について根源的に持っている知識は失われない、ということを証明している。

　これによって、患者は誰にとって重要な存在になりうるのか、誰にとって必要な存在になりうるのか、という点に目を向けるという観点の移行がもたらされる。「実存的空虚」には社会的な側面もある。誰も彼の扉をノックしないとしても、扉の外には、誰かを必要としている人たちが大勢いるのではないだろうか？　その人たちの助けになれるのは誰だろうか？　その人は、どんな影響力を持ち、どのように振る舞い、何をしなければならないだろうか？　そのような誰かの「肖像画を入念に描く」ことによって、患者が自分とその人物を同一視し始める、という作用があるだろう。

　技術的な方法としては、患者の想像力を呼び覚ますために、イメージ技法を用いることができる。イメージの中で患者は神経症的な抑うつという牢獄の扉を開け、そこから外に出て周囲を見まわす。外の世界で患者は何を見るだろうか？　何か喜ばしいものはあるだろうか？　それは、純粋な人生の意味ではないだろうか？　何か喜ばしくないものはあるだろうか？　それは、修正に向けて尽力せよという純粋な要請ではないだろうか？　精神因性の患者を治療するということは、彼らを無関心から引き離すということである。患者には、建前的な「健全な」世界ではなく、「治療されるべき」世界の一片が手渡される。患者がこれを引き受けるならば、患者は自分自身をも回復させることになる。

　さらなるセラピーの可能性として、「意味の感受性トレーニング」がある。患者は、自らが下す日常の些細な決断（大きな決断の際にはなおさらであるが、これについては後述する）の際に、次の5つの質問に答える習慣を身につけることが求められる。

1.　私の問題は何か？

　問題は漠然と理解しがたいままであってはならない。それに対して精神的な態度を取ることができるように、問題は具体的な事実に基づいて検証されなければならない。問題が明確になることによって、問題のない領域の輪郭も明確になる。このことは常に何らかの慰めとなる。

2. 私の自由の余地はどこにあるのか？

具体的な事実に即した問題は運命的な土台の上に見出される。なぜなら、それは歴史と結びついているからである。その問題は変えることができるかもしれないが、問題が成り立ってきた歴史の中には変えられない部分もある。変えることのできない部分から関心を引き離し、問題に染まっていない自由な行動の余地へと関心を向けるべきである。

3. 私はどのような選択肢を持っているか？

自由な行動の余地の中には複数の選択肢がある。そうした選択肢を、まったく評価を加えずに頭の中で集めることが次の課題である。この課題は想像力の訓練にもなり、多くの驚きが得られる。普段思いつくことを超えた所に、ほとんど思いつかないような選択肢がどれほどたくさんあるか、それはときとして驚くほどである。

4. その中で最も意味のある1つは？

ここで、「意味器官」である良心が「探偵の役割」を果たすために呼び出される。たとえ隠れているとしてもそこに存在しているもの、すなわち最も意味のある選択肢を見つけ出さなければならない。その選択肢が楽しいものであるかどうかは、ここでは考慮されない。ここで考慮されることは、その選択肢が全ての関係者に対してどのような結果をもたらすかである。

注意喚起のための付記

ロゴセラピーの世界観は、楽観主義なだけではなく客観主義でもある。意味は客観的に「そこに存在している」ものであり、そのため、意味は創作されるのではなく常に発見される、という前提に基づいている。意味は単に私たちの意識の中に存在するものではなく、世界の中に存在している。質問4において見つけ出されなければならないのは「瞬間の意味」であり、それは閉じたブラインドの隙間から漏れる太陽光が床に作る小さな黄金の光の点に似ている。地球上のあらゆる光を超越するものとして太陽という巨大な火球のきらめきがあるのと同じように、瞬間の意味は私たちのあらゆる理解を超越する「超意味」の写し絵である。ロゴセラピーでは、意味があると思うも

のを人間が恣意的に定義できるような、主観的な意味概念を認めない。そのような考え方は、黄色い点を床に描いてそれを太陽の光だと偽るようなものである。

5. 最も意味のある1つを私は実現する！

このトレーニングの最終段階は、患者自らの力によって実行されなければならない。患者の代わりにこの段階を引き受けることは誰にもできない。患者にこの段階を任せるだけである。それは患者自身が見つけ出したもの、自分自身による意味の選択の決定に対し、「よし、そうしよう」と言って、実行することである。

このようにして下される日常的な決断の総和から、次第に患者の新たな方向性が形作られていく。これによって、患者は空虚から抜け出し「太陽の光に沿って」導かれて行く。以下では1つの例を紹介しよう。

1. 私の問題は何か？

ある患者の問題は、週末になっても何をしたら良いかわからないことだった。患者はやる気が起きず、物事全般に対する興味を失っていた。すなわち、「日曜神経症」に苦しんでいた。いつも仕事に追われ残業をしている平日には、あまり問題がなかった。

2. 私の自由の余地はどこにあるのか？

週末が来ることと意欲がまったく湧かないことは、患者にとって運命的であり、変えることはできない。人間は自分の感情を自分の好きなように選ぶことはできない。それでも患者は、週末に何をするかを（たとえ興味がなかったとしても）自由に決定することができる。

3. 私はどのような選択肢を持っているか？

無限の想像力が求められる。患者が思いつくことを、どのようなことでも集めれば良い。ベッドの中でうとうとするか、起きて本を読むか、大麻を吸うか、音楽を聴くか、窓から飛び降りるか、酒場に行くか、サイクリングを

するか、母親に電話をするか、手紙を書くか……。

4. その中で最も意味のある1つは？

患者は、今の状況で最も意味のあることは、週末にかつての同僚に宛ててずっと昔に約束した手紙を書くことだということを、しぶしぶながら認める。なぜなら、彼は同僚から何度も電話をもらっていたが、一度も自分から近況報告をしていなかったからである。

5. 最も意味のある1つを私は実現する！

患者は乗り気ではなかったが、気力を奮い起こして手紙の下書きをした。書いているうちに思っていた以上のアイデアがどんどん浮かんできて、予想に反して素敵な手紙ができあがった。患者の中で自分に対するささやかな満足感が芽生え、まずまずの気持ちで週末を終えることができた。

これとは別に、新たな意味の機会が広がる可能性もある。もしかしたら、同僚が手紙を受け取ったことで、眠っていた人間関係が復活するかもしれない。もしかしたら、その出会いが実存的フラストレーションを克服するきっかけになるかもしれない。どうなるかは誰にもわからない。

ときには、気乗りがしなくても、ともかく意味があるからという理由だけで何かを始めなければならないこともある。やる気や喜びは、その意味あることを行っている間に後からついてくる。満足感とは、あらゆる意味ある行動の吸引力につられて引き出されるようなものだからだ。逆に、意味ある行動のやる気が出てくるのを待っているときに、満足感が得られることはめったにない。「永遠に」待ち続けることになる可能性もある。

最後に対比を示しておこう。これまで、高い割合で見られるにもかかわらず、伝統的な心理療法ではほとんど注意を払われてこなかった2つの障害について論じてきた。すなわち、精神因性神経症と「ホモ・パティエンス」の苦悩である。両者の出発点は対照的だが、両者には共通点がある。人生の意味の可能性が認識されず、実現もされないことである。

「ホモ・パティエンス」では、意味の地平線は部分的に雲に覆われている。深刻な価値喪失に苦しんでいる部分では、ここに関する意味を実現する可能

第3部　ロゴセラピーの技法　　189

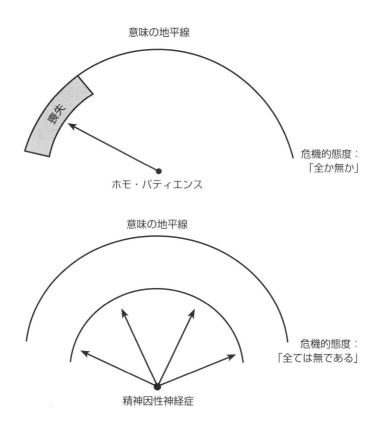

性は制限されているか失われている。問題は、彼がこの部分について「不運」以外のなにものでもないという見方しかしていないところにある。「全か無か！」という悲劇的な態度が、彼を不幸の中に固定してしまう。

　精神因性神経症者では意味の地平線は全てに開かれており、もし本人が良い生活環境で暮らしているならば、意味の地平線はとても広い。しかし、彼の「心の眼」には不透明な「ベール」がかかっており、彼が意味実現の可能性に近づくことを拒む。「全ては無だ！」という悲劇的な態度が、彼を「実存的空虚」の中に繋ぎとめてしまう。

　そのため、「ホモ・パティエンス」の場合には、患者がまだ自分の自由にできる意味の地平線に目を向けられるよう、セラピーにおいて観点の移動を行わなければならない。一方、精神因性神経症者の場合には、患者の精神の

「視力」が広く開かれなければならない。

> 重要なことは、私たちが患者に存在意義を与えるのではなく、ただひとえに、私たちは患者が存在意義を見つけられる状態にもっていくこと、すなわち、私たちは患者の視野を広げ、それによって患者が広範で多様なその人ならではの具体的な意味と価値の可能性に気づくようにすることである。
> (Frankl, 55)

　道徳的葛藤、すなわち良心の葛藤を根底に持つ精神因性の神経症とうつ病の問題にも、少し触れておこう。セラピストにできる最善のことは、患者の精神の闘いを真剣に受け止めることである。患者自身も、無意識の深層ではどの決断が適切でその決断に向けて成熟しなければならないということを、薄々感づいている。ときには、同伴者であるセラピストが小さな態度変換の助けを借りてそれを容易にしたり、患者がその「徴候」に目を向けるよう励ましたりすることができる。ある特別な場所と状況は、私たちの良心のアンテナを「磨き」、世界の雑音をろ過し、取り去ってくれる。リラックスや静寂や孤独は、そうした治療に役立つ状態である。澄みきった夜の星空の下に座る、あるいは高所の見晴らしの良い地点から日の出を眺める。こうした体験は心動かされる体験であり、向かうべき方向性を明確にしてくれる。最後に星空や日の出をゆっくり鑑賞しそれを味わったのはいつかと問うても、都会に住む人はほとんど思い出せないだろう。芸術家や詩人だけが、こうした壮大な感動が心を震わせることを知っている。そして、ロゴセラピストもまた、このことを知っている。ロゴセラピストは、価値の葛藤、決断に伴う不安、両価的な迷い、神の探求、そして何かしら「心がざわつくこと」に対して、荒野の散歩や、森でひざまずくことや、湖でボートに揺られることや、空を眺めることを、錠剤の代わりに処方することがある。本質的でないものを遮断することによって、本質的なものが明らかになるのである。

　先述のとおり、場合によっては、医師は、病気に起因するのではない正真正銘の人間的な問いに対して、神経科医としてではなく1人の人間として答える義務がある。そうすると、私たちには、医師としてそのような権限を有

しているのか、どれだけの権限を有しているのか、という疑問が生じる。というのは、明らかにここでは医師の個人的な世界観と患者に対する個人的な意見の押し付け（オクトロイ）が問題になるからである。〔中略〕しかし、この状況における医師の責務は、患者が自分自身の世界観と人生観に到達するまで患者を導くことではないだろうか？　自らの責任で人生に至る新しい精神の道を見つけられるように、導くことではないだろうか？　(Frankl, 56)

29.　睡眠障害と性的障害はどのようにして生じるか

　これまでにロゴセラピーの３つの技法群のうちの２つを扱ってきた。すなわち、人間の自分自身との付き合い方については逆説志向、そして、自分に関係する何かに対するその人の態度については態度変換である。しかし人間は、一定の距離をとって自分自身に対峙したり、自分や他人に対してある態度をとったりする能力だけを持っているのではなく、完全に自分自身を超えたその先を見ること、つまり、自分自身を無視することもできる。それはその人が、自分の外側にある何かと精神的に関わり合うからである。治療的な観点から言えば、これは、人間は理想の価値のために自分自身の弱さや至らなさを含んだエゴを脇に置くことができる、ということである。ここでいう理想の価値とは、それを実現することによって自分の弱さを超えて成長できるような価値のことである。こうした考えに基づき、過剰自己観察消去というロゴセラピーの技法が作られている。

　過剰自己観察消去は、ヴィクトール・フランクルによって既に戦後初期に、心因性の睡眠障害と性的障害の克服のための個人治療技法として開発されていた。これまでにわかっていることは、不健康な過剰自己観察メカニズムは、様々な病気の症状に対してもあらゆる一般的な事柄に対しても関与している可能性があり、自己観察消去によってそのスイッチを切ることが重要だということである。過剰自己観察には、引き金がある場合もあればない場合もある。以下では、過剰自己観察によって引き起こされる４つの症状を簡単に紹介しよう。

1. 心因性の睡眠障害

睡眠障害は、患者が眠れないことに注意を向けることによって、ますます取り除きにくくなる。ある人が夜に目が覚めた状態でベッドに横たわり、自分がどれほど眠りにつきたいか、しかしそれができないか、ということを絶えず考える。すると、そのことによって「入眠への自動的なプロセス」が遮断される。すぐにそこに過剰志向が加わってくる。それはとにかく眠りたいという必死の意志であり、その過剰志向が完全に彼を覚醒状態にさせる。睡眠障害者は神経質になり、繰り返し時計を見ては睡眠不足による翌日の影響を想像し、何が自分の入眠を妨げているのだろうかと、自分の睡眠の問題について常に思いを巡らせる。

> **睡眠障害者は1日中眠気を感じている。しかし、ベッドに入る時間になると、眠れぬ夜への不安にとりつかれ、落ち着きを失って興奮してくる。すると、その興奮によって彼はますます眠りにつけなくなってしまう。ここで彼は極めて大きな間違いを犯している。それは、彼が入眠を待ち焦がれているということである！ 注意を集中して、彼は自分の内面で起こっていることを追いかけている。しかし、注意を集中すればするほど、寝入ってしまうほどにすっかりリラックスすることは、ますますできなくなる。というのは、睡眠というのは完全な緊張の緩和以外の何ものでもないからである。彼は眠ろうとして意識的に努力する。しかし、睡眠というのは無意識に没する以外の何ものでもない。睡眠に関する全ての思いや眠りたいという意志は、人を眠らせないことだけに寄与することになる。**(Frankl, 57)

ここでも再び神経症の循環プロセスが形成されている。すなわち、よく眠れなければ眠れないほど、睡眠の問題についてのその人の過剰自己観察と過剰志向は強まり、問題はよりいっそう大きくなるのである。

2. 心因性の性的障害

性行為は、過剰自己観察や過剰志向と非常に相性が悪い。過剰自己観察も

過剰志向も、性行為を行うことやオルガスムス体験を不可能にする。人間の性行動はパートナーへの献身を必要とし、それは同じくパートナーへの集中も必要とするということである。前戯中に十分に勃起しているかどうか自分をチェックしている男性や、性的な行為を行っている間に身体が反応しているかどうか自分を観察している女性、このような男性や女性は性の喜びへ至ることはできない。幸福な性交とは男女間での身体的な愛の表現であり、愛を強要することができないのと同じように、幸福な性交も強行することはできない。

　　性的神経症者は、性的能力やオルガスムスといった形の性的な快楽を求めて戦う限り、何かを求めて戦い続けることになる。しかし残念ながら、快楽を求めれば求めるほど、それは消え去ってしまう。快楽の獲得や自己実現への道は自己献身と自己忘却の先にある。これを回り道だと捉える者は、近道を選択し、快楽という目的へまっしぐらに突き進もうと試みる。すると、この近道は行き止まりであることが判明する。(Frankl, 58)

　快楽への努力を無理に行った結果としてもたらされるのは、心因性の勃起不全、不感症、性的役割における不安感などである。それらによって性的な場面でますますぎこちない行動が生じ、性的障害へと至る。
　性的倒錯についてもこの関連で理解できる。パートナーに対する優しさや無私の献身がなければ、「通常の」性交は困難な雰囲気に満ちたものになる。そこに突如として何らかの強い性的刺激が加わると、容易に性的な絶頂が呼び起こされる。性的障害者はその刺激に「固着」したままとなる。すなわち、彼が勃起できるのは、鎖でつながれたとき、女性の下着を鼻にあてたとき、子どもを目の前にしたとき、女性が力いっぱい抵抗しているとき、といった場合のみになる。このような不適切な性的刺激への依存が現実的な危険をはらんでいることは明らかである。
　性的な問題以外にも同様の病理的な過剰自己観察メカニズムが働いているものとして、言語障害、動作障害、嚥下障害などがよく知られている。それらはいずれも無意識的で自動的なプロセスであることが重要であり、自己観察が行われない限りにおいてのみ、その恒常性と調和が保証される精神運動

機能である。例えば、話すときに注意が向けられるべきは、何を話すかであり、どのように話すかではない。どのように話すかに注意を向けたとたんに、その人は話すときの自分の舌や唇の動きを観察し、それによって吃音に陥る。なぜなら、話すという自動的な流れが妨げられるからである。（その後、偶然に起こった吃音が予期不安によって不安神経症の症状へと至ることは、既に述べた通りである。）これと同様のことが、食べるという現象にも当てはまる。食べるときに注意が向けられるべきは、何を食べるかであり、どのように食べるかではない。噛んだり飲み込んだりという動きを正確にコントロールしようとすれば、ほんの一口の食べ物を飲み下すことさえ困難になるだろう。さらに別の例はダンスである。初心者はみな、新しく習ったステップに集中しながらリズムに合わせ続けることがどれだけ難しいかを知っている。しかし熟練者は、自分の足のことなど忘れ、音楽の調べに心を躍らせながら、自動的にリズムに乗っている。これは、そんなにたくさんの足をいったいどうやって秩序正しく動かしているのか、と質問されたことによって歩けなくなってしまったムカデの寓話と同じである。

3. 人生に対する問題のある基本的態度——引き金あり

　ある人が職業訓練を修了したが、その後、自分に合った分野の仕事を見つけられなかったとしよう。彼は何に対しても興味を示さなくなり、唯一話すことと言えば、もしこの分野の仕事に就けていたらどうなっていただろうか、ということだけである。彼は自分の状況を国や社会のせいにするが、その状況を変えるための行動はほとんど何もしない。彼はひっきりなしに自分の心痛のことばかり考えており、そうすることによって、対処法や解決の可能性を探る道を閉ざし、柔軟性を失ってしまっている。仕事が見つからない人は、睡眠障害者とまったく同じ仕組みで、その状況から抜け出せないのである。

　驚くべきことは、「過剰自己観察の引き金」になるのは、自分に非のない失業状態のような重大な運命の打撃だけに限らないことである。もっと些細な人生の出来事であっても、人間を震える輪の中に病的に「巻き込んで行く」思考のスパイラルの出発点となりうる。

第3部　ロゴセラピーの技法　｜　195

4. 人生に対する問題のある基本的態度──引き金なし

　過剰自己観察メカニズムには、いつも引き金が見つかるわけではない。自分の健康に対する「自然発生的な」過剰自己観察も存在し、それは実際の健康を妨げる。朝起きた時点からもう、よく眠れただろうか、夢は見ただろうか、と考える人もいる。仕事へ向かっているときには、仕事のやる気が出るだろうかと心の中で聞き耳をたてる。そして、あれこれ思い悩めば悩むほど、やる気はなくなっていく。仕事中は同僚や顧客からの無思慮な言葉をいちいち気にとめ、彼らは自分を病気にしようとしているのではないかと考える。この後もずっとこの調子で続いていく。自分の調子が良いかどうかという問いにいつもとらわれており、そのせいでいつも気分が良くないという結果を生じさせている人たちがいる。単純にのびのびと生きる可能性を自分で台無しにして、外界を自分のそのときの気分の写し鏡にすぎないものへと貶めている。

　このような過剰自己観察に塗り込められた自己中心的な人生の基本的態度の問題点は、心身相関関係の中にある。このような基本的態度は常に緊張を生み出し、常に緊張していることが潜在的な病気を呼び覚ます。

　心身症的な疾患には2つの要因が存在する（心因性疾患との違いに注意！）。すなわち、もともとの身体的な損傷と心理的な引き金、つまりストレス要因である。ある医師の学会で、これについての印象的な例え話を聞いた。もともとの身体的な損傷は屋根瓦の微細なひびに、そして心理的な引き金は雷雨に例えることができる。もしこの2つが同時に起これば、瓦は壊れてしまう。この場合、瓦の損壊はひびのせいであるとも（そうであれば瓦はとっくに壊れていただろう）、雷雨のせいであるとも（そうであれば全ての屋根瓦が同時に壊れただろう）、主張することはできない。そのどちらでもなく、穏やかな天候では問題なかったもともとの瓦の損傷が、雷雨には耐えることができなかったのである。

　心身症的な現象においては、心理的な引き金、つまりストレス要因が人間の感情状態を悪化させる。悪化した感情状態は免疫状態と病気に対する抵抗力、すなわち有機体の補償能力を弱め、それともともと存在していた身体的な損傷とが組み合わさることによって、病気の発症を誘発する。人生に対す

心身症的な疾患の見取り図

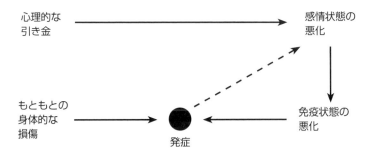

る問題のある基本的態度によって常に緊張状態が生じている場合は、心理的な引き金すら必要ない。なぜなら、このような場合は感情状態が常に望ましくない状態であり、それによって病気にかかりやすくなっているからである。

　どのようにして私たちは心身症的な疾患から身を守ることができるかを考えてみよう。器質的な、あるいは細胞がもともと持っている損傷に対しては、私たちは非常に無力であり、誰もがどこかに器質的な弱さを持っている。スポーツや健康的な栄養摂取によって身体を健康に維持することはできるが、自然な老衰に対して抵抗することは誰にもできない。また、心理的な引き金やストレス要因からも、たいていの場合は免れることはできない。これらは偶然というゲームに支配されている。もちろん、穏やかで規則的かつ健全な1日を過ごすことは最良の予防にはなるが、それによって人生の不確実さを回避できるわけではない。しかし、感情状態とそれに伴う免疫状態に対しては、精神的な手段によって影響を与えることが可能である。過剰自己観察によって自分自身に張り付いた恒常的な緊張状態が、ありとあらゆる病気につけいる隙を与えてしまう。したがって、精神を外界のポジティブな要素や人生を豊かにしてくれるような要素に集中することによって、心理的・身体的な健康を守ることができる。これが自己観察消去の秘密である！　医師の学会の例えをもう一度引き合いに出すならば、それは、ひびの入った瓦の上にガラスで雨よけの屋根を作るようなものである。ガラスの屋根を通して太陽の光は差し込むが、嵐はそれによって跳ね返すことができる。

第3部　ロゴセラピーの技法

心身医学は、なぜ病気になるのかよりも、なぜ健康のままでいられるのかのほうを、よりよく理解させてくれる。〔中略〕この点に関して心身医学は非常に貴重な助言を与えてくれる。また、これによって、医学は不可欠な病気治療の領域から、可能な病気予防の領域へと重点を移す。心理的なものからくる引き金のある所にはそれに対する予防法も存在しなければならないというのは、当然のことである。(Frankl, 59)

　外の世界における意味の充足に精神的な関心の中心を合わせることは、人間の感情状態を安定させ、それによって免疫状態も安定し、さらにそれによって多種多様な心身症的な疾患を防ぐことにもなる。

30.　自己中心主義に対する処方箋

　過剰自己観察消去の技法には、患者を病気にさせる過剰自己観察に対して速やかにブレーキをかける「ストップ標識」の設置と、患者の思考を新しい方向、すなわち自己中心の方向ではなく、外の世界の方向、意味中心の方向へと促す「道しるべ」の設置とがある。

　「ストップ標識」はある種の禁止であり、無視すべしという標識である。もちろん、無視すべしというときには何を無視するのかが重要であり、勇気を出して行う方が良いことまで押さえつけるわけではない。「道しるべ」はある種の命令であり、無視すべきではない。この両者が共にあることで、患者の注意がバランス良く修正される。

　考察してみよう。逆説志向の力を借りて、患者は自分の不安な予想を修正する。態度変換の力を借りて、患者は自分のネガティブな態度を修正する。過剰自己観察消去の力を借りて、患者は間違った方向へ向いている自分の注意を修正する。この３つの「修正すべきもの」、すなわち予想、態度、注意のいずれもが、人間が自分が生きる世界と対峙する中にあって典型的に行う精神的行為である。予想は、世界から人間に注ぎ込むものと関係がある。態度は、人間が世界に向けて放つものと関係がある。そして注意は、世界の中

でその人が「属している」部分と結びついている。なぜならその人の精神が「そこ」にあるからである。

　以下では、過剰自己観察消去の実際の進め方を前述した4つの症状ごとに見ていこう。その際に言っておかなければならないことは、過剰自己観察消去の進め方には、多くの変形や改変が可能であり、かつ必要でもあるということだ。

1. 心因性の睡眠障害

　「ストップ標識」を設置するために、世間一般の見解とは反するが、夜にどれだけ眠るかはまったく重要ではない、ということを患者に伝える。なぜなら、身体はいかなる場合でも、絶対に必要な最低限の量の睡眠を取るからである。そのため、患者は欠乏症状や能力低下などの心配をする必要はない。長期に渡って不安定な睡眠が続けば、そこで失った睡眠を取り戻すために、必ず深い睡眠の期間がくるようになっている。したがって、患者は自分の睡眠を気にかけるのではなく、その反対に、夜に目が覚めたとき自分にこう言えば良い。「目が覚めてよかった。いろいろ素晴らしいことを夢想できる時間をプレゼントされたも同然だ。どっちみち人間は人生の半分を眠って過ごしてしまうんだから！」（ここには、ささやかな逆説性も感じられる。）

　　有機体はいかなる場合でも絶対に必要な睡眠量を確保できるという、私たちの主張する事実に対する理論的な信頼だけでは、予期不安から生じた睡眠障害を悪化させないほど患者を落ち着かせるには、決して十分ではない。私たちは、このような患者に対して、眠れない時間に正しい態度をとるように指導する必要がある。患者はできるだけリラックスするだけでいい。なぜなら、単にリラックスしただけでも（短く表面的ではあるが）睡眠と同じような効果があるからである。(Frankl, 60)

　「道しるべ」に関して明らかなことは、何か（ここでは「睡眠の問題」）について考えないように命令することはできないということだ。できるのは、何か別のことを考えるように提案することだけである。それゆえ、患者が眠

第3部　ロゴセラピーの技法　　199

れない時間に心の中でやるべき小さな課題を出すことが重要である。例えば、患者は過ぎた日をもう一度よく振り返り、その最高の瞬間を心の中で「十分に味わう」ことができるかもしれない。あるいは、自分だけの「不思議の国」に飛んで行くことだってできる。ハイキングに出て、良い香りのする草の中に横たわり雲を眺めてもいいし、あるいは、浜辺で心地良く温かい砂の中に身を埋めて、ヤシの葉から吹いてくる涼風を楽しんでもいい。全てを詳しく、あれこれ想像して空想するのである。私の患者で根っからの「本の虫」だった女性に対して私が提案したのは、毎晩ベッドで章の終わりをあえて3ページ残して本を読み、そこで電気を消すということだった。そうすれば彼女は、不定期に訪れる眠れない時間を使って、この章はどういう風に終わるのだろう、とか、自分が作者ならこの続きをどのように創作するだろう、と思い描く機会を持つことができるだろう。しかし、この試みがまったく成功しないので、彼女はとても怒っていた。夜に本の内容に集中しようとすると、いつもあっという間に眠ってしまったからだ……。

　　私たちがはっきりと患者に求めたのは、睡眠のことだけではなく「むしろありとあらゆることを考える」ことである。つまり、患者に「睡眠」という事柄へ向かう注意を否定して回避するのではなく、注意を別のテーマへと積極的に向けることを求めたのである。(Frankl, 61)

睡眠に関することでない別の何かへの精神的な集中が活性化すると、過剰自己観察消去のプロセスが訪れ、患者は自然と再び眠りに落ちる。

もう一言、睡眠薬について述べておく。誰であろうと睡眠薬に手を出すことはお勧めしない。睡眠薬は依存になりやすく、それを断つことが極めて難しい。なぜなら身体がその「手助け」に慣れてしまうからである。長い目で見た場合に効果的なのは、フランクルが記した「逆説の処方」である。その目的は、入眠を自然に促すような強い眠気を夜に呼び寄せるために、日中の覚醒水準を高い状態に上げておくことである（コーヒーや、ジョギングによる大量の酸素摂取なども有効！）。

2. 心因性の性的障害

性的障害、特に勃起障害に対しては、効果てきめんな「ストップ標識」がある。すなわち、期間を限定した性交の禁止である。これによって、性的な場面はその要求的性質を失う。なぜなら、性交をなんとかして行おうという意図がなくなり、こわばった自己観察の意味がなくなるからである。患者はパートナーに対して、健康上の理由で一時的に完全な禁欲を勧められたと説明するように指示を受ける。これによって、過剰自己観察による性的障害のスイッチが切れる。

その次に（できるだけ感情移入しやすい）「道しるべ」を用意する。患者は、心の中で彼女に感じている愛を意識して、パートナーと向き合うように求められる。彼女を優しく撫でたり、彼女の望む打ち明け話にじっくり耳を傾けたり、彼女を唯一無二の人間として丸ごと理解しようと試みたり、彼女に対する想いを思いつくまま創造的に表現してみたり、そうしたことをしなければならない。

> 人間の性は常に単なる性を超えたものである。というのは、性は愛を求める努力が表現されたものだからである。もしも性が愛を求める努力の表現でなければ、完全な性的な悦びへ至ることもできない。したがって、たとえ他の理由が異を唱えたとしても、可能な限り最高の悦びを得るために、私たちは性にもともと備わっている人間の潜在的な可能性を味わい尽くすことを支持しなければならないだろう。その可能性とはつまり、人間同士の最も親密で最も個人的な関係である愛を、肉体で具現化することである。(Frankl, 62)

性交が禁止される一方で、他方では、パートナーへの愛に満ちた優しい献身が求められる。すなわち、自分自身の代わりに他者に対して精神を集中させることで、性的能力が自動的に回復する。そして、いずれ患者は性交の禁止を守れなくなる。これによって心因性の性的障害は取り除かれる。これと同じことが女性の不感症にも当てはまる。2人きりの状況でオルガスムスを求めまいとすればするほど、かえってオルガスムスが起こるのである。

同様に、様々な性的倒錯の問題も、性交禁止によってのみ断ち切ることが

第3部　ロゴセラピーの技法　　201

できる。不適切な性的刺激と性的絶頂体験の結びつきは、禁欲というハサミによっていったん切断されなければならない。そして適切な「道しるべ」によって、人間と人間の一般的な関係（男性や女性、若者や高齢者との友好的な関係）を増やすという方向性を示す。そうすれば（真っ当な出会いであれば）本物の友情から本物の愛が生まれる。そして、本物の愛によって通常の性行動を取り戻すことができる。

3. 人生に対する問題のある基本的態度——引き金あり

特定の引き金があって自分の健康に対する過剰自己観察が起こっている場合には、態度変換によって芝居がかった態度を取り除く必要がある。例えば、労働市場の現実的な問題が原因で仕事に就けない患者に対しては、運命の打撃の克服モデルに従い、ロゴセラピー的な対話を行う。すなわち、患者の注意を残されている自由の余地に向け、そこで患者と意味の可能性を探求しようとする。しかし、その次に必ず過剰自己観察消去による治療に進まなければならない。そうでないと、患者がまた次に小さなものであれ大きなものであれ、人生の荒波に遭遇したときに、極端な過剰自己観察によって反応してしまう危険があるからである。

4. 人生に対する問題のある基本的態度——引き金なし

人生に対する否定的な基本的態度に効く信頼できる技法は、私が過剰自己観察消去を拡張して考案した「過剰自己観察消去グループ」である（単独でも態度変換との組み合わせによっても用いることができる）。これは個人セラピーの代わりとなるものではなく、個人セラピーを補完するものである。

「心理療法の集団化」という言葉が言われるようになった。この言葉はどのように理解できるだろうか？　この場合、私たちは集団心理療法を思い浮かべる。それについては端的に次のように言えるだろう。すなわち、集団心理療法を適用するには要件がある、と。それでもなお、私たちは集団心理療法には適切な対象が欠けていることを忘れてはならない。なぜなら、その対

象は実際の「集団心理」であるはずだが、集団心理というものは、厳密に存在論的な意味では存在しないからだ。ということは、あらゆる真の心理療法にとってより本質的なことは、個人に関心を向けることである。(Frankl, 63)

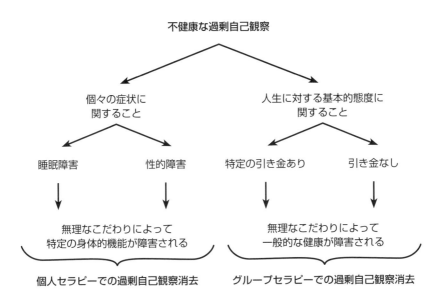

　過剰自己観察消去グループにおける「ストップ標識」は、最初のグループセッションの際に申し合わせる。参加者は全員、自分自身について否定的な発言をしないという約束をする（参加者は診断と既往歴を考慮してグループに適した人でなければならない）。これによって、過剰自己観察と自己否定と自己中心性との間の、不幸な神経症特有の結びつきを、直ちに緩めることができる。どんなテーマについて話しても構わないが、自分に関する否定的な発言だけは認められない。参加者は、少なくともグループセッションの間は自分の過剰自己観察的な思考内容を手放し、肯定的で自己超越的な内容に専心しなければならない。
　経験的には、参加者はこの申し合わせに自発的かつ無条件で同意する。なぜなら、彼らも他の参加者の自己憐憫的な嘆きを聞きたくないからである。そのため、彼らは同意し、そして静かになる。誰もが「ストップ標識」を守

第3部　ロゴセラピーの技法

ろうとすると何を言えばいいのかわからなくなり、肯定的なことや自分に関係しないことについて内容豊かな会話を始めることができない。この静寂は1つの症状であり、グループ参加者の強烈な過剰自己観察傾向の指標である。参加者は、自分の問題について思い悩むことにがっちりと絡め取られてしまっている。

　ここで、セラピストは小さな刺激を与えるための「道しるべ」を立てなければならない。セラピストは象徴的な絵や格言を机の上に置き、患者にそこからの連想を求める。例えばアフリカの諺、「自分自身が背負っていない荷物の重さは実感できない」は、話し合いへの理想的な入口になる。セラピストはまた「隣人」や「過ぎ去った夏」といったテーマを示し、それらについての思い出を集めることもできる。ある参加者が約束を破り、例えば隣人に対してくどくどと不平不満を言った場合、その人はある「特別課題」を受け取る。その人は次のグループセッションまでに、この隣人の愛すべき所を見つけられるだけ見つけてこなければならない。この課題の魅力的なところは、肯定的な思いつきが明るみに出てくることと、固く頑固な心の層を打ち破って良い認識が出てくることである！

　4、5回のグループセッションの後、強い過剰自己観察傾向は次第に消え去り、参加者は熱心かつ積極的に参加し始めるようになる。彼らは自分たちの周辺に実在する意味を、協力して発見するようになる。参加者は「素敵な時間の日記」を書き始めたり、自分の才能を仲間のために活用するようにお互いに励まし合ったりし始める。彼らはお互いに申し合わせを守っているかチェックするが、すぐにその必要はなくなる。なぜなら、否定的な物事を過大評価しなくなるような、有益な学習プロセスが進んで行くからである。

　以下のような面白いこともある。全ての過剰自己観察消去グループにおいて、私は必ず参加者に対して、グループと並行して個人的な人生の問題について個人セッションで話し合うこともできると伝えていた。しかし、私の申し出が採用されることはほとんどなかった。このことが証明するのは、過剰自己観察消去グループに参加している間に、問題について話したいという欲求が低下したということである。つけ加えて言うならば、何らかの形での「離脱症状」も一度も確認できていない。この前提として、以下のような人は過剰自己観察消去グループに参加させないよう、入念な注意を払わなけれ

204　　30. 自己中心主義に対する処方箋

ばならない。それは、妥当な理由のある悲嘆のただ中にある人や、取り除きうる障害や解決しうる問題、すなわち、まずは他のセラピーによる援助が必要な心理的病因を抱えている人である。

　過剰自己観察消去とは、無視をすることである。しかし、そこで無視されるのは、自己観察によって良くはならず、より悪くなると思われる物事である。そして同時に、過剰自己観察消去は無視すること以上のものであり、「陽動作戦」を遥かに超えたものである。過剰自己観察消去は、自分自身から目を逸らすだけでなく、何よりも自分自身を超えて外側に目を向けることを目指している。そして最終的には、精神的な地平線を広げ、もう一度自己超越を成し遂げ、新たな価値と意味の次元を見出すことが、過剰自己観察消去の意味するところである。ロゴセラピーとは、まさに「発見する心理療法」である。ロゴセラピーでは「ほつれのない世界」といった幻想は信じない。しかしロゴセラピーは、私たちのこの不完全な世界で、まだ壊れていないもの、治癒できるものを探し出し、これを、心の平安が得られず、道に迷い、絶望し、救済を切望してやまない人々に手渡すのである。

31.　予防とアフターケア

　私たちは、「意志の自由」という公理に支えられたロゴセラピーの人間像を学んだ。私たちは、人間の本来的な動機である「意味への意志」という知見に基づいた治療論の様々な流れを論じてきた。仕上げに、ロゴセラピーの世界像の基盤を支える無条件の「人生の意味」という公理についても触れておこう。なぜなら、これは危機の予防とアフターケアのために不可欠のものだからだ。

　一度心理的な障害を抱えた人の再発率は驚くほど高い。そのため、患者が些細な不快な出来事によって症状に逆戻りすることなく、自分の人生を自分の責任で形作っていけるように、患者を安定させる手段と方法を見つけなければならない。こうした予防的なアフターケアにおいては、克服された病気そのものや病気の原因や経過を話題にするのではなく、「守ってくれる」もの、すなわち肯定的な人生哲学を話題にする。肯定的な人生哲学は、かつて

患者であった人に「精神の拠り所」を提供してくれる。

心理療法での再発率の高さは、多くの患者が神経症的な性格構造を持っていることと関係している。神経症的な性格構造とは、大げさで物事にとらわれやすく、取るに足らないことに執着し、本質でないことを悲劇的に受け取り、総じて大騒ぎするほどでもないことに対して強く反応するような傾向である。心理的な易刺激性は、自律神経の場合と同様に、問題を解決するのではなく問題を作り出してしまう。再発予防のためにここから推論できることは何だろうか？　1つの警告が得られる。神経症を患った人と彼らの問題についてばかりずっと話していると、彼らはそのことに拘泥するようになってしまう。彼らは、その問題が通常の生活でごく普通にあることで、誰もが必ずつまずく克服不可能な障害というよりも、むしろ人間の精神に対する挑戦のようなものだ、ということに気づかないのである。それに対する唯一の対抗手段は、会話を通して彼らに理解させることである。すなわち、いくつかの利便性（病気でいることの「メリット」も含む）を諦めさえすれば、彼らが実際はいかに自由であり、自分にはとてもできないという思い込みに反していかに多くのことができるか、をわかってもらうのである。

1982年にコネチカット州のハートフォードで開催されたロゴセラピーの世界会議で私が初めて紹介した4段階の治療プログラムは、この点において極めて優れていることが証明された。このプログラムは3つのアフターケアの段階を含んでおり、人生観を修正することによって患者を神経症的な逸脱から非常にうまく守ることができる。そのため、4段階の治療プログラムについてここで少し述べておこう。

第1段階

第1段階は、それぞれの障害に適したロゴセラピーによる個人セラピーである。

第2段階

第2段階では過剰自己観察消去グループへの参加が提案される。これは、治療を受けて回復中の患者のほとんど全員に批判的な過剰自己観察傾向が潜在的に存在しており、それを和らげるためである。

例えば、心因性の言語障害を持った人が第1段階の治療で良くなったとする。その人はまた普通に話すことができるようになり、治療から解放される。その人は、普段の生活でまた声が出なくならないか、密かに自己観察しないだろうか。かすれ声の徴候があるたびにパニックに陥らないだろうか。眠っているかつての問題に張り詰めた集中を向けることによって、いつかまたこの問題をよみがえらせてしまうことにならないだろうか。過剰自己観察消去グループによって、この危険をある程度まで低減することができる。なぜなら、患者はグループで、肯定的な物事に全力で専心できるように、注意を自分自身から引き離し、人生におけるネガティブな可能性を脇に置いておくことを学ぶからである。

　ベルナノスの『田舎司祭の日記』に美しい一節がある。「自分を憎むことは思うよりもたやすい。慈悲は自らを忘れることにある。」この表現を少し変えて良いことにしよう。すると、多くの神経症患者がはっきりと気づいていないことを言うことができる。すなわち、自分を非常に蔑んだり自分に過大な注意を払ったりするよりももっと重要なことは、これよりもっとずっと重要なのは、自分を完全に忘れて何かに無我夢中になることであろう。つまり、自分自身や自分の内面の状況のことを忘れ、自分が実現することを求められており、自分に委ねられている具体的な課題の実現に専心する、ということである。私たちが苦しみから解放されるのは、自己観察や自己陶酔や自分について考えて堂々巡りに陥ることによってではなく、自己放棄と価値ある課題に身を捧げることによって成し遂げられる。(Frankl, 64)

第3段階

　第3段階として、第2段階と同様、グループ形式で夜間に10回実施する「ロゴセラピー瞑想サークル」を私は考案した。ロゴセラピー瞑想サークルが提供すべきものは、フランクルの言う「精神の拠り所」、すなわち、かつて患者であった人に肯定的な人生哲学を定着させることである。ここでは、参加者の人生における様々な良いことや悪いことについても現在の出来事についてもまったく話をせず、もっと根本的なことだけが話し合われる。そして、参加者はこの高度で素晴らしい話し合いに何度も感銘を受ける。

内容は、苦悩の意味への問い、信念と健康の相関関係、個人の価値体系と良心への問い、そして、いつか死ぬという避けられない事実、についてである。この瞑想によって参加者は成熟し、成長する。すなわち、重要でない物事から距離をとり、本質的な物事を重視するようになる。起こりうる危機的状況にも実は意味があるかもしれないと前もって考えておくことが、こうした事態に備え、病気にならずに欲求不満に耐えることの助けになる。精神的な無意識からもたらされる太古のイメージや喜ばしい知らせの予感が、ほのかに意識されるようになる。

　過剰自己観察消去グループと異なり、ロゴセラピー瞑想サークルには約束事はない。しかし、参加者がテーマを選択する自由もない。グループリーダーは、毎晩決まったテーマについてフランクルの思想の観点から説明する。ときには偉大な哲学者や詩人の言葉を引用して論拠を強める場合もある。もちろん、こうしたことの全ては、参加者による「ブレインストーミング」によって消化されていく。ここで強調しておかなければならないことは、取り上げられたテーマは高い教育を受けていない人々にもしっかりと理解され、それどころかしばしば彼らの「心の叡智」に出会うことさえある、ということである。こうした心の叡智は、はっきりとした形をとっていたわけではなくとも以前から彼らの心の中にあったものであり、それがロゴセラピーの中心的なメッセージとして認識されるようになる。フランクルはこのことを「日常の形而上学」と呼び、患者に伝えていた。

　あなたがこの言葉を正しく理解してくれることを願う。一見すると灰色でひどく平凡でありふれている日常をいわば透明にし、その日常を透過して永遠なるものが見えるようにすることだけが重要だったのではない。むしろ、最終的にはいかにして永遠なるものを、移ろいやすいものの中に戻すかが重要だったのだ。移ろいやすいもの、日常的なもの、有限なものと、不滅のものとが絶え間なく出会う場所へ戻すのである。私たちがこの時間の中で創造し、体験し、苦悩することは、同時に私たちが永遠の中で、創造し、体験し、苦悩することでもある。私たちはそれが「歴史」である、という意味であらゆる出来事の責任を担っている。すなわち、「世界の中で成し遂げたこと」は決してなかったことにはできないという事実によって、私たちは極め

て重い責任を負っているのである。しかし同時に、私たちはまだ成し遂げていないことを世界に産み出すという責任も求められている。日々の仕事の中で、日常生活の中で、それを行うのである。このようにして日常は正真正銘の現実となる。そしてこの現実は世界に影響を与える可能性となる。したがってこの日常の形而上学は、いったんは日常から出て、それにもかかわらずその後で（自覚的に、責任を自覚して）再び日常へと戻るのである。(Frankl, 65)

第 4 段階

　第 4 段階は 1 回あるいは数回の個人セッションであり、その意義は最終的に治療者患者関係を解消することにある。かつて患者であった人は、もはや自分をかつて患者であった人と思うべきではない。彼らは健康で一人前の人間という自己イメージを持たなければならない。そのため、まさに「セラピー的でない」態度を示すのが第 4 段階である。回復した患者とならば、何でも彼らが話したいことについてお喋りすることができる。しかし、彼らが抱えているかもしれない困難については、決して興味を示してはならない。今や彼らは自分で自分を助けるべきなのだ。これは彼らの実践的な「卒業作品」である。自分の障害から脱却し自分の足で立てると、患者自身も総じてそのように感じており、成し遂げた自立を誇りに思うことを、患者は証明す

再発予防のための 4 段階プログラム

第 1 段階：個人セラピー　⟶　ロゴセラピー的な治療
　　　　　　　　　　　　　　（症状の軽減、自己治癒力の強化）

第 2 段階：グループセラピー　⟶　過剰自己観察消去グループ
　　　　　　　　　　　　　　（過剰自己観察による問題の低減）

第 3 段階：グループセラピー　⟶　ロゴセラピー瞑想サークル
　　　　　　　　　　　　　　（「精神の拠り所」の提供）

第 4 段階：個人セラピー　⟶　セラピーの終結セッション
　　　　　　　　　　　　　　（治療者患者関係の解消）

べきである。もちろん、本当に苦しい状況に陥った場合には、他者からの援助を拒む必要はない。しかし、回復した患者は、まずは自分が習得した様々なロゴセラピーの手段や自分自身の「精神の反抗力」によって、十分に自分を助けることができるかどうかを試してみるべきである。こうすることによってのみ、極めて高い再発の危険を最小限に抑え、（長い間）悲しみにくれていた心を完全に救い出すことができる。

32. 人生の価値について

「ロゴセラピー瞑想サークル」で取り上げられるテーマのいくつかは、「実存的教育」（テオドール・リュッター）や「人生を学ぶセミナー」やスーパーヴィジョンにも適している。こうしたテーマを選び出し、以下でそれぞれを検討してみよう。

苦悩の意味への問い

苦悩の意味はほとんど目には見えないということを認めなければならない。せいぜい、後から振り返ってわかるだけである。しかし、苦悩には人間の理解の範疇を超えた意味がある。ヴィクトール・フランクルは、動物の世界と人間の世界の関係から類推して、人間の世界と仮想的な「超越的世界」との関係を導き出した。

この考えを説明するために、ときどき私はグループの参加者に我が家の子猫の話をする。私たちはその子猫が好きで、とてもかわいがっていた。ある日、知り合いの夫婦が一匹の大きなブルドッグを連れて我が家を訪ねてきた。そのブルドッグの大好きな遊びは猫を追いかけることだった。そのため、私たちはブルドッグがいる間、子猫を隣の部屋に閉じ込めた。子猫は悲しんで、午後の間中ずっとニャーニャーと鳴いていた。突然乱暴に閉め出されたことを子猫は理解できなかったし、私たちは子猫に「苦悩の意味」を理解させることができなかった。その意味とは、部屋から閉め出されなければ喉を噛みちぎられるかもしれない、ということである。なぜ私たちは閉め出されるこ

との意味を説明できなかったのだろう？　そのことに意味がなかったからではない！　そうではなく、子猫には私たちがはっきりと伝えた言葉が理解できなかったからである！　この話の後で、私はグループの参加者に問いかける。私たち人間も、ときにこの子猫のようにどうして人生の明るい側面から閉め出されなければならないのかを理解できず、閉ざされた扉を引掻いていることがあることを想像できるだろうか、と。私たちの場合にも、私たちが理解できる範囲の中には見えないが、その背後に隠れて高次の意味が存在しているということはないだろうか、と。

　この例えはとてもよく受け入れられ、しばしば参加者は自らの経験からの実例を付け加える。こうした実例から明らかになるのは、人生において当初は痛みを伴っていた出来事が、後から見ればそのときにはわからなかった意味を持っていたということである。この考え方は、背中にのしかかる重荷でしかなかった物を自ら勇敢に背負うことの助けになる。

個人の価値体系

　瞑想サークルでは、参加者は人生において何を自分にとって最も高い価値と見なすかを探究する。そうすると、ある人々の価値体系には様々な内容が含まれているのに対して、別の人々の価値体系は仕事や育児といった1つの大きな価値だけであることがわかる。後者は危険であると言えよう。なぜなら、もしたった1つの「最高価値」が失われてしまったら、すぐにその人は価値の真空状態に陥ってしまうからである。フランクルは、あらゆる絶望の背後には偶像崇拝化があるということを賢明にも見抜いていた。何かが絶対化されると、すなわち、一面的で偏った過剰評価をされると、それを失うことが人間を絶望に陥れるのである。

　それゆえ、いかなる評価の場合にも、価値は最終的に神の仲裁裁判所に呼び出される。この仲裁裁判所では、諸々の価値は規則正しく並ぶことを求められる。すなわち、価値は序列をつけられ、ヒエラルキーの中に位置づけられる。このヒエラルキーの中で、諸価値は地位を割り当てられ、しかるべき場所が示される。ところが、ある物事の価値が過剰評価や過大評価、または

第3部　ロゴセラピーの技法　211

偶像崇拝化される場合がある。それはすなわち、絶対的な価値ある存在だけのために取り置かれているあの場所を、何らかの価値が占拠しようとする場合である。あらゆる偶像崇拝化の本質は、価値の評価があらかじめ行われているにもかかわらず、この絶対的な価値というものが、現実の物事の価値を超越していることを忘れているという点にある。すなわち、「全ての事柄は、主（しゅ）のための場所を確保するためにあったにすぎない」ということを忘れているのである。(Frankl, 66)

それゆえ、自分の価値体系が一面的すぎることに気づいた人は、価値の実現に際して、もっと多様性を加えることができないかを考えるよう求められる。そのような場合には、グループの参加者は互いに価値体系を拡充するために提案し、それによって皆が他者の創造性の恩恵を受けることができる。

優先順位

家族に関わる仕事を何十年と続けるなかで、私は、家族が調和して暮らすことができるのは、家族成員の誰もが意味のある役割を担っている場合だけだという見解にたどり着いた。家族の相互作用はオーケストラの相互作用とよく似ている。それは、どの楽器も重要でありどのパートも必要とされているが、どの奏者も自分に伴奏してくれる他者や必要なときに自分をリードしてくれる他者に頼らざるをえない、という点においてである。それと同様に、健全な家族には、家族成員の全ての人に、その時々の状況やその人の能力に応じた何らかの意味ある役割がある。その役割は強調されすぎてもいけないし（オーケストラの楽器の1つがいつも他の全ての楽器の音をかき消していたらどうなる？）、疎かにされてもいけない（オーケストラの音楽家の1人が演奏中に突然退席したらどうなる？）。

このモデルから、家族カウンセリングに役立つヒントが導き出される。しかし、ここで先ほど述べたことに関する見解を1つだけ説明しておきたい。個人的な価値体系の中でも、その人が家族の中で意味のある役割を担うこと、すなわち、家族の繁栄のために自分に求められる責任を担うという役割が優先的に考慮されなければならない。私たちの社会では誰も家族を作ることを

強要されない。誰もが1人でいることができる。しかし、家族を持つことを選んだ者、パートナーと誓いの言葉を交わし、さらには子どもをこの世界に産み出した者は、それによって家族という集合体の中で自分に与えられる意味ある役割を果たす義務を引き受けた、ということである（＝優先順位）。

　家族の一員としての役割の意味合いは、ある特定の時期にはとても大きくなる（例えば何人もの幼児を抱える母親や、大家族を1人で養っている夫などの場合）。その場合は、この人は家族以外に価値領域を拡大して家族に対する役割を疎かにするべきでない。これに当たるのは、多くの小さな子を持つ母親が大学でフルタイムの勉強を始めようと考えるような場合であろう。大学で学ぶこと自体に問題があるという意味ではまったくない。知識を深めることには高い価値がある。しかし、それが子ども達の犠牲の上に成り立つならば、それは「瞬間の意味」に反しており、その価値は低いという優先順位の判断を怠っていることになる。これと似たような話として、大家族を1人で養っている者が、お金にならないにもかかわらず絵画に身を捧げ、それによって自分の人生を今より高めようとするようなケースがある。この場合も、芸術に問題があるのではない。芸術には人生に感動を与えてくれる価値がある。しかし、もしそれが責任の放棄という危ない橋を渡らなければ手に入らないのであれば、同時に苦い思いも覚悟しなければならない。

　現在は家族の一員としての役割の意味合いが小さい場合には、状況は異なる。子どもが成人している母親や子どものいない夫婦や共働きの夫婦などでは、個人的な価値領域を広げる余地がより大きいことは疑いがない。その一方で、彼らが家族への関わりによって得られる意味実現の程度は明らかに少ないだろう。こうやって、家族の内側であろうと外側であろうと最終的にはバランスがとれ、全ての人の人生に意味が生じる。ただし、その人生が家族という集合体に既に組み込まれているのであれば、そのつながりは優先され、そのことは個人的な活動領域を決定する際に考慮されなければならない。

　次ページの表に示したように、優先順位を無視することは、精神衛生の見地から言うところの「警報段階Ⅱ」または「警報段階Ⅰ」に該当する。「警報段階Ⅱ」とは、自分自身の心の健康の危険（一面的な価値体系や偶像崇拝化による）があるか、あるいは、家族の幸福の危険（優先順位を考慮しないことによる）があるということである。「警報段階Ⅰ」とは、両方の危険

第3部　ロゴセラピーの技法　　213

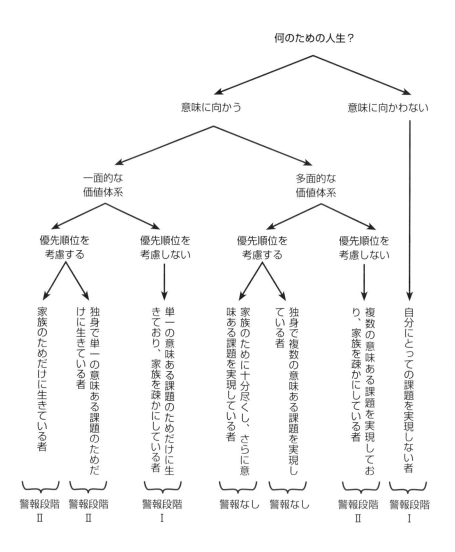

説明： a) ＝自分自身の心の健康の危険
　　　 b) ＝家族の幸福の危険

警報なし　　：a) も b) もない
警報段階Ⅱ：a) または b) が存在
警報段階Ⅰ：a) も b) も存在

（一面的な価値体系かつ優先順位を考慮しない）に同時に該当するか、あるいは、そもそも意味の方向性がまったく存在しないということである。「警報段階II」は「危機的」であると見なされ、「警報段階I」は極めて危険な心理的な緊急事態が差し迫っていることを示している。

人生のはかなさ

　グループの参加者は自分の個人的な価値体系を磨き、広げ、家族と調和させ、「瞬間の意味」に従い、良心という天秤で測る。そうすると、人生のはかなさがその価値を消し去ってしまうのではないかという疑問が必然的に浮かんで来る。そのため、瞑想サークルの最後には、人生の価値はその長さによるのではなくその質によるのだというロゴセラピーの考え方について検討することが重要となる。フランクルは人生を映画に例えた。映画の良さはその映画の長さによらない。例えば、埃っぽい道の上をトラックが走っているだけの2時間の旅行映画よりも、旅行中の風景の中の最も美しい眺めを30分で表現した映画のほうが良いだろう。

　過ぎゆく人生と映画との比較は、人生が（映画と同じように）その終わりをもって初めて完成し、完全に終わるということを理解するうえでも役に立つ。つまり、全ての場面の映像は感光されて取り消しがきかず、過去というフィルムに焼き付けられ、そこではもはや何も変更することも改ざんすることもできない。悪いものは悪いものとして残り、良いものは良いものとして残る。

> 　時は流れ去る。しかし、出来事は凝固して歴史となる。一度起こった出来事は、何1つ起こらなかったことにはできない。産み出されたものは、何1つ世界から取り去ることはできない。過去の中では、失われて取り戻せなくなることは何もない。すなわち、過去においては、全ては失われることなく保護されているのである。(Frankl, 67)

　信心深い人であれば、この例えから、完成された人生の映画が保存されている過去の保管庫や、そこにいる記録係を想像できるだろう。記録係は、全

ての映画のどんな些細なシーンも熟知している唯一の存在である。人は生きている間は意識している状態であるが、死んだ後は「意識される」状態に変わるのだと言えよう。

しかし、信仰のない人々にとっても、映画の例えはとても具体的で目に浮かぶようでわかりやすい。なぜなら、この例えは人間が瞬間ごとに置かれている立場を視覚的に正しく表現しているからである。私たちはいつも、人生の映画の感光した部分とまだ感光していない部分の境界線上に立っている。私たちの背後は既に実現した行為や体験や苦悩で満たされており、私たちの前にはまだ生まれていない可能性の空間が広がっている。そして、次に感光されて永遠の記録に残るものは何か、過去に送り届けられてこの生が終わっても永遠に私たちの人生に属するものになるのはどの場面か、といったことを決めるのは、完全に私たち次第である。過去からはもはや何も取り除くことはできない。偶然によって方向性が決まることは何度もある。しかし、私たちがある程度カメラを操作できるところでは、全ての場面が私たちの作品であり、私たちの人生の作品である。フランクルはこのことについて次のように述べている。死においては、もはや人間は人生を所有するのではなく人生そのものである。すなわち、完全で完成された自分の人生そのものになるのだ。それゆえ、その人がどのように自分の人生を作りあげたかによって、人は自分自身の天国にもなるし地獄にもなる。

これは確かに深刻な考え方である。しかし、セラピストを信頼して相談に訪れる心理的な障害を持つ患者やクライエントの状況も深刻である。私たちも彼らを支援し、彼らの人生から最良のものを引き出したいと願う。私たちは彼らに対して、人生がいつも晴れやかで心地良いものになるだろうと約束することはできない。しかし、私たちは彼らに対して、人生は乗り越えることができるということを、そしてそれだけではなく、人生は乗り越える価値があるということを、断言できる。人生には心配や失敗が付きもので、人生ははかないものであるにもかかわらず、である。こうした全てのことを超えて、生きているということは素晴らしい贈り物であり、恩寵である……。そしてもし、患者が私たちの言葉の裏からこうしたことを感じ取ってくれれば、もはや彼らはある意味で救われたのだと私は思う。

結びの言葉として、古代ローマの教育者であり哲学者であるルキウス・セ

ネカが2000年前に書いたものを紹介させていただきたい。

　だから、私たちが受け取った人生が短いのではない、そうではなく、私たちが人生を短くしているのである。短すぎたのではなく、浪費しすぎたのである。愚かな所有者が手にしている巨万の富は、一瞬の風によって吹き飛ばされてしまう。その一方で、平凡な財産を手にしている良い守り手は、上手に扱うことによってその財産を増やすことができる。だから、私たちの人生も、人生の正しい扱い方を知っている者には、さらなる可能性を与えてくれるのである……。私たちはこの摂理に対して何の不満があるというのだ？この摂理は素晴らしいものであることが証明されている。すなわち、もし人が人生を正しく活用する方法を知っているならば、人生は長いのである。

（Seneca, 68）

第4部　ロゴセラピーの応用

33. 良い決断ができることについて：10の命題と実践例

ヌース（Nous）とロゴス（Logos）

　ロゴセラピーのモットーは「汝自身を知れ！」を超えたものであり、それは「汝自身で決断せよ！」である。ロゴセラピーは人間の決断力を問題にする。この決断力はどのような柱に支えられているのだろうか？　第一に、決断力は人間の精神、ヌースに基づいている。精神的なものだけが意志の力と決断の力を持ち、その逆に、非精神的なものには意志の力も決断の力もない。しかし決断力は、二番目の柱、すなわち賛成か反対かを決断できる「何か」が存在している、という事実にも支えられている。この「何か」がなければ、決断は不可能だろう。というのは、真の決断とはその都度の「志向的な行為」であり、その行為は志向する対象を前提とし、必要とするからである。愛することができるのは、愛する何かが存在するときだけである。イエスと言うことができるのは、イエスと言える何かが存在するときだけである。ヌースはロゴス（意味）を前提としており、ロゴスと相互作用する。決断する力と意味を理解する力は表裏一体である。

　「精神」という言葉も「意味」という言葉も、言葉の使い方としては多様に用いられるので、誤解を避けるために、改めてこの2つの言葉をロゴセラピーの考え方に沿って定義しておこう。それによれば、精神的なものは、人間の内側にあって決断や態度決定や評価や個人性に関わる部分を管轄する。

　4つの特性は全て「人間に特有の」ものである。つまり、これらは他の生

物には特有ではなく、私たちが知る限り人間だけに与えられているものである。なぜなら、人間だけが全ての物事、自分の内側と周囲にあるものに対して何らかの態度をとるからで

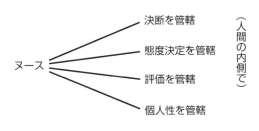

ある。しかもその態度は個人的なやり方でとられる。人間だけがこれから見出すであろうものを評価する。人間だけが善と悪に開かれている。人間は「知恵の樹の実を食べた」ことによって、善悪の彼岸にあった楽園を永遠に去ることになった。ロゴセラピーでは、精神的な次元とは人間をよりいっそう人間らしい道へと導いてくれる、人間に特有の次元であると考える。

しかし、人間の精神次元をその知的能力と同一視するのは誤りであろう。動物もある程度の知能を持っている。知能はコンピューターでさえも持っている！　敵国の人口の密集した町の中心にミサイルを落とすために極めて正確にその軌道を計算する、といった高い思考能力も知能には含まれている。現代のミサイルに搭載されているコンピューターは、この計算をわずか数分のうちに成し遂げることができる。しかし最先端のミサイル搭載コンピューターであっても、核爆弾を人口密集地帯の上で点火することが正しく意味のあることかどうかを考えることは決してない。コンピューターがそのことを考えない理由は、コンピューターはいかに知能があろうとも精神次元を働かせることができないからである。

また、精神的なものは宗教的なものとも同じではない。もちろん人間の信仰は人間の精神性に基づいている。そのため、動物が祈るということはない。信仰とは神のほうをとる決断であり、善と悪を区別できる存在だけが「人間の中にある善」のほうをとる決断をすることができる。それでもなお、人間の精神次元は宗教的現象を超えたものを含んでいる。それは、愛、感動、物事への興味、芸術的な志、探求心、真実の探求、創造的変化への意志、などであり、こうしたものも精神次元に基づいている。人間の精神は自分自身を超え、世界へと手を伸ばす。

精神は「動き」として定義するのが一番良いだろう。ただしそれは空間に

第4部　ロゴセラピーの応用　　219

おける動きでなく、存在における動きである。かつて哲学者のミヒャエル・ラッペングリュックは、精神的なものをダンスに例えたことがある。ダンスはダンサーの間で繰り広げられるが、精神的なものは人間と世界の間で繰り広げられる。ダンサーは病気になることもありうるが、ダンスが病気になることはない。ダンスは失敗に終わることもありうる。何人かのダンサーが病気になったり、あるいは健康なダンサーでもその動きが間違った方向へ進んでいってしまえば、ダンスは失敗に終わる可能性がある。人間の精神も同様である。精神が病気になることはないが、精神の「可動性」が器質的な病気によって制限されたり妨げられたりすることはある。また、器質的に健康であっても精神が判断を誤ったり間違ったりすることもあるし、器質的な病気であるにもかかわらず優れたことを成し遂げることもできる。人間の有機体を構成している物質は、健康と病気や、誕生と死に関係している。それに対して、精神は正と誤や、意味と無意味に関係している。

ここで、意味すなわちロゴスの定義に移ろう。意味とは、意図されたもの（引用 69）、最善の可能性、為すべきこと、神学的に表現すれば神が望まれることである。

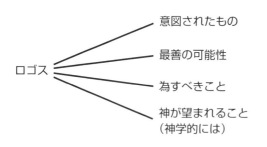

上記の定義から明らかになるのは、ロゴセラピーにおける意味という概念は、人間の恣意に左右されない主観を超えた何かに方向づけられているということである。人間は、何に意味があるかを好き勝手に解釈することはできず、それをただ発見することができるのみである。意味を発見できるのは、世界に意味が存在するからである。この点に関して、3つの法則を覚えておこう。

1. 意味を探しても意味は生まれない

ローマでのセミナーで、私はこの法則を受講生に次のように説明した。「あなた達は通りへ出て、猫を探すことができるでしょう。しかし、あなた

達が猫を探すことによって猫が生まれるわけではありません。その逆で、ローマの通りに猫がいるから、あなた達はうまく猫を見つけることができるのです。」人生の意味もそれと同じように「見出されるもの」として存在しており、探したり発見したり見つけたりすることはできるが、生み出したり考案したりすることはできない。人間が単に「でっち上げて創作した」ものではない厳然たる現実と同様、意味はそこにあるのである。

2. 意味は欲求充足の手段ではない

　もし私が生徒に、ヴィクトール・フランクルが「意味への意志」については論じたが、人生の意味を探すように人間を駆り立てる「意味への欲求」について論じなかったのはなぜかと問えば、たいていの生徒は正解を思いつくまで考えこまなければならないだろう。それゆえ、読者にはその答を明かしておこう。意味充足の際には、欲求から乳離れすることが重要である。欲求は、結局のところ自分自身と自分にとっての満足が重要であり、実現されるべき意味が重要なのではない。ある欲求を静めるために何かを行う人は、その欲求の不快な圧力から逃れることを目的にその行為を行う。その人は欲求の圧力よりも心地良さを感じていたいのである。何かを食べる人がいるとすれば、その理由はその人が空腹だからである。食べ物を食べきってなくしてしまうためにではなく、自分の空腹をなくすために、食事をするのである。食事は自分の空腹をなくすための単なる手段にすぎない。もし何か別の方法で空腹から逃れられるのなら、もしかしたらその人は食事を拒否し、欲求を満たす別の方法を選択するかもしれない。欲求に関することであれば、いかなる場合もその最終目標は欲求の充足である。

　意味充足の場合はこうではない。意味充足の場合には、何かを実現することに意味がありそれが重要だと認識されていることが大切である。この何かが、それを実現するためのあらゆる努力の最終的な目標である。そのために常に努力し続ける人は、後で心地良さを感じるためでも、何らかの内的なプレッシャーから逃れるためでもなく、単にその物事が成し遂げられるために、それを行うのである。その人はそこで見出される意味のためにそれを行い、それ以外のためではない。もちろん人は意味充足という目的のために何らかの手段を用いるが、意味充足自体が何らかの目的のための手段には決し

第 4 部　ロゴセラピーの応用　　221

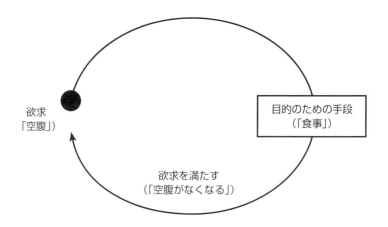

てなりえない。意味充足は「それ自体が目的」であり、そうでなければ、それは意味充足ではない。

　これについて、動機の評価を特徴とする心理学と比較してみよう。贈り物が何を表わしているかについては、膨大な数の論文が書かれている。宝石を贈る者は相手との永遠の友情を望んでいる、あるいは、風変わりな物を贈る者は相手の注意を引こうとしている。こうした深層心理学的な解釈は欲求のレベルに基づくものである。というのは、このような解釈では、贈り物とは結局のところ欲求充足の手段にすぎないことになるからである。人は自らの願望を伝えたり押し通したりするために贈り物をしていることになる。けれども、「あの人にこの贈り物を贈ることに意味があるだろうか？（なぜなら、あの人はきっとこの贈り物を喜んでくれて役立ててくれるだろうから）」という問いは、欲求のレベルの問題にはならない。この問いは、欲求のレベルよりも一段階上の意味充足のレベルにおいて、初めて現れる。ここでは最終的な目的は贈り物を贈られる人であり、選ばれた贈り物がその人に合っていれば良く、それ以外には何もない。贈られた人が贈り物を喜んでくれるということが、十分な意味なのである。

　この例を手掛かりにすれば、ロゴセラピーにおける意味という概念の定義も、より具体的になるかもしれない。意味とは意図されたことである（例では贈り物をするという行為によって意図されたこと、すなわち愛や友情の表

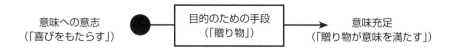

現)。意味とは最良の可能性である（例では最良の可能性とは贈り物によって起こりうること、すなわち友情が深まること）。意味とは起こるべきことである（例では贈り物を渡すことが贈られる者にもたらすべきこと、すなわち喜び）。意味とは神が望まれることである（例では心を込めて選んだ贈り物に付随している祝福の気持ち）。

3. 心の病気の引き金となるのは、自分が経験したか犯した不条理である

ロゴセラピーの文献では、病気の一番の引き金となるのは、一般の人々の見解にあるような過大な要求や過労ではなく、意味体験や意味充足の欠如であるということが繰り返し指摘されている。休みなしの仕事や娯楽に乏しい時間よりも、他者による誤った決断によって苦しんだり、自分自身が誤った決断を下したりすることのほうが、より重く心にのしかかる。もし「意味への意志」が欲求不満になれば、人間は根底から揺さぶられる。ロゴス（意味）を知覚できないヌース（精神）は、極度の絶望の中で打ちひしがれる。別の箇所でも何度も述べられているように、意味の探究と意味の発見は健康を維持するための根本的な要素であり、あらゆる治療的介入の中心テーマである。しかし、意味を探求する中で発見したロゴスに気づいているにもかかわらず、それを決断せず「ノーと答えてしまうヌース（精神）」は、本来は最大の潜在能力を備え、最も強く救いを求めているはずの人間の不幸と言えよう。この点については、責任という概念の説明に持ち越すことにする。

人間と現実

責任を一般的に定義しようとすると、このように言えるだろう。責任とは、常に意味と価値の実現の可能性に対する要求である。人間は自由な選択の可能性を持つところにおいてのみ、選択に対する責任がある。それもとりわけ、

人間が選択できるものの中から価値の高いものを、あるいは価値の低いものを選択するかどうかに対する責任である。私たちは差し出される可能性に対して責任があるのではない。可能性は人生の中で絶えず変化しており、私たちの手中にない。私たちに責任があるのは、見出した可能性の中で私たちが行う選択に対してである。なぜなら、選択とはほとんどの可能性を実現させずに消え去らせてしまい、それ以外の１つの可能性を現実にすることだからである。私たちの責任とは、より価値の低い可能性を消し去り、より価値の高い可能性を、その可能性が守られる現実の中に引き入れることである。

　基本的に価値のある可能性は存在するが、意味の可能性は、ある特定の人やその人の人生の状況にぴったり合ったうってつけの価値ある可能性である。このことに関しては、以下の２つの法則が当てはまる。

1. 意識的に体験した全ての状況において、全ての人にとって、意味の可能性は存在している。すなわち、たとえ人生の状況がどのようなものであろうと意味は用意されている。
2. ある人にとって、その人が実現できないような意味の可能性は存在しない。その論理的な根拠は：
    a) ある人ができないことは、その人の可能性や意味の可能性の埒外にある。意味の可能性は、その人の可能性を構成する下位グループである。ある人ができないことは、その人にとって可能性でも意味の可能性でもない。
    b) ある人にとって可能なことは、実現可能である。そうでなければ「実現不可能な可能性」ということになり、矛盾が生じる。意味の可能性は可能性の下位グループにあるので、意味の可能性は実現可能でもある。

その例

　「足が麻痺している人には散歩に行ける可能性がある、しかしその可能性を実現することはできない。」という命題は誤りである。足が麻痺している人には散歩に行ける可能性はない。しかし、もしかしたらその人には車椅子を手に入れられる可能性があるかもしれない。これは、その人が持っている

数ある可能性の中の1つの意味の可能性であり、この意味の可能性は実現可能である。もしこの人がこの意味の可能性を手に入れれば、この人には散歩に行くというさらなる可能性が開かれる。すなわち、実現可能なことは全て、可能性の領域から順々に引き出されるのである。

無意識と自動性

　人間には自らの選択の可能性の中から選択する責任があるという見解は、深層心理学における抑圧という概念と対立する。深層心理学では、無意識の力が作用し、人間を意識的には選ばないような行動（「選択」）へ駆り立てるという前提を出発点とする。この考え方が意味することは、突き詰めれば、人間は自分自身で「決断する」ことはまったくなく、自らの無意識の心理的衝動に突き動かされ、管理されているということになる。

　ロゴセラピーでも抑圧という現象を否定はしない。しかし、ある感情内容や体験が抑圧されるか否かを、誰が決断するのかということを問題にする。ある（不快な）物事と意識的に向き合うか、あるいはそれを無意識へ押しやるかを、その都度吟味し決断するのはその人自身ではないのか、それは人間の中の精神的人格ではないのか？　結局のところ、ある感情内容がその感情内容を抑圧することはできない。何かを意識的に処理するか、それとも無意識の中で休ませておくかの分岐点は、その何かの処理が行われる段階よりも高次の段階で制御されなければならない。

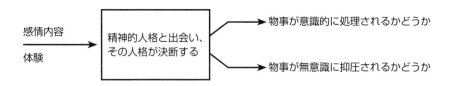

　上記のモデルによれば、人格も抑圧に対して共同責任があり、それゆえ、人格が無意識からの衝動として「言い逃れ」できるのは、あくまでも条件付きである。

これについてのいくつかの補足的観点

1. 多くの抑圧は有意義ですらある。というのは、人間が意識的に人生を克服しようとする際に、問題が多すぎて同時に過重な負担がかかるのを防ぐことができるからである。一般に、「自然が働いているときは、何らかの意味がある」。無意識のうちに抑圧するのはどんな人間にでも起こる自然な過程であり、抑圧は原則的に防衛機能を果たしている。たとえこの防衛機能が場合によっては病的なものになりうるとしても。それが危険なのは次のような場合である。セラピストの助けによって、患者が多くの痛みを伴う出来事を自らの過去の人生から意識の明るみに出すと、この情報をうまく処理して克服することができない場合がある。これはとりわけ「教育分析」中のセラピストの頻繁な自殺という形で現れる。

2. 決まりきった型（「シナリオ」）を引き合いに出し、それに従って無意識に行動することは非常に簡単である。それは、ピアニストがミスをした際に、間違って覚え込んだ指使いを引き合いに出すようなものだ。日々の流れの中である一連の行動が自動化に至るのは、誰にでも明らかである。ただ忘れてはならないのは、どのような自動性の形成にも、その行動の意識的な練習があるということである。先ほどのピアニストも、まずは自ら練習して指使いを覚え込み、その後のピアノの演奏の際に、それが次第に自動的な指使いになっていく。しかし、何かを練習して覚え込むのであれば、それは再び「練習し直す」ことが可能であり、別のやり方を練習して覚え込むことができる。その結果、何が決まった型になり、そしてそうあり続けるのかということに対しては、常に私たちに責任がある。

　　ある人が橋から水の中へ飛び込む。その人を助けるために別の人が彼を追って飛び込む。救助に成功した後で、私たちは助けに飛び込んだ人に問う。どうやってあなたは心の中でこのような決断ができたのかと。しかし彼は私たちにこう答える。決断の問題ではなく、自分にとっては命を助けようとすることは当たり前のことだったと。このことから、次のような問いが導かれる。すなわち、ある行動はそれがその人にとって当たり前のことであるからこそ業績なのではないのだろうか？　その瞬間そこにいた多くの他の人々に

とっては、助けに飛び込んだ人と同じようにはいかなかったのだろうか？
その人たちは彼と同じように生命の危機の目撃者ではなかったのだろうか？
危険にさらされている人の後を追って飛び込もうということを、彼らは思い
つかなかったのだろうか？　後を追って飛び込むということは、彼らにとっ
ては飛び込んだ人と同じように当たり前ではなかったのだろうか？

　私たちはこのように理解する。誰かのために後を追って飛び込むことが当
たり前だということは、業績である。というのは、そのようなことが当たり
前のことであることは、全然当たり前ではないからである。それは確かに業
績なのだ。つまり、そこに至ること、それが彼にとって当たり前であると
いう所までその人をもたらしたこと、が業績なのである。当たり前である
（sein）ことなど、1つもない。全ては当たり前になる（werden）のである。
善いことを行うことの繰り返しによって、最終的に善い存在になるのである。
(Frankl, 70)

3.　実験心理学は数年ほど前に人間の無意識を操作する可能性について実
験を行った。けれども一貫して示されたのは、操作が成功するのは、操作さ
れる者がそれに対して精神的に何の異議も唱えない場合のみ、ということだ
った。例えば、ある実験で、観客にコーラへの無意識の欲求を起こさせるた
めに、映画の間にコーラの瓶の宣伝写真を瞬間的に差し挟んだ。この狙いは
成功した。映画終了後、多くの観客が路上の飲み物売り場に押し寄せ、コー
ラを求めた。ある例外を除いて。すなわち医療的な理由でコーラの摂取を禁
止されていた観客は、他の飲み物を選んだのである。これが意味するとこ
ろをわかりやすく言えば、誰かがコーラを飲みたいと感じ、そしてそれを諦
めるべき意味ある理由が見当たらなければ、その人は高い確率でコーラに手
を伸ばすということである。しかし、諦めるべき意味ある理由が見つかれば、
たとえコーラへの欲求を先に操作され、焚き付けられていたとしても、その
人は同様に高い確率でその飲み物に手をつけない。ここから推論されること
は、操作された人間でさえも、自分の操作された感情や欲求に対して精神的
にその反対を行うことができるほど、まだ自由だということである。

4.　ニューエイジ運動の観点から言えば、ロゴセラピーでは占星術でいう

星回りや星位も私たちを決定づけるものではないと考える。そうではなく、私たちは、良心という私たちの内にある「良い星」に導かれて、自分自身について決定しなければならない。確かに、決定は私たちが自分だけで行うのではなく、なぜそうなるのかわからない運命もまた、ともに決定に関わっている。しかし私たちは私たちの義務を果たすことができるし、そしてそれだけで十分である。私たちは「新しい思考」や「思考の転換」について期待されているが、私たちはむしろ「志向性の転換」についての話をしたい。なぜなら、思考は一面的であるが、それに対して、志向するということは、志向する人と志向の拠り所となるものとの間に、測定する人と物差しとの間に、認識する人と認識すべきことを示すものとの間に、可能にされる精神とそれを可能にする精神との間に、対話的なつながりをもたらすからである。新しい時代を真に切り開くことができる唯一の志向性は、意味を拠り所として進んでいくことであろう。

人間の決断能力に関する 10 の命題

こうしたロゴセラピーの人間像から、人間の決断能力に関する 10 の命題を導き出すことができる。

1. 人間の決断は、説明のできない自由な意志行為である。
2. この自由な意志行為には、理由はあるが原因はない。
3. その理由は、ある特定の行動の選択をではなく、その行動の意味のみを説明する。
4. 人間はまた、意味ある理由に反してでも決断をすることができる。
5. 原因とは、決断不可能なものについての説明である。
6. 原因とその結果に対しても、人間は意志に基づく態度をとることができる。
7. このように意志に基づいた態度をとることによって、既存の決断不可能性を取り去ることができるわけではないが、それを受容する道は開かれる。
8. 「したい」と「できない」、あるいは「したくない」と「しなければな

らない」との間の葛藤があるときは、「できない」や「しなければならない」の原因を考察することになる。

9. 「したい」と「すべきでない」、あるいは「したくない」と「すべきである」との間の葛藤があるときは、「すべきである」か「すべきでない」の理由を考察することになる。

10. 原因との対決は運命に向き合うことであり、理由との対決は自らの自由と責任に向き合うことである。

10の命題とその図解の説明

「人間はあらゆる瞬間に、次の瞬間にどうあるかを決断する生き物である。」ヴィクトール・フランクルのこの言葉は、彼の教えの中心点と同時に急進的なアプローチを明らかにしている。この考え方は、フロイトの抑圧理論や、人間を社会による生産物と見なすあらゆる理論と対立する。また同時に、この考え方は人間への限りない信頼を物語っており、この信頼は、ロゴセラピーの最も弱く、かつ最も強い論拠となっている。その最も弱い点は、決断能力の土台としての人間の精神的な自由を学術的に証明できないことである。「精神の自由の証人」、つまり、極めて困難な状況で英雄的な決断を下す人間は常に少数派であり、一方それに対して自身の決断能力を有意義に用いず自身の欲望に左右される人が多数派である。客観的な統計データを検討すればするほど、人間は不自由であるというほうに分がある。

しかし、人間への信頼と、いかなることにもかかわらず存在する人間の決断能力への信頼は、ロゴセラピーの理論においては最も弱い論拠であるが、ロゴセラピーの実践においては最も強い論拠となる。というのも、唯一この信頼だけが、「患者を高みに引き上げ」、患者に人間存在であることを求め、その助けによって、患者が病気や苦悩を克服するための精神的なエネルギーを引き出すことができるからである。自分は置かれている状況の犠牲者だと感じ、自分は無意識の力に駆り立てられるだけの存在だと考える人は、回復に向かって指一本動かさない。すなわち、あらゆる依存は（たとえその依存が単なる想像にすぎないとしても）気力を奪うのである。人間は自らの決断能力を知ることによって、初めて、自らが自由に決断したことの責任を担う。

10の命題の図解

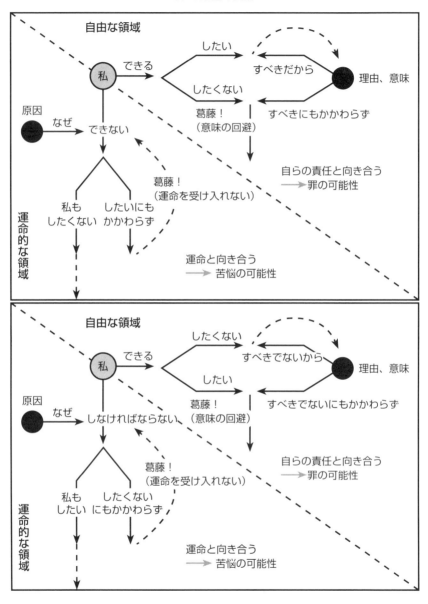

このように、依存と責任逃れは互いに手を取り合っていく。アルコール依存症者は、妻が彼を見捨てたから酒を飲まなければならないと思い込む。まったく同様に、自由と自己責任も手を取り合っていく。禁酒者は、結婚生活をまた立て直そうと自分で決断したから、酒を飲まない。

図の対角線が示しているように、人間の生活の「自由な領域」を認め、「運命的な領域」から「自由な領域」を切り離そう。私たちは、「自由な領域」の中に何を見出すだろうか？　ここには、「できる」と「したい」と「すべき」が位置づけられている。あらゆる「すべき」ことは「できる」ことの範囲の中で動いている。なぜなら、「できない」ことは、「すべき」こととして考えられもしないからである。しかし、全ての「すべき」ことが「したい」ことであるわけではない。「自由な領域」での心理的な葛藤は、「すべきでない」ことを「したい」、あるいは「すべき」であることを「したくない」ことと関係がある。両者とも「意味の回避」を表しており、実存的な罪をもたらす可能性がある。

> こうした徹底的な自由という観点から、なぜ神学では不合理な神秘について語るのかがわかる。つまり、私たちの決断は結局のところ自由なので、決断が何らかの決定要素によって完全に定められているとすることや、神秘のまま説明できない部分を残さずに決断を汎決定論的に説明することは不可能なのである。そして、もしこのような神秘の部分がないとすれば、私たちには自由も責任もなく、そうすると罪もないことになる。もしそうなれば、罪が語られることはなくなるだろう。(Frankl, 71)

実際、罪の問題は人間の自由な決断能力にかかっている。このことは、例えば犯罪現象と社会の関わり方に現れる。いったい何が犯罪を引き起こすのか、という問いが消えることは決してない。劣悪な家庭環境、貧困、狭い住宅、悪い見本による誘惑、政治的な圧力、そして欲求が満たされる体験の欠如が、最もよくある原因として挙げられる。犯罪者となった人間自身の主張に基づけば、彼らはそのような原因理論には「もううんざりだ」という。なぜなら、彼らは自分が一人前の人間として扱われない体験をするからである。彼らは未熟さや無力さを突きつけられる。あたかも彼らが、どこかの糸が切

れているか、誰かが間違った糸を引いたために、床に横たわっているマリオネットであるかのように。誰が好き好んでマリオネットになるだろうか？

その人が犯した罪を認めないことは、人間の尊厳や高潔さを徐々にむしばんでいき、そして何よりも、罪の唯一の意味ある効果を失わせてしまう。それは、再び良いことを行うという形の罪滅ぼしであり、人間が変容し改善することによって再び「良いことを行う」ことである。次のような考え方をするほうが、よほど人間的である。それは、重要なことは可能な領域に存在する自由な意志行為であり、意味に従うか逆らうかという人間の決断を最終的かつ完全に説明したり解明したりすることは不可能である、という考え方である。

ではここで、図中で「自由な領域」と対角線で区切られている「運命的な領域」について見てみよう。この領域に何を見出せるだろうか？　ここには「できない」こと、「しなければならない」こと、そしてその両者の原因が置かれている。この領域には、説明可能なこと（「なぜ」）と決断不可能なことが存在しており、決断不可能なことは葛藤の原因となる可能性がある。しかし、ここでの葛藤は「自由な領域」での葛藤とは別の種類のものである。「運命的な領域」での葛藤は、「できない」ことをしたい、あるいは「しなければならない」ことをしたくない、ということに関係がある。これは意味の回避ではなく、苦しみをもたらす（意味がないように見える）運命を受け入れないことである。

しかし、こうした変えることのできない苦しみに対してさえも、人間には苦しみへの態度を自由に選択することができるという、最後の自由が残されている。それによって驚くべきことに、明確に分けられた一方の領域からもう一方の領域へと輝く光が貫き通るのである。「運命的な領域」では運命と対峙する際の最後の自由が光り輝いており、そして「自由な領域」では、理由すなわち意味が光り輝いている。その意味は、肯定や否定はできるものの、勝手に考え出すことはできないので、人間の自由気ままな干渉からは守られている。

したがって全体として明らかになるのは、一方では運命との対決から、他方では自らの責任性との対決から、最善の形で生じる可能性がある「何か」である。それはすなわち、すべきだとして押し付けられたことを自ら進んで

する意志、すべきだとして押し付けられていないことを自らの考えでしない意志、強制されたことを自ら進んでする意志、する能力がないことをしようとしない意志……究極の秘密としての正しい意志である。意味の方向を目指し、自分の運命を受け入れる者は救われる。意味の方向を目指さず、自分の運命を受け入れない者は、孤立無援に陥り、仲間の助けや援助を得ることができない。私たちがこうした孤立無援状態にある人を探し出し、そこから救い出そうとする場合も、この2つの観点の両方を持っている限り、極端に間違った道を行くことにはならない。

実践例

　誰かを何らかの人生の危機から「外に連れ出す」過程において、その人の決断能力の強化が他の援助よりも優先されることがしばしばある。そこで以下では、具体的かつ実践的な例に基づいて、決断能力において何が根本的に重要なのか、どのような前提条件のもとで決断能力は人間をその人自身や意味との最適な一致に導けるのか、を考えてみたい。

　自分が行っていることに心の中で責任を負うことは、人間の心の平穏にとって非常に重要である。まったく同様に重要なことは、自らが決断したことを行うことである。したがって自らが決断したことに対しても、責任を負わなければならない。決断し、それに従って行動し、そしてそれに対して責任を持つというのが、まさに「安定のための三部作」である。これらが平衡を失って傾くと、人間の内面の分裂が起こり、心理的かつ身体的に危険である。また、「したい」と「したくない」、あるいは「したい」と「しない」、あるいは「したくない」と「それでもする」の併存は、全ての人を疲弊させる。にもかかわらず、そのような状態は広く蔓延している。そのため、以下では「良い決断ができること」に関するいくつかの見解を述べる。これには、決断に沿って行動し、それに責任を負うことも含まれる。

良い決断ができないという問題

　以下の例は、良い決断ができないことの問題点を明らかにする。フットケ

アが専門のある女性が言った。「新しくてもっと大きな施術室を探しています。ここの施術室は小さすぎるし、窮屈すぎます。」その 10 分後に彼女は言った。「私の常連客はたいていお年寄りで、ここに来るのに慣れていらっしゃいます。もし私の都合で移転すれば、お客様の多くは戸惑い、もう来てくれなくなるでしょう。」この女性は、そもそも移転の是非を検討する段階にいるのだろうか？ 実際は彼女はもっと先の段階にいる。というのは、彼女は「探している」と言っていたからである。つまり、賽は投げられたようなものだ。そうだとすると、この「もし〜すれば」（もし移転すれば、常連客は来てくれなくなるだろう）という表現は何だろうか？

こうした相反する葛藤が強くなると、人はこのフットケアの専門家のようにジレンマ、つまり、もうどうしても解決できないと感じる状況に陥る。彼女は移転したいけれども移転したくない。こうなってしまうと、彼女がどうしようとそれは彼女にとって悪いことになる。つまり、次の 2 つの文で述べられている言い分は、いずれも悪いことになる。

1. 現在の施術室が小さく窮屈なことは、悪いことである。
2. 移転したら多くの常連客が来てくれなくなるだろうことは、悪いことである。

専門用語としてよく使われる「アンビバレンス」という単語は、こうしたジレンマを完全には言い表していない。なぜなら、アンビバレンスが意味するところは、人が同時には実現できない 2 つの価値の間で行ったり来たり揺れ動くことだからである。しかし、ジレンマが意味するところは、どちらかというと、人が 2 つの価値のないもの、すなわちネガティブなものの間で板挟みになって身動きできなくなり、そこから抜け出すことができなくなっている状態である。言ってみれば、決断できる可能性の全てがその人にとっては悪いことなのだ。

どのような人でも、価値のないものの間で良い決断をすることはできない。しかも、悪い決断をすることは自分の心への裏切りである。そのため、価値のないものの間で決断した人は、選択しなかった価値への強い思いが自分の中に消し去りがたく残り、心の中でくすぶり続け、心の平穏の邪魔をする。

フットケアの専門家の例では、それが快適な施術室であれ、熱心な常連客であれ、どちらかの決断をした場合には彼女の中にやりきれない思いが残るだろう。

バリエーション１

彼女は一方の価値のないものに表面的に同意する。「よし、移転をあきらめよう」。快適な部屋を求める切なる思いは残る。

結果：彼女は今後も古い部屋で苦々しい表情で働き、毎日そのことで腹を立てる。

バリエーション２

彼女はもう一方の価値のないものに表面的に同意する。「よし、常連客をあきらめよう」。順調に顧客が来てくれることを求める切なる思いは残る。

結果：彼女は新しい部屋で苦々しい表情で待機し、そして毎日、新しい顧客を獲得しなければならない苦労に腹を立てる。

こうした好ましくない「決断のバリエーション」はその人を弱くする。なぜか？　それは、ジレンマに陥ってもとにかく１つの決断を下さなければならないからである。その人がまったく何もしなくても、それは事実上１つの決断である。つまり、人はしたくないことでも決断しなければならない。その人は自分が行っていることをしたくない。原則的にも一般的にも、その人は常に「ネガティブ」な態度である。

残念なことに、多くの人は常にネガティブな態度で生きている。彼らは人生の小舟で逆風に向かって漕ぎ出し、そのことが不満や怒りや憤怒や諦めを生む。こうした不快な感情は自ずとあふれ出て、自分や仲間を攻撃する。ここで、フットケアの専門家の例で起こりうるいくつかのバリエーションを挙げよう。

自分に向けられた場合

「馬鹿な私は10年もこの穴蔵にこもりっきりだ。私が常連客に頼らざるをえないせいで！」

第４部　ロゴセラピーの応用　235

「私は移転などという奇想天外な計画を思いついたのに、今では何もせずに退屈している！」

自分以外の人に向けられた場合

「近頃は小規模事業主向けの施策がまったく何もない。これでは苦しくなる一方だ！」

「馬鹿な老人たちは、行き先を隣の地区に変えることもできないほど融通が利かなくなっている！」

ネガティブな姿勢の人生は、あらゆる生命力を徐々にむしばんでいく。喜びは縮小し、嫌な気分は増し、行う仕事の質は下がり、日々気力を奮い起こして立ち上がらなければならないようなことが、著しく増える。他の何かを求める切なる思いを絶え間なく抑えつけなければならず、怒りを表立って表現することを抑圧し、コントロールしなければならない。このような力の浪費は、柔軟性や創造性の低下を引き起こす。絶えずネガティブなもの（自分が反対しているもの）を見続けていると、そのジレンマの中にもしかしたら存在するかもしれないチャンスを見逃してしまう。先に挙げたフットケアの専門家の例では、もしかしたら、家具の配置換えをしたり、新調したり、ひさしをつけてバルコニーも活用したり、そうした方法によって小さな施術室の使い勝手をより良いものにできる可能性があったかもしれない。あるいは移転する場合には、例えば顧客に対して早くから準備をして、地図を配布し、新しい建物での無料施術に招待するなどして、常連客をより簡単に連れて行ける可能性があったかもしれない。しかし、既に心が弱ってしまった人には、想像の翼を広げてジャンプするだけの勢いがない。

それでは、ジレンマからどうやったら抜け出せるのだろうか？　それは簡単に言うことができる。いつもネガティブでいる状態から抜け出して、あらゆることに対してポジティブになろう！

良い決断ができるようになるまでのプロセスにおける ポジティブな姿勢の役割

頭だけではなく心も巻き込んだポジティブな状態は、どんな決断の過程にも必然的に結びついている４つの「痛み」を緩和してくれる。まずはこの４つの「痛み」を明確に自覚することが、どのようにそれらの痛みを我慢できるレベルまで引き下げるか、という戦略を練るうえで役に立つ。

☆ ☆ ☆ ☆ ☆ ☆ ☆ ☆ ☆ ☆ ☆ ☆ ☆ ☆ ☆ ☆ ☆

　上に描かれた星は、たくさんの選択肢を象徴している。幸運なことに、私たちはみな人生のあらゆる意識的な瞬間に、一連の決断の可能性を選択肢として持っている。しかし、重要なことは限定された一連の選択肢ということであり、ある種の人に対してはある種の決断の可能性は含まれていない（あるいはもはや存在しない）。病人はきつい旅行に出ることはできないし、失業者は贅沢な車を奮発して買うことはできないし、音楽的でない者は歌手にはなれない、などである。どんなに私たちがそれを望んでも、ある種の選択肢はその時点で私たちに開かれていないことがある。それらの選択肢は、私たちの周囲の別の人には開かれているが、私たちにはない。私たちにはそうした選択肢を選ぶ自由はない。「運命」が私たちにそれらを禁じているのである。もちろん私たちは、禁じられた全ての選択肢に興味があるわけではない。例えば、きつい旅行に出ることや、贅沢な車に乗ることや、歌手になることを、誰もが熱望するわけではない。しかし、私たちが禁じられたことの一部は、もし私たちに自由な選択ができたならば、それを気に入ったものもあっただろう。しかし、残念なことに私たちがそれを得ることは絶対に不可能であり、私たちはそのことと折り合いをつけなければならない。これが１つめの痛み、すなわち、世界には常に素晴らしく誘惑的な可能性があるにもかかわらず、それらは無条件に私たちのものではない、ということである。

☆ ☆ ☆ ☆ ☆ ☆ ☆ ☆ ☆ ☆ ☆ ☆ ☆ ｜☆ ☆ ☆ ☆ ☆

今の私たちに不可能なもの
１つめの痛み

　決断プロセスの考察を進めていこう。私たちにとって不可能なものは既に消してある。同じくすぐに消すことができるのは「問題なく却下できる」可

能性である。私たちは誰でも、人生の全ての意識的な瞬間に、病的で無意味で馬鹿げた悪意があり、自分でもまったくそのつもりのない可能性を選択する必要などない。私たちには、裸で路上を歩いたり、持ち物を全て他人にあげたり、ナイフを胸に激しく突き刺したり、あるいは鳥を羽まで食べたりする自由がある。基本的に私たちはそのような選択肢を妨げられてはいない。しかし私たちは、通常そのような可能性を考慮には入れない。

現時点で私たちに不可能なものに加え問題なく却下できる選択肢を可能性の総量から引いてみると、現時点で私たちに可能なものが残る。これは中央部分の星によって象徴されている。これらの星のうちの1つに、私たちの選択がなされなければならない。これらの星のうちの1つが、私たちの決断によって選択される。

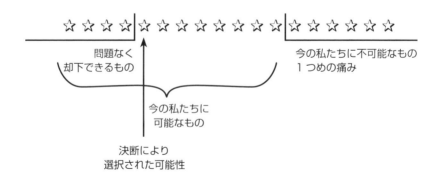

今の私たちに可能なものの星の中から1つを選択することは、とても簡単に聞こえるが、ここにもまた「隠れた問題点」がある。すなわち、何かを選択するということは、私たちに今開かれている他の全ての可能性をもはや選択しない、ということでもある。中央部分の1つの星への決断が私たちに

求めることは、中央部分の他の全ての星を自由意志によって退けるということである。少なくとも当面の間は。しかも、他の星を気に入っていようといなかろうとである。他の星を私たちが気に入るかもしれない、もしくは実現していく過程で気に入るかもしれないとしてもである。既に２つめの痛みが、自由意志によって退けた多くの可能性の中から手を振って合図をしている。それらの可能性の中にも素敵で喜ばしいものがあるが、私たちは他の可能性を決断したため、そうした可能性が私たちの人生の中に入ってくることは今はない。

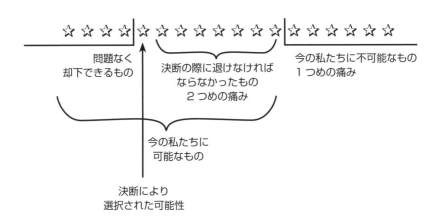

　もし私たちが、選択された可能性に決め、それ以外の可能性を退けることでもう十分痛みを味わったと思うならば、それは間違いである。選択された可能性を表す１つの星にすら、まだ振り払うことのできない２つの痛みが関係している。３つめの痛みは、どのような選択においても避けることのできない不都合な面である。人生に100パーセント理想的なものなど存在しないのと同じように、好ましくないことを１つも甘受しなくて良いような決断も存在しない。選んだ可能性を実行する際には、たとえそれほど大きな犠牲ではないとしても、何らかの努力や何らかの断念が必ず求められる。もしも今すぐでなければ、後になって。

　しかし、まだこれだけではない。私たちに可能なものの中から１つの可能性を決断し、その可能性の不都合な面も受け入れる覚悟があったとしても、

第４部　ロゴセラピーの応用　239

それでもまだ私たちは計画の成功の保証を得たわけではない。どのような決断も不確かな中で行わなければならず、いつの日か、これは間違った選択だったと明らかになるかもしれない。それを私たちはひどく後悔する。私たちは未来を予測する能力を持っておらず、選択の結果をただ漠然と見積もることができるだけである。「良かれと思って」と「良い結果になった」が同義でないのは周知の通りである。したがって、どのような決断も危険を含んでおり、それを4つめの痛みと表すことができる。

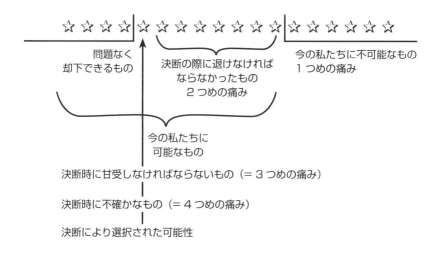

　フットケアの専門家の例を用いて、決断のプロセスにおける4つの痛みを一覧にして明確にしよう。

1つめの痛み：
　多くの従業員を雇ってモダンなフットケアサロンを開業する経済的な余裕は彼女にはない。こうした可能性を持っている人も多数いるが、彼女はそのような人たちには属していない。それゆえ、彼女は自分自身の可能性について考えなければならない。そのうちのいくつかは、彼女はすぐに退けられる。例えば、彼女は自分の職業を変えるつもりはない、窃盗で生きていくつもりはない、死ぬほどひどく酔うつもりはない、などである。ここで彼女がジレ

33. 良い決断ができることについて：10の命題と実践例

ンマに陥ることなく、心から決断できる素晴らしい「ポジティブな選択肢」を見つけたとしよう。それは、彼女がよく働くことができて、顧客も心地良く感じられるような、明るく好ましい施術室である。

2つめの痛み：

彼女はそれを決断すると、他の可能性を手放さなければならない。常連客を維持するという可能性もその中の1つである。常連客の多くは彼女と一緒に移ってきてはくれないだろうということは、彼女もわかっている。

3つめの痛み：

彼女がそれを決断すると、自分の選択の不都合な面も受け入れなければならない。その間は大変な時間がやってくるだろう。物件を見学したり、貯金からお金を出したり、棚の中を空にしたり所定の位置にしまったり、顧客に連絡したり手紙を書いたり、などである。

4つめの痛み：

彼女はついに移転をした。しかし、お店が繁盛するか、新しい顧客を十分に見つけられるか、新しい大家とトラブルにならないか、1年後に倒産しないか、こうしたことはまだ不確かである。

決断プロセスでのポジティブな姿勢の役割へと考えを戻そう。これまでに明らかになったことは、ここで記された4つの痛みを緩和して受け止めることがどれほど重要であるかである。すなわち、それらの痛みを耐えられる程度にすることが重要であり、それは揺るぎないしっかりとしたポジティブな姿勢によってのみ可能になる。何か良いことや意味あることのために行動している人間は強い。その人は、自分が行っていることが全て悪いことらしい、というジレンマから逃れられている。その人は、何かに抗うのではなく、何かのために生きている。このことは、楽しみや満足感というポジティブな感情を引き起こす。

何かのために行動することは、自分が決断した可能性に特別な輝きをもたらす。予想した将来のビジョン（例えば素晴らしくて新しい施術室）は、創

第4部　ロゴセラピーの応用　241

造力にあふれ、柔軟で、自由な即興力を刺激し、想像力をかき立てる。1つめの痛みは背景に退く。人は全てを手に入れる必要はないのだ。何かのために行動することを目標にすることは、十分な喜びをもたらす。2つめの痛みも同様に背景に退く。なぜなら、集中力は選択された可能性のほうに完全に向けられるからである。3つめの痛みは代価として受け入れられる。その代価にふさわしい高い価値があるからである。4つめの痛みは完全に消えることはないが、その代わりに、ポジティブな姿勢によって錯覚を抱く危険を防いでくれる。こうした錯覚は非現実的な場合もあるため、不健全である。

　選択の状況において、自分の眼差しを意味ある肯定へと高めることができる人は幸せである！　そのような人は、良い決断を行って1つの可能性を選ぶことができ、そして、選ばれなかった可能性によって心の平安を奪われることもない。

〈イエスかノーか〉
君にはできない。
一生のあいだ
全ての扉を開けたままにして
どんなチャンスも逃さないようにするなんて。

扉に入らず
前に一歩も踏み出さない人にとっても
毎年毎年
扉は次から次へと閉まっていく。

みずから生きたい者は
心を決めよ。
イエスかノーか――
大きなことも小さなことも。

決心する者は、評価し、選ぶ。
けれどそれは「断念」でもある。

33.　良い決断ができることについて：10 の命題と実践例

ある扉に入るたび
他のたくさんの扉から閉めだされることだから。

ごまかしてはいけない。
そして、その扉の向こう側で何が起きているかを
まるでわかっているかのように
振る舞ってはならない。

全てのイエスは――
たとえ考え抜き、吟味されていても――
冒険のようなもの
そして目標を必要とする。

けれどもそれは全ての問いの出発点。
目標は何なのか？
わたしがイエスかノーかをはかる目安にする目標は？
そして――わたしは何のために生きようとしているのか？

（Paul Roth, 72）

34. 平和と意味：意味中心家族療法の基本的特徴

　ヴィクトール・フランクルによれば、ロゴセラピーはそれ自体が発展していくことにオープンである。過剰自己観察消去グループやロゴセラピー瞑想サークルの構想では、既にフランクルの思想の新しい適用領域が開拓されている。意味中心家族療法も、意味の理論の他の全ての「花」と同じように、同じ「根」に由来しているが、ロゴセラピーの新たな分野の展開を表している。

　意味中心家族療法の実施には入念な準備を必要とする。以下のような考慮すべき点が、実践によって実証されている。

第4部　ロゴセラピーの応用　　243

1. 最初の個別面接

　意味中心家族療法の最大の成果は、二者（夫婦、両親のうちの一方と成人した子ども、兄弟姉妹）の間の話し合いによって得られる。それでもやはり、あらかじめ関係者と個別に話をしておくことを勧める。これにはしっかりとした論拠がある。

　1.　個別面接では、関係者の1人もしくは両者が心の病気であるかどうかを調べる。病気があるならば、家族療法による介入を始める前に心理療法によって治療されなければならない。正常でない状況では誰も正常に反応することはできないということを考慮しなければならない。心に障害のある1人の家族が、残りの家族にとって正常でない状況を作り出す！　神経症患者はまわりの人々をノイローゼにし、うつ病患者は無力さという感情をまわりの人々に起こさせる、などである。それゆえ、もしパートナーの1人が心の病気であれば、その人には適切な援助が必要であり、他のパートナーにはその状況についての情報と自分を守るための指導が必要である。

　2.　個別面接では、相手を興奮させることなく、誰もが思い切り泣いたり、悩みをぶちまけたりできる。長年の苦しみの歴史から来る激しい感情を過小評価してはならない。もしそれが「相手の苦悩」を含んでいるのであれば、なおさらである。苦しみの歴史は「十字架の道」に似ている。すなわち、それは一度の苦しみではなく、ある種の「十字架」を肩に背負いながら進み、転んでは立ち上がり、希望が生まれてはまた失望することを何度も繰り返す、耐えがたいほどの長い道のりである。苦悩が正しく解明されることはほとんどない。クライエントは相手に向かって叫び、その後は諦めて沈黙に身を包む。クライエントは夜ごと枕を濡らして泣く。クライエントは、自分の心の苦しみを、恥ずかしさのためや「外面」を保ちたいという理由で口にしなかった。苦しみの歴史は、その言葉による形をまだ見つけていない。そして今、セラピストはこれを促し、それが同時にセラピストとクライエントとの間に良い信頼関係を生み出す。

3. 個別面接によって人間学的な基礎を固めることができ、その上に意味中心家族療法が築かれる。この際に最も重要な要素となるのが、運命的な領域を個人の自由の余地から切り離す能力である。クライエントは、相手が行うことや相手が自分にすることは全て、その時点では自分にとって「運命的」であるということを、段階的に学んでいく。それゆえ、その人が自分の自由の余地においていかにそれに答えるか、すなわち、その人がその答の際にどのようにうまく振る舞うか、が問題となる。その人は、常に選択の余地があることを学ぶ。その最初の選択は、十字架の道を終わりなく続けていくか、それとも到着するかである。到着とは、すなわち「磔刑」（真の対決の瞬間）、古い関わり方の終わり、より良い関係の立ち上げ、そして十字架を背負わずにともに歩んで行く道である。

4. 個別面接では、クライエントの精神の集中力を自分の自由の余地に向けて研ぎ澄まさなければならないことが説明される。なぜなら、そうすることだけにあふれるほどの意味があるからである。セラピストは「グレートヒェンの問い〔信仰や良心や信念を確かめる問い。『ファウスト』の登場人物グレートヒェンに由来。〕」を問いかける。すなわち、どんなに両者の関係が負担であっても、クライエントの自由の余地にはまだ相手へのイエスがあるのか？　それはためらったイエス、不確かで多くの疑問符を伴った小声でささやくようなイエスかもしれない。しかし、もし相手への内心のイエスがまったく存在しない場合は、どんな家族療法的な試みも必要ない。パートナーの一方が婚姻の解消を願っている夫婦が繰り返し相談に訪れることがある。そのような場合は、もう一方からプレッシャーをかけられているか、失敗した後に夫婦関係はこれほど破綻しておりセラピーでもこの夫婦関係を救うことはできなかったと言うためのアリバイとして、治療セッションを見なしている。このような失敗を避けるために、セラピストは最初にクライエントたちの（最小限の）「お互いへのイエス」の存在を聞き出しておく。そして彼らの１人にイエスが欠けている場合は、少なくとも一時的に両者の離別を求め、「拒否された」パートナーに個別のサポートを提供する。

第４部　ロゴセラピーの応用　　245

2. 積極的傾聴の訓練

積極的傾聴とは自己超越的な行為である。それは、押し寄せてくる言葉の波を受動的に通り過ぎさせるのではなく、相手自身や相手によって語られた状況に好意的な関心を持って、心から相手のそばにいることである。どんな人間同士のコミュニケーションにおいても、自分と向かい合っている相手を理解することは、極めて重要である。理解することは、理解されることよりも重要な場合すらある。相手（それが敵やライバルであっても）を理解しようとする人は、自分を自分自身の言葉で相手に届け、相手から外れた話をしない。残念ながら、ほとんどの人は自分自身に対する多くの理解を求めており、相手をほとんど理解しようとしない。あらゆる憤りのほぼ50％は、相互の無理解に起因している。もし理解ができていれば、人間はより公平な、そしてより寛大な判断を行う。

こうした理由から、クライエントは家族療法のセッションの前に、積極的傾聴の十分な訓練が求められる。彼らは、積極的傾聴が何を強化し何を抑制するかを学ぶ。

1. 傾聴には、内的な平穏、外からの刺激で気がそれないこと、自分以外のものに心を開いていること、そして十分な時間、が前提として必要である。傾聴のためにとる時間（そのための時間を実際に確保しなければならない）は、相手への真の贈り物であり、「私にとってあなたはそれだけの価値がある！」というメッセージである。

2. 多くの刺激に同時に身をさらすことに慣れている人は、ほとんど傾聴することができない。なぜなら、その人の注意は「分割」されているからである。人間はアイロンがけをしながらテレビを見たり、学校の宿題をしながら音楽を聴いたり、朝食を食べながら新聞を読む必要はない。その時々の行いに完全に没頭することが、今を生きるということである。

3. 人生の沈黙の時間に耐えられない人は、ほとんど傾聴することができない。なぜなら、その人の注意は「遠心的」だからである。待ち時間ごとに

神経質になったり、スーパーマーケットのレジで不機嫌にそわそわしたり、バス停でイヤホンをはめて音楽を聞いたり、絶えず気晴らしをする必要はない。精神の集中は、静寂の中でのみ成熟する尊いものである。

4. ひっきりなしに自分を表現したがる人、自分の経験を話したがる人、自分は何でも知っていると主張する人などは、ほとんど傾聴することができない。なぜなら、その人の注意は自分自身に引き戻されているからである。その人は自分のことにとらわれすぎており、他者に無関心すぎる。これは自責的なプロセスであり、やがてその人を世界から孤立させる。

ヒントをもう1つ挙げよう。相手の言葉を遮ることは礼儀作法として禁じられているだけでない。積極的傾聴においても、よくある悪習の「話を遮ること」を禁止している。例えば、誰かが自分の祖母について語っているとする。その最中に聞き手が「私の祖母はまったくその反対だった。彼女は……」と話すことで、話の筋道を断ち切り、その後も聞き手が話し続ける。聞き手が話し終える頃には、最初の語り手はもはや自分が中断された話題の糸口をつかむこともできない。もしくは、そうする気もなくなり、自分が当初意図していた相手へのメッセージを諦める。時間が経つにつれて、その人はますます無口になっていく……。

もっとも、積極的傾聴には自己超越的な意味でこれを補完するものがあり、それは手短に話すということである。たいして話す値打ちもないことを長々と話す人は、絶え間なく発言し、あらゆる機会を捉えて連想を広げ、既に何百回と論じた「お気に入りの話題」に舵を向け、聞き手に大きな負担をかける。「お気に入りの話題」とは、その人を捕まえて放さない未解決の問題である。しかし、その話題を全ての会話に間接的に織り交ぜても、問題は解決されない。そうではなく、他者を煩わすのではなく、自らの良心と心の中で正直に対話することによってのみ、その問題は解決される。

第4部　ロゴセラピーの応用　247

3. 重荷を降ろす手助け

〈おまえはいまだに背負っているのか？〉

　2 人の旅の僧侶が川を渡ろうとしている。岸で 1 人の美しい乙女が待っている。彼女も向こう岸へ行きたいのだが、水の中に入っていく勇気がない。1 人の僧侶はすばやく決断し、彼女を自分の肩に背負い、向こう岸へ運んだ。もう 1 人の僧侶は腹を立てているが、何も言わない。彼の心の中では次のような問いが絶えずうずいている。「どうして彼はあんなことをしたのだ。僧侶なのに女性に触れるなんて？　まして背負うなんて！　彼は僧侶の戒律を知らないのか？」何日もの間、彼は怒りを胸に抱いていた。しかし、この怒りの奥底にあったのは激しい妬みである。

　ついに 2 人は目的地である師の僧院に到着する。嫉妬深い僧侶は、待ちきれない思いで、もう 1 人の僧侶が若い女性を背負って川を渡ったことを師に報告した。師は答えた。「彼はその女性を対岸で降ろした。しかし、おまえはいまだに彼女を背負っている。」(ヒンドゥー、73)

　古い敵意、以前の怒り、妬み、昔の嫉妬、過去の復讐心など、いったい人間はどれだけのものをずっと抱えていることか！　喧嘩した家族がなすすべもなく怒りを噛み殺した顔で相談にやってくるのも、何の不思議もない。彼らはお互いに長い間根に持ち、ずっと前の敵意に満ちた余計な荷物によって、馬鹿げた混乱を引きずっている。

　問題は、彼らが目の前の事柄を平和的に話し合うことができない限り、この余計な荷物を穏便に処理することができないこと、そして、彼らの心が古い余計な荷物でぎゅうぎゅうに詰まっている限り、平和的に話し合うことができないことである。彼らは神経症的な悪循環に取り憑かれている。そのため、「平和的な雰囲気」を生み出し、過去の敵対的な行動を最終的に「埋葬」し、今ここで何ものにもとらわれない対話ができるように、過去の非難はひとまず脇に置かなければならない。そのためには、当事者たちがそれぞれ身につけなければならないいくつかのルールがある。

1.　緊急の援助として、治療という目的のためには、徹底して「今ここ」に限定することが必要になる。当事者たちの「会話の調子」が再び合えば、古い衝突の解決も実現できるし、そうでなければ実現できない。ある「トリック」によって、彼らに求められた制限が容易になる。彼らは当面の間、ごく最近出会ったかのように、そして何の共通の歴史も持っていないように、付き合うことを求められる。全てのまっさらなもの、何も書かれていないものには、魔法が宿っている。これと同じことが、新しい人付き合い、新しい男女の関係などにも当てはまる。たとえそれが単に「イメージされた」だけであっても。

2.　当事者たちが何の共通の歴史も持たないとすれば、彼らは無垢となり、先入観にとらわれず、相手の言うことに落ち着いて反応できるだろう。例えば、1人が「私と一緒にサイクリングに出かけない？」と問えば、相手は「いいえ、でもありがとう。今日は私には暑すぎるよ。」と言うだろう。しかし、お互いの過去の経験を通せば、質問された人は次のように考える。「私はわかっている。私がスポーツが苦手なのを見て面白がるために、あなたは私が疲れているところを見たいんだ！」そして、ぶつぶつ悪態をついて答える。「放っておいてくれ！」このような、最初から不利な条件に基づく対話はやめなければならない。今話し合っていることのみにしっかりと集中した場合に起こることは、その際に頭の中に「ふと浮かんでくる」こととは無関係である。

3.　礼儀正しい形式が保たれている限り、批判的なことも含めて、お互いに多くのことを言うことができる。しかし、コミュニケーションの形式がボクシングのローブローのように卑劣であれば、そのコミュニケーションの内容が正しかろうと正しくなかろうと、相手の感情を害することは避けられない。周知の通り、口論をするには2人の人が必要だが、感情を傷つけるには1人で十分である。慎重を要する話題を話し合う場合は、タイミングも十分配慮して選ばなければならない（きちんと時間がとれる、相手が疲れているときでない、など）。また話の持ちかけ方も、常に最低限の敬意を持ったものでなければならない。必ずしも相手の意見に絶対的に敬意を払えという意

第4部　ロゴセラピーの応用　249

味ではなく、その人物に対して敬意を払うということである。

4. 全ての腹立たしいことを無理に言葉にして精査する必要はない。ときどきは沈黙も賢明である。しかしこれは、やり場のない怒りや絶望や諦めからくる沈黙ではなく、他者を罰するための沈黙でもない。そうではなく、賢明さ、距離をとるため、対話を落ち着かせるため、寛大さ、そして愛から来る沈黙である。小さな痛みを大げさに扱わなければ、痛みは消える。嫌になるまでくどくど言わなければ、本質は保たれる。

5. 決別は、それが何からの別れであったとしても、良い形かあるいはまったくそうでない形で告げられる。これによって2人の間の不快な問題が終わるときには、対をなすものとして、謝罪という英雄的な行為と赦しという慈悲の行為が必要とされる。謝罪は、言い訳なしの自由意志による表現でなければならない。自分に自信のない人々にとってはこれが難しい。このような人たちは、ひびの入った自己イメージがさらに「汚される」ことがないように、常に自分を正当化し弁護する傾向がある。したがって彼らの課題は、自分の間違いを認めることによって相手の尊敬が「高まり」さえするということを学ぶことである。そして反対に、相手のほうには赦しが必要とされている……。

今日では、「紛争に対処する能力」は共同体が機能するうえで欠くことのできない要素とされている。人間は紛争をお互い公平に戦いたいと思う。それに対して異議はないが、すぐに忘れられてしまうのは、どんなに公平な争いよりも平和は上位に位置しているということである。平和とは、互いを受容し、互いを真摯に受け止め、互いを赦すことを意味している。そして、平和は欲望から生まれるものではない。これによって、多くの紛争は当初から防ぐことができるだろう！　それゆえ、「平和の能力」を教育することは、全ての品位ある人間の共同体にとっての、第一の前提条件である。

これまで述べてきたような準備がクライエントにできていれば、意味中心家族療法に取りかかることができる。この意味中心家族療法の「トレードマーク」は、古典的なロゴセラピーによる「コペルニクス的転回」の一種、す

なわち、相手に対する期待から離れ、自分が期待されていることへ向かうことである。このことを読書療法のように象徴するものとして、あるスーフィー教の逸話が適している。ある求道者が天国と地獄の違いを尋ねると、2つの部屋が示された。2つの部屋の状態は同じである。どちらの部屋も、美味しそうな匂いのする料理が入った1つの大きな鍋が中央にある。スプーンがいたる所に置かれているが、それは非常に長く、腕を延ばしてもスプーンを口に運ぶことができないほどである。この逸話の2つの部屋は人生の両極を象徴している。すなわち、人生にはいつも良い条件と悪い条件、進歩と障害、「料理」と「スプーン」があるということである。この逸話に3つ目の変数を導入しよう。それは、自分が置かれた人生の状況における、人間の個人的な決断である。ある部屋からは、大きな泣きわめきや歯ぎしりが響き渡る。お腹を空かせた住人は、無理な姿勢で料理を食べようと努力し、不信感に満ちてお互いを鍋から追い払い、長すぎるスプーンを虚しく空中に走らせる。この部屋は地獄と呼ばれる。もう1つの部屋は、楽しさや幸福感に満ちている。住人は仲良く鍋の周りに座り、長すぎるスプーンを順番に料理の中に浸し、そのスプーンを他の人の口に入れてあげている。誰もが誰かを食べさせており、みんなが満腹になる。この部屋は天国と呼ばれる。

　意味中心家族療法では、いわば、この「スプーン」が正しい方向へ動かされるように配慮する。当事者たちは、自分たちの地獄を一かけらの天国に変えなければならない。彼らがお互いに「食べさせあう」、最初の「食べ物の入ったスプーン」は思いやりである。それぞれが精神的に相手の立場になり、何が自分との共同生活をそれほど難しくしているのかを想像し、言い当てるように求められる。何によって自分が相手を傷つけ、苦しめ、激怒させているのか、あるいは、相手は何を自分から必要とし待ち焦がれているのか。念のために言っておくが、パートナーに対する自分の怒りや、パートナーに対する自分の願望を述べるのが最初のテーマではない。「スプーン」は既に相手の口のほうに向かっているのである。

　相手が想像したことについて短く確認または修正することで（それ以上の議論はしない）最初の段階は終わりにして、「新鮮な料理」はその後である。それは、誰もが実践できる、ごく小さな歩み寄りからできている。180度変わることは誰にもできない。しかし、ごくわずかな角度だけ自分の態度を調

節することは、いつだって可能である。先ほど、何によって自分が相手に負担をかけているのか、ともに生活していく中で自分はどうやって相手を楽にできるのか、を当事者たちは見つけた。彼らは、どのような可能性（それがまだとても小さいとしても）を自分自身の自由の余地の中に見出すか、そしてそれについてどう考えるかを質問される。彼らに対する質問はこうである。「今の状況に負担を感じているパートナーを助けるために、自分を変えることができると思いますか？」また「パートナーの欲求を満足させるために、あなたは自分の習慣をどれだけ柔軟に変えることができますか？」これは難しい練習である。なぜなら、誰だって自分が相手に提供すべき「料理」を、自分で試食したいからである。セラピストは、当事者を慎重かつ忍耐強く、この話題に留めておかなければならない。つまり、言い訳をせずに、現実的で（実現可能で）、かつ相手に関連した（パートナーにとって役に立つ）可能性を探求することが重要なのである。

　第二の段階は、それぞれが考えた変化の可能性を実現することが実際に相手の役に立つかどうかを、短く相手に確認することで終わる。経験上、同意が得られたうえで、さらにそれ以上を求められることが多いが、そこに巻き込まれてはいけない。「スプーンに乗っている」もので、十分としなければならない。最も重要なことは、スプーンがうまく相手の口に届くということである！

　第三の段階では、鍋から最も貴重なものがすくい上げられる。すなわち、愛の前払いである。ここまでによって、両者は何が相手に痛みを与えるかを明確にわかっている。両者には、相手の痛みを少し減らすという将来の自分の可能性がはっきりと見えている。しかし、それを実行する準備はできているだろうか？　知識も素晴らしいが、意志はそれよりも遥かに重要である。原則として、いかなる可能性も実現されないことがありうる。重要なのは、イエスと言うこと、自分を変えるという（相手にとって望ましい）可能性に対して無条件にイエスと言うことである。セラピストは、何がイエスではないかを説明する。イエスでない発言は、「パートナーが変わったら、私も変わる！」である。イエスでない発言は、「私が自分と向き合うときには、パートナーがそれを認めてくれることを期待する！」である。愛と取引は相容れない。イエスを言うのは、相手のために、相手の痛みを軽減するという

自分の可能性を実現しようとする人である。パートナーが自分にとってまだ価値があるからというような、他の理由からではない。セラピストは、このようなイエスが言えるように彼らに働きかける。当事者たちがそのために悩み抜けば、「スプーンが皆の口にある状態」へと至る。彼らはプレゼントを贈られた人のように家に帰っていく。なぜなら、パートナーが自己変容に対してイエスと言ったことから、自分はまだ愛されていると読み取ることができるからである。しばらくの間はその貯えによって生きていくことができる。もし悩んだ末に片方の人だけがイエスに至ったとしても、まだ全員にチャンスは残っている。「食事を与える」この 1 人が、天国を救う可能性があるからである……。

　　愛は〈われ〉につきまとい、その結果、〈なんじ〉をただの〈内容〉や、対象としてしまうようなものではない。愛は〈われとなんじ〉の〈間〉にある。〔中略〕愛はこの世界に働きかけるものである。愛の中にあるひと、愛の中に見るひとは、人間を混沌から正しい活動へ解放する。善と悪、賢と愚、美と醜、これら 1 つ 1 つは彼にとって現実のものとなり、解放され、歩み出、唯一の存在となり、本質的に向かい合う〈なんじ〉となる。独占性が驚くほど、いく度もよみがえり、その結果、愛の中に生きるひとは、活動し、助け、癒し、教え、高め、救うことができる。愛は〈なんじ〉にたいする〈われ〉の責任である。(Buber, 74〔マルティン・ブーバー著、植田重雄訳『我と汝・対話』岩波文庫 p.23-24〕)

家族療法のセッションは、当事者たちの深刻な食い違いがなくなるまで、上記の枠組みに沿って何度か繰り返される必要がある。これがうまくいけば、当事者たちは自主的に過去の敵対的な行動をやめ、新たに不協和音が生じたとしても互いの調和が破壊される前に解決できるようになる。

　以下に、結婚生活におけるパートナーシップに対して、アフターケアのセミナーで伝えることのできる観点を示す。

1. 良いパートナーシップを作る能力があるのは、内面の安らかな人であり、1 人でもうまく生活できる人である。あらゆる依存やパートナー

第 4 部　ロゴセラピーの応用　　253

への執着は、破壊的である。

2. 良いパートナーシップでは、お互いが相手に欠けているところ、相手の強みでないところを把握しており、「批判ではなく補足する」というモットーに基づき、ごく自然に補い合う。

3. 良い共同生活は、広い意味での良い「家庭運営」と一致する。これには、整理整頓、清潔さ、節約、文化、雰囲気などが含まれる。家で活力を蓄えることができない人は、人生を乗り切ることはできない。

4. 良いパートナーは、相手の喜びを喜ぶ。相手が自分だけの興味の領域、趣味、友人などを持っていても、彼らは嫉妬しない。彼らにとっては、相手が存在していることが単純に嬉しいのである。

5. 良いパートナーシップを維持するために、これがもし相手が亡くなる直前の最後の会話だったら言うであろうことを、折に触れてお互いに言い合うことを勧める。相手が死んでしまった後では、もう遅すぎる。

35. 黄金の足跡を残す：まったく違う方法による自己認識

「君は何も持ち込まず、何も持ち出さず、古いこの世の家に黄金の足跡を残す。」フリードリヒ・リュッケルトが19世紀に作った詩である。世紀が変わって現代の多くの人が、足跡を残すということについての問題を抱えている。ある人々はとても冷めていて、全ての足跡は「風で吹き消される」と確信している。別の人々は、自分はとても役立たずで重要でないので、誰かの関心をひくような足跡を残すことなどできないと思っている。また他の人々は自分の足跡に満足しておらず、生きているうちに足跡が抹消され、消し去られるほうが良いと思っている。そして、たいていの人々は、自分自身が残す足跡よりもむしろ、自分の両親、教師、同僚、配偶者などから自分に刻み込まれた痕跡のことを考えている。自分の人生を微笑みを浮かべて見つめる人間に出会うことは、ほとんどない。

自己価値感〔自分に価値を認める感覚〕と人生価値感〔ルーカスの用語で人生に価値を認める感覚〕との間には、密接な関連がある。自己価値感というものは、それが強いか弱いかによって心理状態が非常に大きく違ってくるが、

いずれにしても「結びつき」なしには存在しない。子どもの頃は、自己価値感は主に両親の評価と「結びついている」。両親が子どもを貶めれば、子どもは自分に価値がないと感じる。大人になるまでの過渡期には、自己価値感は仲間の評価と「結びついている」。若い人が称賛や賛同を得れば、その人の自己価値感にとっての適切な「肥料」となる。成長するにつれて、人はこうしたものに左右されなくなる。その人の自己価値感は、自分が自分の人生をどう評価するか（自分の人生をどれだけ価値があるとみなすか）という、まさにその人の人生価値感と結びついている。それだけでなく、信仰が果たす役割も過小評価することはできない。人間の自己価値感が「天から愛されていること」と結びついていれば、決して皮相的になることはない。

ロゴセラピーによる自己認識の目的は、人生価値感を高めるような人生の見方を導入することである。これは、「過度の自己反省」や「自己陶酔」や「心を丸裸にする」ようなことなく行われる。なぜなら、自分は自分自身を認識の対象とすることは決してできないからである。地球上の天文学者が「地球」という星を望遠鏡に捉えることができないのと同じである！ ロゴセラピーでは、この「結びつき」に注目する。人は自分の人生の過去や未来の1コマをどのように評価するだろうか？ そこでどのような意味に気づき、どのような意味が隠れたままになっているだろうか？ この意味は既に実現されたのだろうか、それとも、まだ実現のときを待っているのだろうか？もしかしたら今日がそれを実現すべきときなのではないだろうか？

以下に示すロゴセラピー自己認識グループの概念は実証的に調査されており、その素晴らしい成果から、国際的にロゴセラピストの研修カリキュラムに取り入れられている。若すぎたり高齢すぎたり心に障害のある人にとっては、これは過重な負担になるが、そうでなければ、どのようなグループにも修正して用いることができる。

指示に基づく自分史

ロゴセラピー自己認識グループの参加者は、9ヶ月間にわたり、1ヶ月に1章の自分史を書く。それによって参加者は過去を振り返り、将来を見通す。各章のタイトルは以下の通りである。

第１章：私の両親
第２章：私の学齢前時代
第３章：私の学校時代
第４章：私の大人時代

第５章：私の現在

第６章：私の近い将来
第７章：私の遠い将来
第８章：私の死
第９章：この世界での私の足跡

　第５章は「私たちが自由に使える唯一の瞬間」である現在に捧げられる。現在とは絶え間ない心躍る瞬間であり、そこで歴史が生まれる。すなわち、可能性が現実に変わるのである。自分史全体の中でこの点が中心になる。なぜなら、過ぎ去ったものに対してもこれから来るものに対しても、現在において次のような問いが投げかけられるからである。それは、まだ終わっていないことを片付けるか、それとも新しく何かを創造する方向に向かうか、という問いである。これは、私たちの過去や未来にある「決して多くはない何か」をそのまま放っておいても良い、という意味ではない。「放っておいてはいけない何か」と、（いま切迫しているからという理由で）「自分を不安にさせる何か」とを区別して捉えることは、良い訓練になる。

　この章は「私の大人時代（現在まで）」と「私の近い将来」という章の間に挟まれている。時間の長さという点では両者とも広範囲に及ぶ章であり、思い出や想像力という点では、両者とも強力で生々しい。これらの章の中で、人は自分を人生の積極的な共同形成者として理解し、そして、誤解と発見、失敗と成功という緊張関係の中で常に学び続ける者として理解する。

　この３つの章は「私の学校時代」と「私の遠い将来」という２つの章に挟まれている。自分史には、明確な部分と曖昧な部分、自由な部分と自由でない部分とが混ざる。思い出や想像力は色あせ、評価できないものが入ってくる。すなわち、学校時代の大半は不確かなことかもしれず、遠い将来の計画には中止になるかもしれないという限界がある。その人の自己理解は、受け入れなければならないことや指示されたことに軸足が移ってくる。

　この５つの章は「私の学齢前時代」と「私の死」という２つの章に挟まれ

ている。ここでは人生の最初と最後がありのままに意識に入ってきて、自分の人生にそれでもイエスと言うことが求められる。どうすることもできない、なされるがまま、無力だ、というときに、人間の最高の潜在能力が明らかになる。その潜在能力の本質は、見抜くことはできないが全てに作用している意味に対する究極の信頼を持って、不当で不本意なものと和解し、折り合いをつけることである。

この7つの章はさらに2つの章に挟まれている。その2つの章は、個人の人生を包括しそれを超えた方向を指し示している。それは第1章「私の両親」と第9章「この世界での私の足跡」である。私たちの存在の生物学的・心理学的な基盤も、私たちが世界に残そうと目指している精神的な遺産も、価値を認められなければならない。自分史の中では、死は最後の決定権を持たない。

これら9つの章を、2枚の見開きのページに書いていく。左側のページには、これまでの歴史や将来の夢などについて、年代順の情報を書いていく。右側のページには、左側に書かれたことに対する自分自身の態度を正確に記す。自分の複雑な感情を記したり、理性的な考えを述べたり、意味の直感を書いたりして、最終的に「左のページに書かれた事実」の観点から、最善の決断は何かを確認する。自分が書き上げた項目が紙から「心」へと逆流する可能性は大きい。もちろん実際にはその逆で、全ての章において、「心」から紙へと多くのことが流れこんでいるのだが。

自己認識グループの参加者は、毎月集まって自分が今書いている章をお互いに読み聞かせあう。左ページに書かれた内容とそれに対応した右ページの内容を聞く間に、参加者は互いに話し合う機会を持ち、自分の気持ちや考えを表現する。そうすることによって書き手が気づかなかった観点が示され、内容がより豊かになる。これによって、参加者の考察の範囲が広がり、同時に慰めや励ましも体験される。書いたことの一部を自分だけに留めておきたければ、そうすることも可能である。心の内側を打ち明けることを強要されることはない。読み聞かせる人は、自分の報告がグループに贈り物として受け取られ、尊重され、内密に取り扱われることを知っている。そして最高の場合には、報告は参加者の友情によって人生の「黄金の足跡」へと生まれ変わる。

第4部　ロゴセラピーの応用

指示に基づく自分史という形式の自己認識についてどう感じたか？

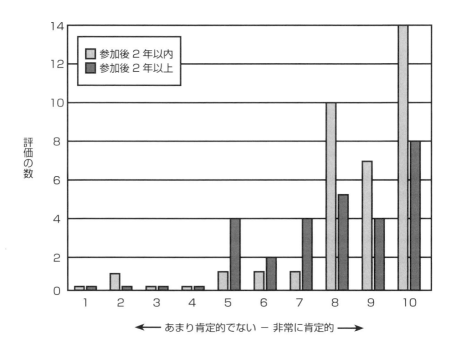

対照試験のデータ

　オーストリア、ヴェルス出身の心理学者で心理療法家のオトマール・ヴィースマイヤーは、1997年に自身が開発した質問紙を用いて、自己認識グループの効果を調べた。9ヶ月間、「指示に基づく自分史」と小グループでの話し合いを行った64名が質問紙に回答し、ロゴセラピー自己認識グループへの参加がどれだけ有益で役に立ったかを評価し、詳細な報告を行った。これらは、フィードバックに基づいてヴィースマイヤーが作成した図である。
　「『指示に基づく自分史』という形式の自己認識についてどう感じたか？」という問いに対し、被験者は1（＝ほとんど肯定的でない）から10（＝非常に肯定的）の間の尺度で回答した。図から読み取れるのは、ほぼ全ての被験者が自らの自己認識を平均よりも肯定的に捉えていたことである。自己認識

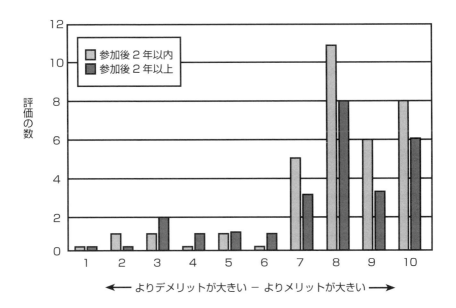

この形式の自己認識のメリットとデメリット

　グループに2年以上前に参加した人たちは、過去2年以内に修了した人たちのように、「舞い上がる」ほどには感激していなかった。これは理にかなっている。どのような体験も、時間とともに新しい体験によって覆われていく。
　「この形式の自己認識のメリットとデメリット」という問いに対し、再び被験者は1（＝よりデメリットが大きい）から10（＝よりメリットが大きい）の間の尺度で回答した。このロゴセラピー的方法をメリットだと評価する人は、デメリットと評価する人よりもはるかに多かった。ここでは、「古い」修了者と「新しい」修了者の違いは、先ほどよりも少なかった。

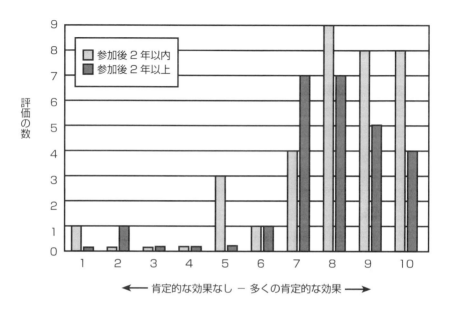

行動に肯定的な影響を与えた長期的な効果

　「『指示に基づく自分史』を行う中で、自らの行動に肯定的な影響与えた体験、洞察、認識で、かつ長期的に有効だったことはあるか？」という問いに対し、被験者は1（＝肯定的な効果なし）から10（＝とても多くの肯定的な効果）の間の尺度で回答した。図には、参加者に非常に多くの長期的で肯定的な効果があったことがはっきりと示されている。2年以上前の修了者が調査時点でもなお7から10の間の尺度を選択していることは、非常に大きな成功といえる。

　4番目の図には、上述した3つの統計の平均値が並べられており、ルーカスによる「指示に基づく自分史」の効果が、印象的に示されている。しかし、定量的な比較や数の記録よりももっと心を動かされるのは、月ごとの集まりでグループ参加者が自発的に語る感謝の言葉だということを、私たちは実践から知っている。彼らは何に感謝しているのだろうか？　彼らは様々な表現

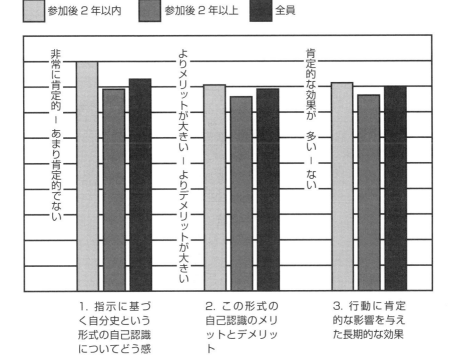

1. 指示に基づく自分史という形式の自己認識についてどう感じたか？
2. この形式の自己認識のメリットとデメリット
3. 行動に肯定的な影響を与えた長期的な効果

で感謝を述べるが、根本的にはみな1つの知恵に対する感謝であり、彼らはどんどんそれに近づいて来る。すなわち、人生という舞台でどんなドラマやカオスが演じられていようとも、それとは別に舞台裏では、目に見えない創造的な力が、全てが「正しく」うまくいくように配慮してくれている、という確信である。もちろん、このような主張はからっぽの綺麗事かもしれない。けれども、自らの過去や未来の人生について精神的に徹底的に取り組む過程で、彼らのこうした個人的な信条が強まっていくことは、珍しいことではない。

〈神は全てを素晴らしく取り計らう〉

　ある王様のもとに、それがどんなにふさわしい機会であってもふさわしくない機会であっても「神は全てを素晴らしく取り計らう」と言う大臣がいた。しばらく経って、王様はこの言葉をあまりに何度も聞いていたので、この言葉がもはや我慢ならなくなっていた。2人は狩りに出かけ、王様が1頭の鹿を撃った。大臣と王様はお腹が空いており、火をおこしてその鹿を網で焼いた。王様は食べ始めたが、食べ急ぐあまり指を1本切り落としてしまった。大臣は「神は全てを素晴らしく取り計らう」と言った。

　王様はもううんざりだった。怒りながら王様は大臣の職務を解き、立ち去るように命じた。王様は二度と大臣を見たくなかった。大臣は去り、鹿の焼き肉でお腹いっぱいになった王様は眠りについた。その夜、女神カーリーを信奉する野蛮な盗賊が王様を襲って縛りあげ、王様を女神への生贄に捧げて食べようとした。最後の瞬間に、カーリー信者の1人が王様の欠けている指に気づいた。盗賊たちは相談して決めた。「この男は不完全だ。男には身体の一部が欠けている。我々の女神に捧げられて良いのは完全なものだけだ。」盗賊たちは王様を解放した。

　王様は大臣の言葉を思い出した。「神は全てを素晴らしく取り計らう。」そして理解した。まさにそういうことなのだ、今回の出来事についても。王様は大臣を追放したことの責任を感じ、大臣を探させた。長い時間の後、大臣は見つかった。王様は謝罪し、大臣にまた職務に就いてくれるよう頼んだ。

　大臣は答えた。「王様が謝る必要はありません。私は王様が私に立ち去るように命じてくださったことに感謝しています。もし私だったら、盗賊は私を生贄に捧げたでしょう。私はどの指も欠けていませんから。神は全てを素晴らしく取り計らう。」(Ram Dass, 75)

　このお話で王様が学んだことを自己認識によって（もしくは別の方法によって）学んだ人は、余計な心配をせず、多くの好奇心と注意深さをもって、自分の人生を生きることができる。

36. ICD-10「臨床記述と診断ガイドライン」と ロゴセラピーの専門用語との対応

　心の病気と健康についての理解は、この数十年の間に極めて大きく変化した。それは、人間の心について、健康と病気という概念自体が放棄されたほどである。しかしそれは、フランクルが人間の精神性の中に健康や病気を超えた人間の核があると「その位置をつきとめた」ような、特別な意味においてではない。そうではなく、どちらかと言えば曖昧な意味で、個別の事例については心の病気と健康をほとんど区別できないという、広く流動的な変化が起こってきている。私たちは、あらゆる「心理療法の父たち」やフランクルから、人間は心理的にも身体的にも病気になることもあるし回復することもできる、という考え方を学んだ。しかし、今日の世代の心理療法家たちは、ただ「障害のある（もしくは障害のない）心」について知っているだけである。

　世界保健機関から公表されている「国際疾病分類」、略して ICD-10（引用76）の中でも率直に述べられているように、障害とは厳密な概念ではない。障害という表現は、「個人的な機能上の苦痛や阻害に伴って、臨床的に明らかに認知可能な一連の症状や行動が存在していること。個人的な機能不全がなく社会的な逸脱や葛藤だけでは、精神障害に含むべきではない」（P.23）とされている。したがって、「心に障害のある人」とは、機能不全を起こしている個人のことであり、愛情のない人のことではない。

　病気の概念の他に、ほとんど全ての精神障害について、その成り立ちによる分類も放棄された。ICD-10 は記述的・現象学的なものであり、病因学的・病理学的な考察によるものではない。これは純粋に実用的な理由による。すなわち、様々な心理療法の学派を共通の診断的基準に統一することができるのは、このやり方だけだったからである。そのため、「明らかに器質性の原因に分類される」（P.21 〜 22）全ての障害をまとめた F0 グループは存在するが、統合失調症や気分障害や知的障害やある種の発達障害については、一見したところ明確でない内因性の要因や一次的な身体因性の要因についてはまったく考慮されていない。

第４部　ロゴセラピーの応用　　263

そのため、ロゴセラピーによる人間の存在次元に対する高い感受性は危機的状況では役に立つが、実用的には余計なものとされる。例えば、あるうつ病が内因性か外因性・反応性か精神因性かによって、治療においては根本的に異なる方法論のアプローチが必要とされるが、そうした区別はできなくなる。二次元に投影するとみな同じ1つの円になる円柱、円錐、球という3つの立体を用いたフランクルの有名な比喩があるが、それを用いて言えば、ICD-10はうつ病について円が小さいか大きいかのみを区別し、円の影を生み出している立体を区別していない。同様に、フランクルが見出した、「運命的で避けることのできない（＝変えることができない）」苦悩と「避けることのできる（＝変えることができる）」苦悩との区別もなされていない。この2つの事例での苦悩の克服法は真っ向から対立しているにもかかわらず、である。このようなときに「運命的で避けることのできない」苦悩の受容と和解は最も重要なことであるが、それに対して、「避けることのできる」苦悩の場合には、受容と和解は完全に間違いであろう。

　障害像を存在論的なカテゴリーに分類することがほとんど完全に放棄されているということに関連して、ロゴセラピーの観点からは、さらに以下の点を確認しておく。

1. ICD-10には、精神因性神経症と精神因性うつ病という名称（改称）と記述が不足している。
2. ICD-10には、身体因性（偽）神経症という名称（改称）と記述が不足している。
3. ICD-10には、医原性神経症と医原性の障害という名称（改称）と記述が不足している。
4. ICD-10では、身体からの影響を受けている心因性の疾患（例：心臓神経症）と心身症（例：胃潰瘍）との判別がなされていない。どちらも身体表現性障害と非器質性機能不全という新しい概念に該当する。そのため、心理的な引き金が出現する以前に器質的な損傷が存在していたかどうかが確認されない。
5. ICD-10では重度ストレスへの病理的反応と呼ばれるものがあり、これには身体からの影響による心理的危機（例：癌手術の後）も含まれ

264　　36. ICD-10「臨床記述と診断ガイドライン」とロゴセラピーの専門用語との対応

ている。しかし、少なくとも同程度の頻度で見られる突然のストレス軽減に対する病理的反応（裕福な状態での高い自殺率を参照）は含まれない。また、「重大な生活の変化の後の〔中略〕主観的な苦悩と情緒障害の状態」（P.170）とされている「適応障害」という概念も、明らかに疑わしいものである。特にここには死別も明記されており、これが意味することは、例えば亡くなった夫を想う女性の心の痛みも「未亡人としての生活への適応障害」と診断されるということである。

　結局のところ、精神障害のカテゴリーのおおまかな分類に関して、ノーマン・サルトリウスがICD-10の前書きで記した「分類というものは、ある時点で世界をみる1つの方法である」（P.16）という言葉に私も賛同する。些細なことに日常的に過剰反応を示す神経症性障害と、個人に起こった悲劇に勇敢に向き合う苦悩の経験とが同じカテゴリー（F4）に分類され、これによって間接的に真の受難の運命が矮小化される。もしかしたら、これは現代の西洋諸国の思考法の特徴なのかもしれない。また、同様に示唆に富んでいるのは、社会的な行為の障害が、性的障害（F5/F6）とは、まったく別のカテゴリー（F9）に分類されていることであろう。性的障害では、性行動とその機能が常に一個人内の事柄であるかのように極めて詳細に記載されており、2人の人間の個人的な愛情関係の表現とはみなされていない。さらに、知的障害（F7）が、器質性障害（F0）ならびに精神作用物質による行動の障害（F1）とは無関係に独自のカテゴリーに割り当てられていることは、もしかすると、愚かさと幻覚への逃避が最大の障害要因である成果主義社会の弱点を浮き彫りにしているのかもしれない。

　「パーソナリティ障害」（F6）のカテゴリーの診断基準は、驚くほど曖昧に記述されている。「診断が確定したとされるまでに満たさなければならない診断基準の数は、現在の知見においてはまだ未解決の問題である。このカテゴリーのガイドラインと基準を設定しようとする試みは、パーソナリティ障害の記述に新しいアプローチが必要であることを示す一助となろう。」（P.33）と記述されているように、ICD-10の編者はそのことをはっきりと認識していた。数あるパーソナリティ障害の中に、主として他のカテゴリーで述べられている病像の前段階（例：妄想性パーソナリティ障害、情緒不安定

性パーソナリティ障害境界型）、ならびに性的異常（例：倒錯性フェティシズム、サドマゾヒズム）は分類されているが、フランクルのいう「集団的神経症」（仮の生活態度、運命論主義、狂信主義、集団主義的思考）や、自己距離化や自己超越の潜在能力がほとんど使われていないといった、実存的に誤った態度は、パーソナリティ障害に分類されていないという事実に関しては、編者に同意せざるをえない。何が「人間に特有なもの」かについての考察から、まったく新しい試行的な基準を提示できる可能性がある。どのような生き方が人間らしさや人間の価値を損ね、そしてそれゆえに人格の発展を妨げるのか。それはロゴセラピーではずっと前から出来上がっている基準である。

　ICD-10 に対する最後のコメントを述べる。精神障害の程度を表現するために「負荷」「損傷」「妨げ」といった概念を繰り返し使用することは、あらゆる障害はみな等しく患者に「何らかの方法で襲いかかり」、患者が生きていくことに負荷をかけ、損傷し、妨げる、というイメージを植えつける。それによって、ある種の困難は患者に自己成長をもたらすということが見落とされる。この自己成長が小さなものではないことは、既に知られている通りである。F1（依存）、F4（神経症）、F5（行動症候群）、F6（パーソナリティ障害）、F9（行為障害）などのカテゴリーでは、患者は多かれ少なかれ意識的に自己や他者に多大な負荷をかけ、損傷し、妨げ、それによって彼らの総合的な状況はより悪化する。現実に即した分類を行うならば、このように「何がその人にもたらされるか」をまったく無視してはならない。

診断上の分類

F0　症状性を含む器質性精神障害
ここに属する ICD-10 の概念：
　認知症（例：アルツハイマー病）、健忘症候群、脳損傷による精神障害
ここに属するロゴセラピーの概念：
　身体因性の人格の損傷（「閉じ込め」）
ロゴセラピーに特有の分類：

F06.6（＝器質性情動易変性障害）と F09（＝特定不能の精神障害）には、フランクルのいう身体因性（偽）神経症を分類することができる。すなわち、自律神経症候群は F06.6 に、類バセドウ性（偽）神経症、類アディスン性（偽）神経症、類テタニー性（偽）神経症は、F09 に分類される。

F1　精神作用物質使用による精神および行動の障害

ここに属する ICD-10 の概念：

アルコール、アヘン、大麻、鎮静薬、コカイン、精神刺激薬、幻覚剤、タバコなどの使用による障害

ここに属するロゴセラピーの概念：

依存現象

ロゴセラピーに特有の分類：

F1x（＝物質 x の有害な使用）か F1x2（＝物質 x の依存症候群）かは、精神的人格の（残された）自由の余地の大小によって区別できる。すなわち、F1x のほうが自由の余地が大きく F1x2 のほうが小さいが、これは、治療のアプローチとして（精神次元に働きかけるか、精神より下位の次元に働きかけるか）重要である。

F2　統合失調症、統合失調型障害および妄想性障害

ここに属する ICD-10 の概念：

統合失調症（妄想型、破瓜型、緊張型など）、持続性妄想性障害、一過性精神病性障害、統合失調感情障害

ここに属するロゴセラピーの概念：

統合失調症（精神病）

ロゴセラピーに特有の分類：

F20.x0 〜 9 には、フランクルが「病像形成」と表現したものも含まれる。病像形成とは、精神病の経過に対して人間は完全にされるがままなのか、それともまだ部分的には抵抗することができるのかという意味での、人間の関与のことである。

第 4 部　ロゴセラピーの応用　267

F3 気分障害

ここに属する ICD-10 の概念：

躁病エピソード、双極性感情障害、うつ病エピソード、反復性うつ病性障害、持続性気分障害

ここに属するロゴセラピーの概念：

躁うつ病、内因性うつ病（いずれも精神病）

ロゴセラピーに特有の分類：

F32.0 ～ 3（＝軽症から重症までのうつ病エピソード）には、内因性うつ病が分類される。内因性うつ病は双極性（F31）ではなく、うつ病の時期と躁病の時期が交替しない。F32.8（＝他のうつ病エピソード：「器質的原因にはよらない頑固な痛みや疲労を伴う、症状の混合した抑うつ症候群」P.144）か、場合によっては F34.1（＝気分変調症：「患者は考えこみ不平を述べ、不眠がちで不全感をもつが、日常生活で必要なことはなんとかやっていける」P.150）に、フランクルのいう精神因性うつ病は分類できる。

F4 神経症性障害、ストレス関連障害および身体表現性障害

ここに属する ICD-10 の概念：

恐怖症、不安障害、強迫性障害、重度ストレス反応および適応障害、解離性障害、身体表現性障害

ここに属するロゴセラピーの概念：

不安神経症、強迫神経症、反応性うつ病、運命の打撃や価値喪失を理由とする絶望、実存的な罪悪感、ヒステリー、心気症

ロゴセラピーに特有の分類：

F40（＝恐怖症性不安障害）と F41（＝他の不安障害）には、様々な形態の不安神経症が属し、F42（＝強迫性障害）には強迫神経症が属する。

F43（＝重度ストレス反応および適応障害）には、重度の苦悩の体験や「ホモ・パティエンス」としての葛藤が分類される（「ストレスの多い出来事あるいは持続する不快な境遇は一次的かつ決定的な因果的要因であり、その衝撃なしには障害は起こらなかっただろうと考えられるもの」P.167）。そして、F43.0（＝急性ストレス反応「他に明らかな精神障害が

268　36. ICD-10「臨床記述と診断ガイドライン」とロゴセラピーの専門用語との対応

ない個人の一過性の障害」P.168）には、現在その人に起こっている悲劇を理由とするあらゆるショックや危機が含まれる。F43. 1（＝心的外傷後ストレス障害）には、処理されておらず克服されていないその人の過去の悲劇や、あるいは、そうした過去の悲劇と和解していない状態が含まれる。また、根拠のある罪悪感もここに分類される。F43. 2（＝適応障害：「重大な生活の変化の後の〔中略〕あるいはまた重篤な身体疾患の後の〔中略〕主観的な苦悩と情緒障害の状態」P.170）には、生きがいにしていた価値実現が不可能になったことに対する悲嘆反応、身体心理的な問題（慢性的な病気、麻痺、身体の一部の切断）、死への不安、人生の赤字のバランスシート、が含まれる。

　F44（＝解離性障害）には、ヒステリーの行動様式が分類される。患者はわざとらしく自分を引き立たせ、自分に注意を引くためにある種の「役割」を演じる（「直接的注意の対象としてどのような記憶と感覚が選択されるか、そしてどのような運動が遂行されるかについて、正常ではかなりの程度の意識的コントロールが行われる」P.173）。これに関連して、身体的な原因がみられない身体的な病気はF44. 4〜7と診断されるが、F45（＝身体表現性障害「これらの障害において、ある程度の注意を引こうとする行動がしばしば認められる」P.183）の例えばF45. 2（＝心気障害）と診断される場合もある。しかし、ロゴセラピーの観点からは、F45. 3（＝身体表現性自律神経機能不全。例えば動悸、発汗、紅潮、振戦）とF45. 4（＝持続性身体表現性疼痛障害）においては、ヒステリーと不安神経症の病気過程を正確に区別しなければならない。なぜなら、両者ではその問題と治療の出発点が本質的に異なるからである。

　他に分類できるところがないため、フランクルのいう精神因性神経症（実存的空虚、宗教に起因する神経症、道徳的葛藤、価値のアンビバレンス）と医原性神経症は、F48. 9（＝神経症性障害、特定不能のもの）に分類される。

F5　生理的障害および身体的要因に関連した行動症候群
ここに属するICD-10の概念：
　摂食障害、非器質性睡眠障害、性機能不全、他に分類される疾患に関連

した心理的要因、依存を生じない物質の乱用（鎮痛剤、ホルモン剤）

ここに属するロゴセラピーの概念：

無食欲症と過食症、睡眠障害、性的神経症、心身症、弱い苦悩能力、不健康なライフスタイル

ロゴセラピーに特有の分類：

摂食障害は F50.0（＝神経性無食欲症）と F50.2（＝神経性過食症）に、睡眠障害は F51.0（＝非器質性不眠症）と F51.2（＝非器質性睡眠・覚醒スケジュール障害）に、性的神経症は F52.2（＝性器反応不全）、F52.3（＝オルガズム機能不全）、F52.4（＝早漏）、F52.5（＝非器質性腟けいれん）に含まれる。F54（＝他に分類される障害あるいは疾患に関連した心理的および行動的要因：「身体的障害の現れとして大きな役割を演じていると思われる心理的な影響、しばしば遷延する心配」P.219）には、例えば喘息のような心身症が分類される。

欲求不満耐性の低さは、しばしば、不愉快なことから逃れたり力をみなぎらせたりするような物質の過剰な摂取と関連している。そのため、F55（＝依存を生じない物質の乱用）も同時に診断される可能性がある。

F6　パーソナリティおよび行動の障害

ここに属する ICD-10 の概念：

特定のパーソナリティ障害、持続的パーソナリティ変化、習慣および衝動の障害、性同一性障害、性嗜好障害、性の発達と方向づけ、他の行動の障害

ここに属するロゴセラピーの概念：

精神病質的（ヒステリー的、強迫的、不安的、依存的など）性格気質、悪質な能動性と悪質な受動性、集団的神経症、条件付けられた逸脱行為、自己距離化と自己超越の能力・心構えの発達の弱さ

ロゴセラピーに特有の分類：

十分な精神の反抗力を持たない人格である精神病質的性格気質は、F60.0～8（＝特定のパーソナリティ障害）のうちのそれぞれに合ったコードに分類される。その際、フランクルのいう「悪質な受動性」は F60.6（＝不安性（回避性）パーソナリティ障害）によく当てはまる。「悪質な能動

性」は、F60.5（＝強迫性パーソナリティ障害）や F60.30（＝情緒不安定性パーソナリティ障害衝動型）に当てはまる。フランクルのいう「集団的神経症」の特徴は、ほぼ正確に F60.0（妄想性パーソナリティ障害：狂信主義）、F60.2（非社会性パーソナリティ障害：集団主義）、F60.7（依存性パーソナリティ障害：運命論主義）、F60.8（他の特定のパーソナリティ障害：仮の生活態度）の中に見られる。

　自己距離化の能力・心構えの発達の弱さは、病的な習慣を獲得することよりもむしろ病的な習慣をそのままにしておくという形で表れる。F63.0（＝病的賭博）、F63.1（＝病的放火）、F63.2（＝病的窃盗）は、本来はその単なる例である。同じことが自己超越の能力・心構えの発達の弱さにも当てはまる。それは F65（＝性嗜好障害）や F66.2（＝性関係障害）と診断されるような様々な性的な逸脱として現れる可能性がある。

　ヒステリー的性格気質は、F68.0（＝心理的理由による身体症状の発展：「身体に原因のない愁訴を伴う、注意を引きつけようとする行動」P.249）か F68.1（＝虚偽性障害：「身体的あるいは心理的な症状か機能不全の意図的な産出や偽装」）のどちらかに入れられる。

F7　知的障害

ここに属する ICD-10 の概念：
　軽度知的障害、中度知的障害、重度知的障害、最重度知的障害
ここに属するロゴセラピーの概念：
　精神遅滞（知的障害）、知的才能の乏しさ、知的才能の欠損
　器質的条件による精神的人格の表現可能性の制限
ロゴセラピーに特有の分類：
　F72（＝重度知的障害）と F73（＝最重度知的障害）においては、認知的な状態として、人生を自ら形成するための「最後の自由の余地」だけが残されていると考えられる。

F8　発達の障害

ここに属する ICD-10 の概念：
　言語の発達障害、学力の発達障害（例：読字障害）、運動機能の発達障

第 4 部　ロゴセラピーの応用　271

害、混合性発達障害、広汎性発達障害（例：自閉症）

ここに属するロゴセラピーの概念：

　大脳機能障害や代謝障害に起因する小児期の発達障害

ロゴセラピーに特有の分類：

　F83（＝混合性特異的発達障害）と F84（＝広汎性発達障害）は、親や重要な他者による集中的な介助と支援が必要とされるという点で、子ども達のハンディキャップになると考えられる。

F9　小児期および青年期に通常発症する行動および情緒の障害

ここに属する ICD-10 の概念：

　多動性障害、行為障害（例：非社会化）、情緒障害、チック障害、その他の障害（例：遺尿症、吃音症）

ここに属するロゴセラピーの概念：

　わずかな大脳機能障害と有害な環境による影響の両方あるいは片方に起因する、発達の障害ならびに誤発達

ロゴセラピーに特有の分類：

　精神病質的、攻撃的、非行的な行動様式は F91 グループ（＝行為障害）に属する。その中でも最も悲惨なのは、関係性の完全な喪失（F91. 1（＝非社会化型行為障害））と、根源的な敵意と残酷さ（F91. 3（＝反抗挑戦性障害））である。反社会的な症候群と深刻な環境のゆがみは F94（＝小児期および青年期に特異的に発症する社会的機能の障害）と診断される。不安・抑うつ気質が関連する障害は、F92（＝行為および情緒の混合性障害）と診断される。

フランクルの著作に見られる心理的問題の領域と
それが該当する ICD-10 のコード番号

Abhängigkeitssyndrom/Sucht 依存症候群／中毒：F1x. 2（x は各物質のコード）

Aggressivität 攻撃性：F60. 2（dissozial 非社会性）、F60. 3（emotional instabil 情緒不安定性）、F91（gestörtes Sozialverhalten seit Jugend

青年期からの行為障害）、F92（gestörtes Sozialverhalten und Emotion seit Jugend 青年期からの行為および情緒の障害）

Agoraphobie 広場恐怖症：F40. 0

Alkoholismus アルコール依存症：F10. 2

Alpträume 悪夢：F51. 5

Amnesie 健忘：F44. 0（hysterisch ヒステリー性）、F04（organisch 器質性）

Angstneurose 不安神経症：F40（phobisch 恐怖症性）、F41. 0（Panik パニック障害）、F41. 1（generalisiert 全般性）、F45. 3（mit körperlicher Auswirkung 身体表現性）

Angst vor der Angst（reflexiv）不安に対する不安（再帰的）：F41. 1（frei flottierend 浮動性）

Anorexie 無食欲症：F50. 0

Arbeitslosigkeitsneurose 失業神経症：F43. 21（depressiv 抑うつ）、F43. 22（depressiv und ängstlich 抑うつと不安）、F43. 23（andere Gefühle その他の感情）

Aufmerksamkeitsstörung/Hyperaktivität 活動性および注意の障害：F90. 0

Autismus 自閉症：F84. 0

Bewegungsstörungen 運動障害：F44. 4（hysterisch ヒステリー性）、F44. 2（Stupor 昏迷）、F44. 5（psychogene Krampfanfälle 心因性けいれん）

Beziehungsstörungen 対人関係の障害：F92（ängstlich/depressiv 不安性／抑うつ性）、F66. 2（sexuell 性的）

Beziehungswahn, sensitiver 過敏な関係妄想：F22. 0

Bindungs- und Distanzlosigkeit 対人関係と対人距離の欠如：F91. 1

Blasphemischer Zwang 冒瀆強迫：F42. 0（Grübelzwang 強迫反復）

Borderline Syndrom 境界性症候群：F60. 31

Bulimie 過食症：F50. 2

Corrugatorphänomen 皺眉筋徴候：F20. 2（psychomotorische Störungen bei Schizophrenie 統合失調症による精神運動性障害）

Depersonalisationserlebnis / Déjà vu-Erlebnis 離人体験／デジャブ体験：
F48. 1

Drogenabhängigkeit 薬物依存：F11（Opioide アヘン）、F12（Cannabi-
noide 大麻類）、F14（Kokain コカイン）、F16（Halluzinogene 幻覚剤）

Eifersucht 嫉妬：F60. 8（neurotische Persönlichkeit 神経症的パーソナ
リティ）

Ejaculatio praecox 早漏：F52. 4

Emotionale Intoleranz 感情の不寛容：F13（Sedativa/Hypnotika-Miss-
brauch wegen Leidensunwilligkeit 苦悩を避けたいがための鎮静薬／
睡眠薬の乱用）

Endogene Depression 内因性うつ病：F31（bipolar 双極性）、F32（de-
pressive Episode うつ病エピソード）、F33（rezidivierend 反復性）、
F34（anhaltend 持続性）

Enuresis nocturna 遺尿症：F98. 0

Erschöpfungssyndrom 疲労症候群：F48. 0

Erythrophobie 赤面恐怖：F40. 1（soziale Phobie 社会恐怖）

Essstörungen 摂食障害：F50. 0（Anorexia 無食欲症）、F50. 2（Bulimia
過食症）

Exhibitionismus 露出症：F65. 2

Existenzielle Frustration 実存的フラストレーション：F34. 1（Dysthy-
mia 気分変調症）

Existenzielles Vakuum 実存的空虚：F48. 9（nicht näher bezeichnete
Neurose 特定不能の神経症）

Fixierung 固着：F66. 0（sexuelle Reifungskrise 性成熟障害）

Frigidität 不感症：F52. 0（mangelndes Verlangen 性欲欠如）、F52. 3
（Orgasmusstörung オルガスムス機能不全）

Frustrationsintoleranz 欲求不満耐性の低さ：F55（Missbrauch von
nicht abhängigkeitserzeugenden Substanzen 依存を生じない物質の
乱用）

Geistesüberdruss 精神の倦怠感：F68. 8（sonstige Persönlichkeitsstö-
rung 他のパーソナリティ障害）

Gemeingefährlichkeit 公共の利益の侵害：F91. 1（fehlende soziale Bindungen 非社会化型）、F60. 2（dissozial 非社会性）

Gewissenskonflikt/Ambivalenz 良心の葛藤／アンビバレンス：F48. 9（nicht näher bezeichnete Neurose 特定不能の神経症）

Hebephrenie 破瓜病：F20. 1

Homosexualität 同性愛：F66. 01（Unsicherheit 不確実）、F66. 11（Änderungswunsch 異性化願望）、F66. 21（Beziehungsproblem 関係の問題）

Hyperakusis des Gewissens 良心の過敏：F32. 3（Depression mit psychotischen Symptomen-Schuldgefühlen 精神病症状（罪業）を伴ううつ病）

Hyperintention/Loslassproblematik 過剰志向／手放すことに関する問題：F61. 0（kombinierte Persönlichkeitsstörung 混合性パーソナリティ障害）

Hyperreflexion 過剰自己観察：F60. 5（anankastisch 強迫性）、F60. 6（ängstlich 不安性）

Hysterie ヒステリー：F44（dissoziativ 解離性）、F45. 3（somatoform vegetativ 身体表現性自律神経性）、F45. 8（sonstig somatoform その他の身体表現性）、F68. 0（Charakterneigung zur Konversion 転換性パーソナリティ傾向）、F68. 1（Charakterneigung zur Unechtheit 虚偽性パーソナリティ傾向）

Hypochondrie 心気症：F45. 2

Iatrogene Neurose 医原性神経症：F48. 9（nicht näher bezeichnete Neurose 特定不能の神経症）

Infantilismus/Unreife 発達不全／未熟：F60. 4、F60. 8

Insuffizienz des Evidenzgefühls 確信感の不全：F42. 0（Grübelzwang 強迫反復）

Karzinophobie 癌恐怖：F40. 2

Klaustrophobie 閉所恐怖：F40. 2

Kleptomanie クレプトマニア（窃盗症）：F63. 2

Klimakterische Neurose 更年期神経症：F43. 22（ängstlich-depressive

Anpassungsstörung 不安抑うつ適応障害）

Kollektive Neurosen 集団的神経症：F60. 0（fanatisch 狂信的）、F60. 2（kollektivistisch 集団主義的）、F60. 7（fatalistisch 運命論的）、F60. 8（provisorisch 仮の）

Konversion 転換：F44（dissoziativ 解離性）、F45. 0（Somatisierung 身体化）

Kriminalität 犯罪：F63. 1（Brandstiftung 放火）、F63. 2（Stehlen 窃盗）、F63. 8（abnorme Gewohnheiten 病的な習慣、gestörte Impulskontrolle 衝動コントロールの障害）、F65. 5（Sadismus サディズム）、F91. 2（Gruppendelinquenz 集団非行）

Larvierte Depression 仮面うつ病：F32. 8

Legasthenie 読字障害：F81. 0

Leidproblematik 苦悩の問題：F43. 0（akute Belastung 急性ストレス）、F43. 2（Anpassungsstörung 適応障害）、F43. 8（sonstige Reaktion auf schwere Belastung その他の重度ストレス反応）

Leukotomiesyndrom/Lobotomiesyndrom 白質切截術後症候群／ロボトミー症候群：F07. 0

Lernstörung 学習障害：F81. 3

Magenneurose 胃神経症：F45. 31

Managerkrankheit/Stress マネージャー病／ストレス：F48. 8（Beschäftigungsneurose 職業神経症、Schreibkrampf 書痙）、F59（Verhaltensauffälligkeiten mit körperlichen Störungen 身体的障害を伴う行動症候群）

Manie 躁病：F30

Masochismus マゾヒズム：F65. 5

Masturbation 自慰：F98. 8

Melancholia anaesthetica 麻痺性メランコリー：F32. 8（atypische Depression 非定型うつ病）

Melancholie ahasverische 徘徊性メランコリー：F32. 3（Depression mit psychotischen Symptomen 精神病症状を伴ううつ病）

Milieuschäden/Verwahrlosung 環境による悪影響／非行化：F94

Minderwertigkeitsgefühl 劣等感：F60. 6

Mitmenschlicher Konflikt 周囲との葛藤：F91（gestörtes Sozialverhalten 行為障害）

Nihilismus ニヒリズム：F62. 0（nach Belastung ストレスの後の）、F62. 8（ohne Belastung ストレスのない）

Neurotischer Fatalismus 神経症的運命論：F60. 7

Noogene Depression 精神因性うつ病：F32. 8（depressives Mischbild 抑うつの混合）

Noogene Neurose 精神因性神経症：F48. 9

Oligophrenie/Schwachsinn 精神遅滞／知的障害：F70 〜 72（leicht – schwer 軽度〜重度）

Organische Depression 器質性うつ病：F06. 3

Organneurose 器質神経症：F45（somatoforme Störungen 身体表現性障害）

Orientierungskrise 方向性の危機：F60. 6

Panikattacke パニック発作：F41. 0

Paranoia パラノイア：F22

Pathologie der Entlastung ストレス軽減による病理：F43. 1（posttraumatisch 外傷後ストレス）、F62. 0（Persönlichkeitsänderung nach Extrembelastung 破局的体験後の持続的パーソナリティ変化）

Pensionierungskrise 定年後危機：F43. 21（depressiv 抑うつ）、F43. 25（gemischt mit negativem Sozialverhalten ネガティブな行為の混合）

Perfektionismus 完璧主義：F42. 2（zwanghaftes Denken und Handeln 強迫思考と強迫行為）

Perversion 倒錯：F64（Störungen der Geschlechtsidentität 性同一性障害）、F65（Störungen der Sexualpräferenz 性嗜好障害）

Pfropfdepression 罪悪感によるうつ病：F34. 1（anhaltende/neurotische Depression 持続性／神経症性うつ病）

Promiskuität 乱交：F66. 0（Reifungskrise 成熟障害）

Psychogene Impotenz 心因性インポテンツ：F52. 2

Psychogener Kopfschmerz 心因性頭痛：F45. 4

Psychogene Neurose 心因性神経症：F4（F43 を除く）

Psychosomatische Erkrankung 心身症：F54（例：Asthma 喘息）

Psychotophobie 精神病への恐怖症：F41. 3（gemischte Angststörung 混合性不安障害）

Rauchen 喫煙：F17

Regression 退行：F60. 7（abhängige, unselbständige Persönlichkeit 依存性パーソナリティ）

Schizophrenie 統合失調症：F2、F23. 2（akute 急性）

Schlafstörung 睡眠障害：F51. 0、F51. 2（Störung Schlaf-Wach-Rhythmus 睡眠・覚醒スケジュール障害）

Schlechte Aktivität 悪質な能動性：F60. 5（Ankämpfen 攻撃、Selbstbeobachtung 自己監視）、F60. 30（Erzwingen 強要）

Schlechte Passivität 悪質な受動性：F60. 6（Vermeiden 回避）

Schmerzstörung 疼痛障害：F45. 4

Schuldproblematik 罪の問題：F43. 1（posttraumatisch 心的外傷後）

Sexualneurose 性的神経症：F52

Sexueller Konsumationszwang 性的消費強迫：F52. 7（gesteigertes sexuelles Verlangen 過剰性欲）

Simulation 詐病：F68. 1（artifizielle Störung 虚偽性障害）

Sinnlosigkeitsgefühl 意味喪失感：F32. 8（sonstig depressiv 他のうつ病）

Skeptizismus 懐疑的態度：F60. 0（paranoid 妄想性）

Somatogene（Pseudo）neurose 身体因性（偽）神経症：F06. 6（vegetative Labilität 自律神経不安定）、F09（andere その他）

Somatopsychisches Problem 身体心理的な問題：F43. 2

Sonntagsneurose 日曜神経症：F48. 8（sonstige neurotische Störung その他の神経症性障害）

Soziogene Neurose 社会因性神経症：F48. 9（nicht näher bezeichnet 特定不能）

Spielsucht 病的賭博：F63. 0

Sprachstörung 言語障害：F80

Stottern 吃音：F98. 5（Stammeln 訥語症）、F98. 6（Poltern 早口症）

Suizidgefahr 自殺の危険：F32. 2（schwere Depression 重症うつ病）、
　F43. 8（Reaktion auf schwere Belastung 重度ストレス反応）

Terrorismus テロリズム：F91. 2（Gruppenvergehen 集団非行）、F91. 3
　（oppositionelles Verhalten 反抗的行為）

Tic チック：F95

Traditionsverlust 伝統の喪失：F43. 28（Kulturschock カルチャーショッ
　ク）

Transvestitismus 倒錯症：F64. 1

Trauer 悲嘆：F43. 21（depressiv 抑うつ）、F43. 28（sonstig その他）

Trauma トラウマ：F43. 1（posttraumatisch 心的外傷後）

Tremorphobie 振戦恐怖：F40. 2

Trias des Versagens 無力の三つ組：F32（endogene Depressionsphase
　内因性のうつ病エピソード）

Vaginismus 膣けいれん：F52. 5

Vergänglichkeitsproblematik 無常の問題：F43. 0（akut 急性）、F43. 28
　（grundsätzlich 根本的）

Verhaltensstörungen im Kindesalter 小児期の行為障害：F91. 9

Verzweiflung 絶望：F43. 2（Anpassungsstörung 適応障害）

Wahn 妄想：F22. 0

Willensschwäche 意志薄弱：F60. 6（ängstlich 不安性）、F60. 8（haltlos
　軽佻型、passiv 受動性、unreif 未熟型）

Zwangsneurose 強迫神経症：F42、F42. 0（Grübeln 反復）、F42. 1
　（Handeln 行為、Rituale 儀式）

Zynismus シニシズム：F60. 2（dissozial 非社会性）、F60. 9（patho-
　logischer Charakter 病的性格）

第4部　ロゴセラピーの応用　　279

37. 結　び

　ヴィクトール・フランクルのロゴセラピーは、F0 から F9 のグループ中に記述された全ての病像に実質的に組み込むことができる。F0 グループでは主に家族の支援として、F1 グループでは主にアフターケアへの特異的療法として、F2 グループと F3 グループではどちらかというと支持的療法としてか、場合によっては健康との中間段階への特異的療法として、F4 グループでは、とても効果の高い非特異的療法（逆説志向、態度変換、過剰自己観察消去）としても、F4 グループへの特異的療法としても、「医師による魂の癒し」としても、ロゴセラピーを用いることができる。F5 グループでは非特異的療法以上のものとして、F6 グループでは危機の未然の予防と意味中心の家族療法として、F7 グループでは家族の支援として、F8 グループと F9 グループでは親教育と意味中心の家族療法として、そしてどのグループにおいても、部分的には「医師による魂の癒し」として、ロゴセラピーを用いることができる。

　ロゴセラピーのどのアプローチがその都度の状況にふさわしいか（それを単独で用いるか、それとも他の治療（例：薬剤）と組み合わせて用いるか）は、治療者が豊富な知識と経験に基づいて決定しなければならない。「$z = f(x, y)$」といった公式に基づいて、障害のコード番号に対して臨床的に推奨される治療法を一義的に当てはめていくような直接的な分類は不可能である。なぜなら、どれだけ頑張ったとしても、結局のところコード番号では病像の全てを明確に表現することはできず、ましてやそれは人間がそれらの障害をどのように「背負っているか」を表す方法ではまったくないからである。コード番号は、魂という広大な土地で既に涸れてしまった泉を示す目印のようなものである。もしその泉から水を再び流れ出させることができれば、人生は少しだけ実り豊かなものになるだろう。しかし、どうすればその泉を再び湧き出させることができるのかは、番号は教えてくれない。ここからが、このロゴセラピーの高度な技法の始まりであり、それは「番号化できないもの」である。

あとがき　第4版によせて

ロゴセラピーの「アップデート」について

2015年5月より適用された新しい精神障害の国際分類ICD-11について以下に詳細を述べる。これに関して、ニュルンベルクの主席医務官および公衆衛生専門医であるカーチャ・ギュンター博士の尽力に感謝する。

ICD-11はこれまで用いられていたICD-10の分類とは本質的に異なる。その理由は、現代の神経生物学や遺伝子技術に関する学術研究の多くが、精神疾患や精神病の発症に関する従来の原因仮説は不十分だと指摘していることにある。この事実は、伝統的な心理療法の学派の体系的学説に影響を及ぼしており、フランクルのロゴセラピーの概念もそれに含まれる。

最も重要な改訂は、特定の精神疾患を特定の原因へと一義的に帰すことはもはやできない、という認識に関するものである。なぜなら、全ての精神疾患は多くの要因によって発症していることが明らかだからである。これにより、これまで「一次的に心因性」と判断されていた神経症と「一次的に身体因性」と見なされていた精神病との間の古い区別は、実際に消滅する。例えば神経症患者の場合にも、高い確率で不安障害へと発展する遺伝子をコーディングして確認できることが判明している。躁病患者の場合でもまったく同様である。

こうした遺伝的な素質（内因性の要因）にエピジェネティクス（外因性の要因）が付け加わる。出生前のダメージによる影響（例えば化学的な影響など）や、不幸な子ども時代の愛着の問題や、あるいは後のトラウマになるようなライフイベントもまた、遺伝情報を変化させる。今日では、私たちは、そうした変化がどのようにして起こるのかを知っている。有害な影響による遺伝子構造の変化とは、主として「スイッチを切られた」、すなわち永遠に失われたDNA部分の脱メチル化である。これによって、その人の行動変化が可能な余地は少なくなる。

あとがき　第4版によせて　　281

しかし、これは遺伝学からではないが、神経症患者のシナプス形成や網目状に張り巡らされた神経ネットワークの密度は後からでも改善できるということも、立証されている。その方法の1つ目は態度の変容、2つ目はその人にとってまだなお可能な行動の変容である。このことには生理学的な基盤があり、これによってあらゆる心理療法の正当性が認められる。

神経症と精神病の区別をやめることによって、心理療法の実践に際しては、2種類の異なる判別基準がもたらされる。第一は、精神疾患の重症度が今まで以上に注目され、それが薬物の使用の指針として用いられることである。その際、深刻な不安障害（以前の「神経症」）の場合は薬物による援助が絶対に必要であるが、それに対して軽度のパラノイア（以前の「精神病」）の場合は、急激な発作のときに軽度の精神安定剤を服用するだけで十分だという見解が主張される。ICD-11では、精神疾患の病像の分類に代わって精神病理学的所見を記述的に列挙することによって、この基準が満たされる。もう1つの判別基準は、今日でも一般的に使用されている、患者の事実誤認の程度である。事実誤認が大きいほど（以前の言い方では患者が「精神病的」であるほど）、適切な投薬が必要になる。高程度の事実誤認は妄想や幻覚（以前の「統合失調症」）において、中程度の事実誤認は境界例や心的外傷後ストレス障害において、軽度の事実誤認は自我や自己価値の障害、非合理な不安感や罪悪感などにおいて見られる。患者の事実誤認の程度を確定するためには、正確な既往歴の聴取と、場合によっては標準化された問診票などが必要である。原則として、精神疾患の重症度がひどく、患者の事実誤認が大きいほど、心理療法が単独の治療として行われることは少なくなり、医学的で適切な投薬による介入がより必要とされる。

まとめ：精神疾患の発症に関する単一因果論的な仮説は、もはや時代遅れである。あらゆる精神疾患には身体的な相関（＝特定の脳領域における特定の神経伝達物質の特定の受容体の密度の増減）がある。患者にどのような臨床的な症状が現れるかは、以下の点によってそれぞれ異なる。1. 有害な影響（有害物）を受けたタイミング。例えば、特に胎生期の脳や生後1年目での有害な影響は、後年まで悪影響を及ぼす。2. 有害な影響を受けた脳部位。例えば、特に大脳辺縁系や前頭前野への有害な影響は、後年まで悪影響を及ぼす。3. 有害な影響の程度。有害物が化学物質なのか心理的ストレス要因（例

えばネグレクト）なのかは、重要ではない。興味深いのは、精神障害者であっても自分自身や自分の疾患に対して様々に異なった行動をとることができ、それゆえに、自分自身や神経細胞のプロセスをある程度変化させることができると証明されたことである。しかし、著しい認知の障害や強固な妄想や非常に強い事実誤認がある人の場合には、それは限定的である。

　ここからは、こうした現代的な認識がヴィクトール・フランクルの神経症と精神病の理論にとってどのような意味を持つのかという疑問に、目を向けてみよう。

　まず言っておきたいことは、フランクルは自分の時代の知識水準を拠り所にすることしかできなかった、ということである。それにもかかわらず、彼は「心理と身体の並行性」についてや、神経症性障害に神経細胞が関連している可能性や、あらゆる「病因」には「病像形成」（本人の寄与）が伴うということや、精神因性の危機が関係する場合の身体心理的な影響についてなどの持論において、時代をはるかに先取りしていた。治療アプローチ全体が病気の原因（と思われること）の発見に集中している精神分析などに比べると、ロゴセラピーのほうが、精神疾患を一義的な原因に帰することが少ない。精神分析とは対照的に、生活史をもとにリスク要因をくまなく調査し病気の原因を特定することは、ロゴセラピーのセッションにおいてはまったく重要でない。一方、ロゴセラピーのアプローチの特徴である病気に対する防御要因の探求は、エピジェネティックな方法によって患者の精神状態の改善を目指すという現代の考え方と完全に一致している。これまでに証明されたことは、ポジティブな意味での態度の変換によってこうした改善を促すことができるということであり、これはフランクルの理論が見事に証明されたということである。

　私の考えでは、新しい知見に適応するためにロゴセラピーの枠組みの中で必要なことは、ただ１つだけである。それは、「身体因性」、「心因性」、「精神因性」という概念には修正が必要だ、ということである。これらの概念をなくすべきだとは、私はあえて言わない。なぜなら、ロゴセラピーをよく知っている人であれば誰でも、フランクルがこれら３つの概念を使用するときには、障害の単一の因果パターンに注目しているわけでは決してなく、それをはるかに超越するもの、すなわち、それによって人生の問題が明らかにな

あとがき　第４版によせて　　283

り問題の解決や軽減が必要とされるような、存在論的次元に分類される因果的な問いかけに注目しているということを知っているからである。フランクルにとって「身体因性（somatogen）」とは、身体的な存在次元での出来事が病気の原因となっており、それに応じた治療がなされなければならないことを意味している。フランクルにとって「心因性（psychogen）」とは、疾患が心理的な存在次元で強められており、そこの安定が必要であることを意味している。フランクルにとって「精神因性（noogen）」（ロゴセラピー以外ではこの診断はまったくされない！）とは、意味や価値を求める精神的な存在で（も）ある人間が、つまずいたり、援助を必要としたりしていることを意味している。その際には、あらゆる種類の組み合わせやつながりが存在する可能性があるので、「治療の挟み撃ち」（例えば、投薬プラス心理療法、心理療法プラス意味を見つけるための会話、など）が必要となる。確かに接尾辞の"gen"は病因論的な関連性がある印象を与える。しかし、ロゴセラピーは理論においても実践においてもそれを中心に置いてはいない。ロゴセラピーが意図しているのは、人間をその存在論的な多様性において真摯に受け止めることである。ロゴセラピーが意図しているのは、人間存在は神経細胞の多量の情報処理や心理社会的な影響の保存と処理のために疲れ果てているわけではない、ということに気づかせることである。

　フランクル本人は、泣くことを例に挙げている。ある人が泣くのは、玉ねぎの臭いが目を刺激したからという場合もありうる。ある人が泣くのは、自信がなくて批判に耐えられなかったからという場合もありうる。ある人が泣くのは、愛しい人を死によって失ったからという場合もありうる。全ての区別をやめようとするなら、端的にこう主張しなければならないだろう。いかなる場合でも泣くことの原因は涙腺の活動であり、それゆえ有益なことはその人の涙を拭いてあげることである……そして泣く程度がより強い場合にはより多くのティッシュを使おう。このような主張がくだらないことは明らかである。人を助けたいならば、区別しなければならない！　身体的な存在次元においては、玉ねぎを遠ざけることが理にかなっている。心理的な存在次元においては、自信とフラストレーション耐性を強めることが適切だろう。精神的な存在次元においては、一緒に過ごした関係には失われることのない価値があるということを意識に上らせるような慰めだけが有効に働くだろう。

それゆえ、ロゴセラピーの学術用語の適用についての私の提案は、フランクルの本来の考えを将来も明確に位置づけておけるように、接尾辞の "gen" を別のものに替えるという方向である。接尾辞の "fokal" がその代替にふさわしいかもしれない。『ドゥーデン（Duden）』〔有名なドイツ語辞典名〕によれば、"fokal" とは「～が焦点の」という意味であり、医学的な文脈では「～が病巣の」という意味さえもある。"somatofokal"（身体が焦点の）という言葉を使えば、フランクルの体系的学説を揺るがすことなく、患者の苦痛の焦点（＝重点）も、治療的な介入領域の焦点も、身体的な領域にあるということが適切に伝えられる。"psychofokal"（心理が焦点の）とは、患者の苦痛と治療的介入を行う領域の焦点（＝重点）が心理的な領域にあるということである。そして、"noofokal"（精神が焦点の）とは、患者の苦痛と治療的介入を行う領域の焦点（＝重点）が精神的な領域にあるということである。私はフランクルの元々の表現を守っており、それに慣れているので、このような用語の変更が嬉しいとは言えない。しかし、認識が進歩するとともに過去の誤解を招く言い回しは改めなければならないという考えに、私は従う。

　神経症とその下位区分、精神病とその下位区分、という精神疾患の古い分類に関して言えば、私たちがこうした表現を次第に手放していくことによって、ロゴセラピーは時代とともに歩んでいく事ができると思う。しかし私たちは、これらの表現が内容として含んでいることを捨て去ることはできない。なぜなら、人間の心の病気や誤りや混乱は、心理療法が確かな学問として始まった頃から変わっておらず、減少もしていないからである。簡潔だが含蓄に富む専門用語の代わりに、様々な精神障害の記述的な描写を用いることは、少し骨が折れるだろう。しかし、貴重で極めて有益なロゴセラピーの思想を次世代に残し伝えていくことを、ここで怠ってはならない。

あとがき　第4版によせて

引用出典一覧

1 Viktor E. Frankl, „Der Wille zum Sinn. Ausgewählte Vorträge über Logothera-
   pie", Piper, München, 3.Aufl. 1996, S.16

2 Viktor E. Frankl, "The Will to Meaning. Foundations and Applications of Logo-
   therapy", Meridian/Penguin Group, New York, 1988, S.16

3 Viktor E. Frankl, „Der Wille zum Sinn. Ausgewählte Vorträge über Logothera-
   pie", Piper, München, 3.Aufl. 1996, S.25-26

4 Viktor E. Frankl, „Das Leiden am sinnlosen Leben. Psychotherapie für heute",
   Herder, Freiburg, 7.Aufl. 1996, S.32

5 Viktor E. Frankl, „Logotherapie und Existenzanalyse. Texte aus sechs Jahrzehn-
   ten", Psychologie Verlags Union, Weinheim/Bergstraße, 1994, S.59-60

6 Viktor E. Frankl, „Logotherapie und Existenzanalyse. Texte aus sechs Jahrzehn-
   ten", Psychologie Verlags Union, Weinheim/Bergstraße, 1994, S.65-66

7 Viktor E. Frankl, „Der Wille zum Sinn. Ausgewählte Vorträge über Logothera-
   pie", Piper, München, 3.Aufl. 1996, S.115-116

8 Viktor E. Frankl, „Der leidende Mensch. Anthropologische Grundlagen der Psy-
   chotherapie", Huber, Bern, 2.Aufl. 1996, S.141

9 Viktor E. Frankl, „Der leidende Mensch. Anthropologische Grundlagen der Psy-
   chotherapie", Huber, Bern, 2.Aufl. 1996, S.197

10 Viktor E. Frankl, „Das Leiden am sinnlosen Leben. Psychotherapie für heute",
   Herder, Freiburg, 7.Aufl. 1996, S.29

11 Viktor E. Frankl, „Der Wille zum Sinn. Ausgewähte Vorträge über Logothera-
   pie", Piper, München, 3.Aufl. 1996, S.110

12 Viktor E. Frankl, „Ärztliche Seelsorge. Grundlagen der Logotherapie und
   Existenzanalyse", Deuticke, Wien, 10.Aufl. 1982, S.35-36

13 Viktor E. Frankl, „Die Psychotherapie in der Praxis. Eine kasuistische Einfüh-
   rung für Ärzte", Piper, München, 3.Aufl. 1995, S.13

14 Viktor E. Frankl, „Der leidende Mensch. Anthropologische Grundlagen der Psy-
   chotherapie", Huber, Bern, 2.Aufl. 1996, S.163

15 Viktor E. Frankl, „Die Psychotherapie in der Praxis. Eine kasuistische Einfüh-
   rung für Ärzte", Piper, München, 3.Aufl. 1995, S.9

16 Albert Görres, „Kennt die Psychologie den Menschen?", Piper, München, 1978, S.33

17 Viktor E. Frankl, „Der leidende Mensch. Anthropologische Grundlagen der Psychotherapie", Huber, Bern, 2.Aufl. 1996, S.204

18 Viktor E. Frankl, „...trotzdem Ja zum Leben sagen. Ein Psychologe erlebt das Konzentrationslager", DTV, München, 15.Aufl. 1997, S.139

19 Viktor E. Frankl, „Der leidende Mensch. Anthropologische Grundlagen der Psychotherapie", Huber, Bern, 2.Aufl. 1996, S.144

20 Viktor E. Frankl, „Die Psychotherapie in der Praxis. Eine kasuistische Einführung für Ärzte", Piper, München, 3.Aufl. 1995, S.34

21 Viktor E. Frankl, „Der leidende Mensch. Anthropologische Grundlagen der Psychotherapie", Huber, Bern, 2.Aufl. 1996, S.58

22 Entnommen aus: Joachim-Ernst Berendt, „Geschichten wie Edelsteine. Parabeln, Legenden, Erfahrungen aus alter und neuer Zeit", Kösel, München, 1996, S.63

23 Entnommen aus: Joachim-Ernst Berendt, „Geschichten wie Edelsteine. Parabeln, Legenden, Erfahrungen aus alter und neuer Zeit", Kösel, München, 1996, S.138

24 Viktor E. Frankl, „Die Psychotherapie in der Praxis. Eine kasuistische Einführung für Ärzte", Piper, München, 3.Aufl. 1995, S.72

25 Viktor E. Frankl, „Der unbewußte Gott. Psychotherapie und Religion", Kösel, München, 8.Aufl. 1991, S.32

26 Viktor E. Frankl, „Theorie und Therapie der Neurosen. Einführung in Logotherapie und Existenzanalyse", Reinhardt, München, 7.Aufl. 1993, S.96

27 Viktor E. Frankl, „Theorie und Therapie der Neurosen. Einführung in Logotherapie und Existenzanalyse", Reinhardt, München, 7.Aufl. 1993, S.97

28 Giselher Guttmann/ Friedrich Bestenreiner, „Ich sehe, denke, träume, sterbe", Ehrenwirth, München, 1991, S.152

29 Viktor E. Frankl, „Der leidende Mensch. Anthropologische Grundlagen der Psychotherapie", Huber, Bern, 2.Aufl. 1996, S.151

30 Viktor E. Frankl, „Theorie und Therapie der Neurosen. Einführung in Logotherapie und Existenzanalyse", Reinhardt, München, 7.Aufl. 1993, S.110

31 Viktor E. Frankl, „Ärztliche Seelsorge. Grundlagen der Logotherapie und Existenzanalyse", Deuticke, Wien, 10.Aufl. 1982, S.183

32 Viktor E. Frankl, „Theorie und Therapie der Neurosen. Einführung in Logotherapie und Existenzanalyse", Reinhardt, München, 7.Aufl. 1993, S.130

33 Viktor E. Frankl, „Der leidende Mensch. Anthropologische Grundlagen der Psy-

chotherapie", Huber, Bern, 2.Aufl. 1996, S.150

34 Viktor E. Frankl, „Psychotherapie für den Alltag. Rundfunkvorträge über Seelenheilkunde", Herder, Freiburg, 4.Aufl. 1992, S.83

35 Viktor E. Frankl, „Ärztliche Seelsorge. Grundlagen der Logotherapie und Existenzanalyse", Deuticke, Wien, 10.Aufl. 1982, S.247

36 Viktor E. Frankl, „Der Mensch vor der Frage nach dem Sinn. Eine Auswahl aus dem Gesamtwerk", Piper, München, 8.Aufl. 1996, S.236-237

37 Elisabeth Lukas, „Auch dein Leben hat Sinn. Logotherapeutische Wege zur Gesundung", Herder, Freiburg, 4.Aufl. 1995, S.215 ff

38 Viktor E. Frankl, „Das Leiden am sinnlosen Leben. Psychotherapie für heute", Herder, Freiburg, 7.Aufl. 1996, S.19-20

39 Viktor E. Frankl, „Das Leiden am sinnlosen Leben. Psychotherapie für heute", Herder, Freiburg, 7.Aufl. 1996, S.27

40 Viktor E. Frankl, „Das Leiden am sinnlosen Leben. Psychotherapie für heute", Herder, Freiburg, 7.Aufl. 1996, S.45

41 Viktor E. Frankl, „Die Psychotherapie in der Praxis. Eine kasuistische Einführung für Ärzte", Piper, München, 3.Aufl. 1995, S.105

42 Viktor E. Frankl, „Psychotherapie für den Alltag. Rundfunkvorträge über Seelenheilkunde", Herder, Freiburg, 4.Aufl. 1992, S.27

43 Viktor E. Frankl, „Theorie und Therapie der Neurosen. Einführung in Logotherapie und Existenzanalyse", Reinhardt, München, 7.Aufl. 1993, S.121

44 Viktor E. Frankl, „Psychotherapie für den Alltag. Rundfunkvorträge über Seelenheilkunde", Herder, Freiburg, 4.Aufl. 1992, S.171

45 Viktor E. Frankl, „Theorie und Therapie der Neurosen. Einführung in Logotherapie und Existenzanalyse", Reinhardt, München, 7.Aufl. 1993, S.47

46 Viktor E. Frankl, „Ärztliche Seelsorge. Grundlagen der Logotherapie und Existenzanalyse", Deuticke, Wien, 10.Aufl. 1982, S.72

47 Viktor E. Frankl, „Der Mensch vor der Frage nach dem Sinn. Eine Auswahl aus dem Gesamtwerk", Piper, München, 8.Aufl. 1996, S.250-251

48 Viktor E. Frankl, „Logotherapie und Existenzanalyse. Texte aus sechs Jahrzehnten", Psychologie Verlags Union,Weinheim/Bergstraße, 1994, S.84-85

49 Viktor E. Frankl, „Der Mensch vor der Frage nach dem Sinn. Eine Auswahl aus dem Gesamtwerk", Piper, München, 8.Aufl. 1996, S.37

50 Viktor E. Frankl, „Das Leiden am sinnlosen Leben. Psychotherapie für heute", Herder, Freiburg, 7.Aufl. 1996, S.31-32

51 Viktor E. Frankl, „Der Wille zum Sinn. Ausgewählte Vorträge über Logothera-
pie", Piper, München, 3.Aufl. 1996, S.104

52 Viktor E. Frankl, „Logotherapie und Existenzanalyse. Texte aus sechs Jahrzehn-
ten", Psychologie Verlags Union, Weinheim/Bergstr., 1994, S.147

53 Viktor E. Frankl, „Der Mensch vor der Frage nach dem Sinn. Eine Auswahl aus
dem Gesamtwerk", Piper, München, 8. Aufl. 1996, S.46

54 Viktor E. Frankl, „Der leidende Mensch. Anthropologische Grundlagen der Psy-
chotherapie", Huber, Bern, 2.Aufl. 1996, S.24

55 Viktor E. Frankl, „Die Psychotherapie in der Praxis. Eine kasuistische Einfüh-
rung für Ärzte", Piper, München, 3.Aufl. 1995, S.75

56 Viktor E. Frankl, „Der Wille zum Sinn. Ausgewählte Vorträge über Logothera-
pie", Piper, München, 3.Aufl. 1996, S.43

57 Viktor E. Frankl, „Psychotherapie für den Alltag. Rundfunkvorträge über Seelen-
heilkunde", Herder, Freiburg, 4.Aufl. 1992, S.75-76

58 Viktor E.Frankl, „Der Mensch vor der Frage nach dem Sinn. Eine Auswahl aus
dem Gesamtwerk", Piper, München, 8.Aufl.1996, S.130

59 Viktor E. Frankl, „Theorie und Therapie der Neurosen. Einführung in Logothera-
pie und Existenzanalyse", Reinhardt, München, 7.Aufl. 1993, S.84

60 Viktor E. Frankl, „Die Psychotherapie in der Praxis. Eine kasuistische Einfüh-
rung für Ärzte", Piper, München, 3.Aufl. 1995, S.187

61 Viktor E. Frankl, „Die Psychotherapie in der Praxis. Eine kasuistische Einfüh-
rung für Ärzte", Piper, München, 3.Aufl. 1995, S.188-189

62 Viktor E. Frankl, „Theorie und Therapie der Neurosen. Einführung in Logothera-
pie und Existenzanalyse", Reinhardt, München, 7.Aufl. 1993, S.118

63 Viktor E. Frankl, „Der leidende Mensch. Anthropologische Grundlagen der Psy-
chotherapie", Huber, Bern, 2.Aufl. 1996, S.100

64 Viktor E. Frankl, „Die Psychotherapie in der Praxis. Eine kasuistische Einfüh-
rung für Ärzte", Piper, München, 3.Aufl. 1995, S.229

65 Viktor E. Frankl, „Die Sinnfrage in der Psychotherapie", Piper, München, 6.Aufl.
1996, S.139/140

66 Viktor E. Frankl, „Der leidende Mensch. Anthropologische Grundlagen der Psy-
chotherapie", Huber, Bern, 2.Aufl. 1996, S.224

67 Viktor E. Frankl, „Der leidende Mensch. Anthropologische Grundlagen der Psy-
chotherapie", Huber, Bern, 2.Aufl. 1996, S.136

68 Lucius Seneca, „Philosophische Schriften, Zweiter Band: Dialoge", Ed. Apelt,

O., Hamburg, 1993, S.114

69 vgl. dazu: „Meaning is what is meant", In Viktor E. Frankl, „The Will to Meaning", New American Library, New York, 1970

70 Viktor E. Frankl in „Der Mensch vor der Frage nach dem Sinn", Piper, München, 1985, S.260-261

71 Viktor E. Frankl in „Der Mensch vor der Frage nach dem Sinn", Piper, München, 1985, S.220

72 Paul Roth, „Wir alle brauchen Gott", Echter Verlag, Würzburg, 1975, S.75

73 Entnommen aus: Joachim-Ernst Berendt, „Geschichten wie Edelsteine. Parabeln, Legenden, Erfahrungen aus alter und neuer Zeit", Kösel, München, 1996, S.84

74 Martin Buber, „Das dialogische Prinzip", Schneider, Gerlingen, 6.Aufl. 1992

75 Entnommen aus: Joachim-Ernst Berendt, „Geschichten wie Edelsteine. Parabeln, Legenden, Erfahrungen aus alter und neuer Zeit", Kösel, München, 1996, S.65

76 Weltgesundheitsorganisation, „Internationale Klassifikation psychischer Störungen, ICD-10 Kapitel V (F), Klinisch-diagnostische Leitlinien", Huber, Bern, 2.Aufl. 1993

上記出典のうち、2024 年 5 月時点で邦訳書があるものを以下に挙げる。

1, 3, 7, 11, 51, 56; Viktor E. Frankl, „Der Wille zum Sinn. Ausgewählte Vorträge über Logotherapie", Piper, München, 3.Aufl. 1996

Ｖ·Ｅ·フランクル著，山田邦男監訳『意味への意志』春秋社，2002 年

Ｖ·Ｅ·フランクル著，山田邦男監訳『意味による癒し　ロゴセラピー入門』春秋社，2004 年

　　（原著が日本では上記の 2 冊に分けて訳出されている。）

2; Viktor E. Frankl, "The Will to Meaning. Foundations and Applications of Logotherapy", Meridian/Penguin Group, New York, 1988

Ｖ·Ｅ·フランクル著，大沢博訳『意味への意志　ロゴセラピーの基礎と適用』ブレーン出版，1979 年

Ｖ·Ｅ·フランクル著，広岡義之訳『絶望から希望を導くために　ロゴセラピーの思想と実践』青土社，2015 年

4, 10, 38, 39, 40, 50; Viktor E. Frankl, „Das Leiden am sinnlosen Leben. Psychotherapie für heute", Herder, Freiburg, 7.Aufl. 1996

Ｖ・Ｅ・フランクル著，中村友太郎訳『生きがい喪失の悩み』講談社学術文庫，2014 年

8, 9, 14, 17, 19, 21, 29, 33, 54, 63, 66, 67; Viktor E. Frankl, „Der leidende Mensch. Anthropologische Grundlagen der Psychotherapie", Huber, Bern, 2.Aufl. 1996

Ｖ・Ｅ・フランクル著，山田邦男監訳『制約されざる人間』春秋社，2000 年

Ｖ・Ｅ・フランクル著，山田邦男・松田美佳訳『苦悩する人間』春秋社，2004 年

（原著に収められている „Der unbedingte Mensch (Metaklinische Vorlesungen)" が『制約されざる人間』として，„Homo Patiens: Versuch einer Pathodizee" が『苦悩する人間』として訳出されている。）

12, 31, 35, 46; Viktor E. Frankl, „Ärztliche Seelsorge. Grundlagen der Logotherapie und Existenzanalyse", Deuticke, Wien, 10.Aufl. 1982

Ｖ・Ｅ・フランクル著，山田邦男監訳，岡本哲雄・雨宮徹・今井伸和訳『人間とは何か　実存的精神療法』春秋社，2011 年

Ｖ・Ｅ・フランクル著，霜山徳爾訳『死と愛【新版】ロゴセラピー入門』みすず書房，2019 年

18; Viktor E. Frankl, „...trotzdem Ja zum Leben sagen. Ein Psychologe erlebt das Konzentrationslager", DTV, München, 15.Aufl. 1997

Ｖ・Ｅ・フランクル著，霜山徳爾訳『夜と霧　ドイツ強制収容所の体験記録』みすず書房，1985 年

Ｖ・Ｅ・フランクル著，池田香代子訳『夜と霧　新版』みすず書房，2002 年

25; Viktor E. Frankl, „Der unbewuβte Gott. Psychotherapie und Religion", Kösel, München, 8.Aufl. 1991

Ｖ・Ｅ・フランクル著，佐野利勝・木村敏訳『識られざる神【新装版】』みすず書房，2016 年

26, 27, 30, 32, 43, 45, 59, 62; Viktor E. Frankl, „Theorie und Therapie der Neurosen. Einführung in Logotherapie und Existenzanalyse", Reinhardt, München, 7.Aufl. 1993

Ｖ・Ｅ・フランクル著，宮本忠雄・小田晋・霜山徳爾訳『神経症【新装版】その理論と治療』みすず書房，2016 年

34, 42, 44, 57; Viktor E. Frankl, „Psychotherapie für den Alltag. Rundfunkvorträge über Seelenheilkunde", Herder, Freiburg, 4.Aufl. 1992

Ｖ・Ｅ・フランクル著，宮本忠雄訳『時代精神の病理学【新装版】心理療法

の 26 章』みすず書房，2016 年

65; Viktor E. Frankl, „Die Sinnfrage in der Psychotherapie", Piper, München, 6.Aufl. 1996, S.139/140

Ｖ・Ｅ・フランクル著，寺田浩・寺田治子監訳，赤坂桃子訳『精神療法における意味の問題　ロゴセラピー　魂の癒し』北大路書房，2016 年

68; Lucius Seneca, „Philosophische Schriften, Zweiter Band: Dialoge", Ed. Apelt, O., Hamburg, 1993

セネカ著，浦谷計子訳『人生の短さについて』PHP 研究所，2009 年

セネカ著，大西英文訳『生の短さについて　他二篇』岩波書店，2010 年

セネカ著，中澤務訳『人生の短さについて　他 2 篇』光文社，2017 年

74; Martin Buber, „Das dialogische Prinzip", Schneider, Gerlingen, 6.Aufl. 1992

マルティン・ブーバー著，田口義弘訳『対話的原理 1』みすず書房，1967 年

マルティン・ブーバー著，佐藤吉昭・佐藤令子訳『対話的原理 2』みすず書房，1968 年

マルティン・ブーバー著，植田重雄訳『我と汝・対話』岩波書店，1979 年

76; Weltgesundheitsorganisation, „Internationale Klassifikation psychischer Störungen, ICD-10 Kapitel V (F), Klinisch-diagnostische Leitlinien", Huber, Bern, 2.Aufl. 1993

融道男・小見山実・大久保善朗・中根允文・岡崎祐士監訳『ICD-10 精神および行動の障害　臨床記述と診断ガイドライン』医学書院，2005 年

訳者あとがき

　本書はエリーザベト・ルーカス博士による LEHRBUCH DER LOGOTHE-RAPIE: Menschenbild und Methoden の全訳です。ルーカス博士は 1942 年にウィーンで生まれ、ウィーン大学でヴィクトール・フランクルに師事し、フランクルのもとで初めて博士号を取得されました。いわば、フランクルの一番弟子にあたる人物です。その後、ドイツのミュンヘン郊外に南ドイツロゴセラピー研究所を開設され、実践家・指導者としてロゴセラピーの理論化と普及に多大な貢献をされました。これまでに 68 冊の著書を執筆され、それらは 18 の言語に翻訳されています。ウィーンのヴィクトール・フランクル研究所所長のアレクサンダー・バティアーニー博士をはじめ、現在の世界のロゴセラピーの指導者たちの多くが、ルーカス博士のもとでロゴセラピーを学びました。日本ロゴセラピスト協会会長の勝田茅生先生もその 1 人です。

　日本ではロゴセラピーと言えば『夜と霧』（みすず書房）の著者であるフランクルだけがあまりにも有名で、フランクル以降のロゴセラピストの存在はまったくと言っていいほど知られていませんでした。しかし、本書にも述べられているようにロゴセラピーとは人間学・心理療法・哲学の三領域にまたがる理論体系です。フランクルの著書からは、ロゴセラピーの人間学的側面と哲学的側面については深く学ぶことができますが、その心理療法的側面を十分に学ぶことは困難でした。

　学生時代、自分自身も生きる意味を見出せない若者の 1 人だった私は、大学で宗教学を専攻し、そこでフランクルの思想と出会いました。その思想に感銘を受けた私は、さらにロゴセラピーを実践できる臨床心理士を目指して大学院に進学しました。大学院では特にロゴセラピーについてということではなく、特定の学派に偏らない心理臨床の基礎となるものをしっかりと学ぶことができました。ロゴセラピーについては、ルーカス博士のもとで日本人初のロゴセラピストとなられた勝田茅生先生のロゴセラピー・ゼミナールで学ぶことができ、フランクルの哲学や思想については、哲学分野でのフラン

訳者あとがき　　293

クル研究の第一人者である山田邦男先生のフランクル研究会で学ぶことができました。

博士課程に進学した私は 2008 年に 1 年間ドイツに留学し、そこでなんとか辞書をひきひきドイツ語の文献を読める程度の語学力を得ました。留学中に本書を知り、帰国後、大学院の研究紀要に「E. Lukas によるロゴセラピーの会話スタイルの 4 要素 "Lehrbuch der Logotherapie" を基礎にして」という論文を執筆しました。このときは本書を部分的に翻訳し参照することしかできませんでしたが、それでも、これまでに邦訳されている書籍からは学ぶことができなかった多くの具体的なセラピー実践についての記述に感動したことを覚えています。「いつかこの本が日本語に翻訳され、日本語で全文を読むことができればなあ」というのが、この頃からの私の夢になりました。

その後、臨床心理士とロゴセラピストの資格を得た私は、様々な領域で臨床経験を積み、自分なりのロゴセラピーの形が少しずつできてきました。しかし、邦訳書からはフランクルの哲学について学ぶことはできてもロゴセラピーの実践について学ぶことはできない、という日本の状況は変わりませんでした。私は、ロゴセラピー・ゼミナールで共に学んだ仲間たちと学会でロゴセラピーの実践をテーマにしたシンポジウムを行ったり、日本ロゴセラピスト協会が発行する論集にロゴセラピーの実践について論考を書いたりして、少しずつロゴセラピーの実践についての知見を広めようと努力していました。

転機となったのは 2016 年に新教出版社から『ロゴセラピーのエッセンス 18 の基本概念』という書籍が出版されたことです。この本はロゴセラピーの重要な概念をコンパクトにまとめて解説したフランクルの著書の翻訳で、やはり理論的側面の強いものでしたが、巻末に東北大学の本多奈美先生と私が「ロゴセラピーの実践」をテーマとして解説を書かせていただきました。多くの好意的な感想や書評をいただき、日本の読者の間でロゴセラピーの実践についての関心が非常に高いことを改めて実感しました。『ロゴセラピーのエッセンス』の訳者の赤坂桃子さん（赤坂さんと私は共にロゴセラピーを学んだ仲間でもあります）に、「なんとか Lehrbuch der Logotherapie を翻訳してもらえないか」とお願いしたところ、「草野さんが翻訳するのなら協力する」というお言葉をいただきました。まさかドイツに 1 年留学した程度

の語学力の自分が、1冊の書籍を翻訳できるとは思ってもみなかったのですが、赤坂さんが協力してくれるのらなんとかなるかもしれないと覚悟を決めて、翻訳に取りかかりました。しかし、私が1人で翻訳するとなると、いったい何十年かかるかわかりません。途中からドイツで活躍する日本人ロゴセラピストの徳永繁子さんが翻訳チームに加わってくださり、飛躍的に翻訳のスピードがアップしました。徳永さんと私で作った原稿に赤坂さんから助言をいただき、何度も修正を繰り返しました。本来ならば赤坂さんは監訳者と呼ぶべきお立場かもしれませんが、訳語の選定などで迷ったときは最終的には私の判断で決定させていただきました。その意味で、翻訳に間違いや至らない点があった場合の全ての責任は私にあります。

このように、多くの方のご指導とご協力のおかげで、本書は完成しました。25年前には人生の意味に悩む1人の若者にすぎなかった私がこうしてロゴセラピストとして活動することができているのは、これまでにご指導くださった先生方や共に学んだ仲間たちのおかげです。また、日本ではほとんど知られていないルーカス博士の著書を出版するという英断を下してくださった新教出版社の小林望社長にも、心より感謝いたします。

現代社会で起こる様々な心の問題には、直接的には語られることがないにしても、その背景や根底に「生きる意味」というテーマが関係していることが非常に多いと私は感じています。日本で対人援助を行っている人々の間にロゴセラピーの知見がもっと広まり、生きる意味に苦しむ多くの方の助けとなることを、心より願っています。

草野智洋

訳者あとがき　　295

著者 エリーザベト・ルーカス（Dr. Elisabeth Lukas）

1942年ウィーンに生まれる。ウィーン大学でヴィクトール・フランクルに師事。ドイツを拠点に実践家・指導者としてロゴセラピーの理論化と普及に貢献。70冊近い著書を持つ。

訳者 草野智洋（くさの・ともひろ）

1978年生まれ。琉球大学人文社会学部人間社会学科准教授。東京大学文学部思想文化学科 宗教学宗教史学専修課程卒業。大阪大学大学院人間科学研究科臨床心理学分野修了。博士（人間科学）。臨床心理士。公認心理師。日本ロゴセラピスト協会認定A級ロゴセラピスト。

訳者 徳永繁子（とくなが・しげこ）

1974年生まれ。ドイツ・ロゴセラピー＆実存分析協会（DGLE）公認ロゴセラピスト。麗澤大学外国語学部ドイツ語学科卒業。ロゴセラピーを学びに渡独。企業広報、欧州マーケティング統括に従事。多文化経験を活かしたカウンセリング。ドイツ国家資格・自然療法士（心理）。ドイツ在住。

ロゴセラピー
人間への限りない畏敬に基づく心理療法

2024年8月31日　第1版第1刷発行

著　者……エリーザベト・ルーカス
訳　者……草野智洋、徳永繁子

発行者……小林　望
発行所……株式会社新教出版社
　〒112-0014 東京都文京区関口 1-44-4
　電話（代表）03 (3260) 6148
　振替 00180-1-9991
印刷・製本……モリモト印刷株式会社

ISBN 978-4-400-31101-0　C1011
Tomohiro Kusano, Shigeko Tokunaga 2024 ©